O PROBLEMA DO OBJETO DA TEORIA GERAL DO ESTADO

Coleção Constitucionalismo Brasileiro
Conselho Científico
Gilmar Ferreira Mendes – Presidente
Paulo Sávio N. Peixoto Maia – Secretário-executivo

André Ramos Tavares
Andréa Slemian
Arnoldo Wald
Carlos Horbach
Everardo Maciel
Ingo Wolfgang Sarlet
João Paulo Bachur
José Levi Mello do Amaral Júnior

José Roberto Afonso
Laura Schertel Mendes
Lenio Luiz Streck
Luis Rosenfield
Paulo Gustavo Gonet Branco
Rodrigo de Bittencourt Mudrovitsch
Sergio Bermudes
Walter Costa Porto

O GEN | Grupo Editorial Nacional – maior plataforma editorial brasileira no segmento científico, técnico e profissional – publica conteúdos nas áreas de concursos, ciências jurídicas, humanas, exatas, da saúde e sociais aplicadas, além de prover serviços direcionados à educação continuada.

As editoras que integram o GEN, das mais respeitadas no mercado editorial, construíram catálogos inigualáveis, com obras decisivas para a formação acadêmica e o aperfeiçoamento de várias gerações de profissionais e estudantes, tendo se tornado sinônimo de qualidade e seriedade.

A missão do GEN e dos núcleos de conteúdo que o compõem é prover a melhor informação científica e distribuí-la de maneira flexível e conveniente, a preços justos, gerando benefícios e servindo a autores, docentes, livreiros, funcionários, colaboradores e acionistas.

Nosso comportamento ético incondicional e nossa responsabilidade social e ambiental são reforçados pela natureza educacional de nossa atividade e dão sustentabilidade ao crescimento contínuo e à rentabilidade do grupo.

COLEÇÃO CONSTITUCIONALISMO BRASILEIRO

LOURIVAL VILANOVA

Apresentação
JOÃO MAURÍCIO ADEODATO

O PROBLEMA DO OBJETO DA TEORIA GERAL DO ESTADO

■ O autor deste livro e a editora empenharam seus melhores esforços para assegurar que as informações e os procedimentos apresentados no texto estejam em acordo com os padrões aceitos à época da publicação, e todos os dados foram atualizados pelo autor até a data de fechamento do livro. Entretanto, tendo em conta a evolução das ciências, as atualizações legislativas, as mudanças regulamentares governamentais e o constante fluxo de novas informações sobre os temas que constam do livro, recomendamos enfaticamente que os leitores consultem sempre outras fontes fidedignas, de modo a se certificarem de que as informações contidas no texto estão corretas e de que não houve alterações nas recomendações ou na legislação regulamentadora.

■ Fechamento desta edição: *11.08.2023*

■ O Autor e a editora se empenharam para citar adequadamente e dar o devido crédito a todos os detentores de direitos autorais de qualquer material utilizado neste livro, dispondo-se a possíveis acertos posteriores caso, inadvertida e involuntariamente, a identificação de algum deles tenha sido omitida.

■ **Atendimento ao cliente: (11) 5080-0751 | faleconosco@grupogen.com.br**

■ Direitos exclusivos para a língua portuguesa
Copyright © 2023 by
Editora Forense Ltda.
Uma editora integrante do GEN | Grupo Editorial Nacional
Travessa do Ouvidor, 11 – Térreo e 6º andar
Rio de Janeiro – RJ – 20040-040
www.grupogen.com.br

■ Reservados todos os direitos. É proibida a duplicação ou reprodução deste volume, no todo ou em parte, em quaisquer formas ou por quaisquer meios (eletrônico, mecânico, gravação, fotocópia, distribuição pela Internet ou outros), sem permissão, por escrito, da Editora Forense Ltda.

■ Capa: Fabricio Vale

■ **CIP – BRASIL. CATALOGAÇÃO NA FONTE.**
SINDICATO NACIONAL DOS EDITORES DE LIVROS, RJ.

V746p
Vilanova, Lourival

O problema do objeto da teoria geral do estado / Lourival Vilanova. – [2. ed.]. – Rio de Janeiro: Forense, 2023.
(Constitucionalismo brasileiro)

Inclui bibliografia e índice
ISBN 9786559648757

1. Estado. 2. Ciência política. I. Título. II. Série.

23-85598
CDD: 320.1
CDU: 321.01

Meri Gleice Rodrigues de Souza – Bibliotecária – CRB-7/6439

APRESENTAÇÃO:
O Neokantismo no Século XX:
Lourival Vilanova

O autor começa afirmando um dos postulados que guiaram sua vida intelectual: o livro evita os extremos do formalismo e do sociologismo jurídicos. Ele foi muitas vezes tido por formalista, o que é superficial. É um legítimo neokantiano, ainda que crítico. E kelseniano.

Escrita logo após *Sobre o conceito de direito*, sua tese de livre docência na Faculdade de Direito do Recife, esta obra *O Problema do Objeto da Teoria Geral do Estado* é a tese de cátedra de Lourival Vilanova.

Até hoje difícil de ser encontrada, vem agora reimpressa e disponível para o público jurídico brasileiro. Esta coleção da Editora Forense caracteriza-se por seu caráter fac-similar e por isso é publicada tal e qual apareceu na época, sem qualquer edição ou correção. A pressa à época em apresentá-la à Congregação da Faculdade de Direito do Recife explica os erros de datilografia, que hoje chamaríamos de digitação.

Esta tese do Prof. Vilanova demonstra duas características interligadas que acompanharam seu pensamento por toda a vida intelectual: a preocupação com as bases filosóficas e a vocação interdisciplinar. Por um lado, traz os interesses pela psicologia, pela pedagogia e pela filosofia, sobretudo a fenomenologia de Edmund Husserl. Por outro lado, é ao mesmo tempo multidisciplinar (interessa-se por diversas áreas) e inter (ou trans) disciplinar (estuda essas áreas unindo-as umas com as outras).

Husserl, esse mestre de Heidegger, de tradição cartesiana, influenciou-o, sobretudo, por meio de sua ontologias regionais, mas Lourival também adota algo da teoria da gramática pura e procura aplicá-la aos enunciados normativos, classificando-os em com-sentido, sem-sentido e contra-sentido. O gosto de Lourival pela lógica o faz se aproximar dos pensadores mais analíticos, no sentido formal do termo.

Como a lógica é a base de toda ciência, a Teoria Geral do Estado precisa se apresentar como ciência e Lourival Vilanova procura aqui trazer essa fundamentação. A Teoria do Estado é equiparada à "Lógica da Ciência do Estado. Com mais acêrto, em Lógica de uma das Ciências do Estado", em suas palavras. No entanto, nem tudo é lógica, como ele mesmo dizia.

Em um plano mais da convivência pessoal, minha impressão é de que ele não se sentia bem no ambiente político. Porém, eu era criança em seu tempo de maturidade, e, então, nossa amizade apenas ocorre na aposentadoria do Professor. Embora tenha exercido cargos importantes como Secretário Estadual de Educação e Diretor da Faculdade de Direito do Recife, ele sempre foi avesso ao poder. Uma prova disso foi sua recusa em assumir uma vaga no Supremo Tribunal Federal, simplesmente por não querer mudar de ambiente. O *Diario de Pernambuco* de 1º de dezembro de 1966 traz a carta de recusa, dirigida ao então Presidente Humberto de Alencar Castelo Branco. A página está anexa, também em fac-símile, após esta apresentação.

Fui orientando de Mestrado do Professor em 1978, mas concluí o Curso em São Paulo, sob orientação de Miguel Reale, a conselho do próprio Lourival, que pensava mais no aluno do que em vaidades. Ele estava mais e mais concentrado em lógica jurídica e percebeu que eu não tinha os mesmos interesses.

Em 1982, prestei concurso para professor assistente na Faculdade de Direito do Recife, enquanto fazia o doutorado na mesma Faculdade da USP, sempre em contato com ele, seus livros e seus conselhos. Em 1990, quando voltei do pós-doutorado na Alemanha e prestei concurso para Professor Titular, o Professor Lourival estava assoberbado em suas atividades acadêmicas e me convidou para auxiliá-lo no Curso de Mestrado, no qual ele cuidava das disciplinas Filosofia do Direito, Teoria Geral do Direito e Teoria da Constituição. Fiquei com a primeira delas, minha área específica.

Com a saída de Lourival da Coordenação de Pós-Graduação, na qual havia criado um prestigioso Curso de Mestrado, que fomentou outros na região, tal como o da Universidade Federal do Ceará, o Programa foi caindo de nível até ser descredenciado da CAPES. Diante da crise, e sabendo de minhas atividades de consultoria acadêmica em Brasília, o Professor, já aposentado, foi o primeiro a apoiar a luta pelo recredenciamento do Programa e pela (re)criação do Curso de Doutorado, criado e coordenado por mim, na condição de seu sucessor. Corria o ano de 1996, ele completou 81 anos e continuou a dar aulas ainda a várias gerações depois da minha, sempre mantendo a perspectiva analítica.

O Problema do Objeto da Teoria Geral do Estado já demonstra a preocupação do autor com a estrutura lógica unificadora de toda teoria, o princípio sistemático diretor sem o qual não é possível o conhecimento

O PROBLEMA DO OBJETO DA TEORIA GERAL DO ESTADO   VII

científico. Isso não significa que a Teoria do Estado constitua uma ciência nomológica, rigorosamente dedutiva. É uma teoria sintética, no sentido kantiano, pois seu objeto, o Estado, além dos aspectos *a priori*, faz parte da experiência.

O viés positivista aparece na distinção entre conceitos realistas e idealistas. Diz o autor nesta obra:

> Proposições como estas: "o Estado é a realização da liberdade"; "o Estado é a vida moral realizada"; "a essência do Estado é a vida moral", são proposições que fixam uma conceptuação do Estado não coincidente com a realidade do Estado.

Porém, ao mesmo tempo recusa o historicismo relativista e pragmático do realismo como postura filosófica. Essa tendência permanece ao longo de seus escritos.

Reafirmando seu caráter de obra fundamental para compreender a contribuição de Lourival Vilanova, *O Problema do Objeto da Teoria Geral do Estado* já traz a tese da dualidade entre ser e dever ser: "Essa dualidade funciona, na epistemologia kelseniana, como uma contraposição insolúvel, em que os termos da relação se portam irredutivelmente." Na *Teoria da Norma Fundamental,* desenvolve essa tese da incomunicabilidade entre ser e dever ser, ideia central no positivismo kelseniano. A norma fundamental é a condição de possibilidade da ciência do direito e, por isso, é pressuposta, e não posta. Porém, no sistema do direito positivo, é a Constituição posta a norma mais fundamental. Assim, radicaliza Kant e aceita a ideia de Kelsen de que só um ato de vontade (e não de razão) pode unir as duas formas de pensamento.

O Prof. Vilanova antecipou a distinção entre as perspectivas interna e externa, segundo se coloque no interior ou exterior do sistema jurídico. A ciência analítica seria para a perspectiva interna. Quem pensa nos efeitos é a perspectiva externa, que funciona em termos de causalidade. Daí que, na *Teoria Jurídica da Revolução*, tenta aplicar o pensamento de Kelsen à realidade brasileira, defendendo que não houve "golpe", mas uma "revolução" em 1964.

A perspectiva positivista fornece o fundamento. O jurista pernambucano defende que os functores deônticos são irredutíveis um ao outro (proibido – V, obrigatório – O, permitido – P). A linguagem jurídica aplicada pelos legisladores e juízes, leigos em lógica, é confusa, e o trabalho do jurista é detectar esse modais deônticos por trás da linguagem vulgar empregada nas fontes do direito. No entanto, no mundo real, os modais deônticos podem se combinar com os modais apofânticos ou aléticos, isto é, o dever ser pode se mesclar com o nível descritivo da linguagem humana, também na esteira de Kelsen. Daí o detalhado estudo que se pode ler no Capítulo III deste livro.

Porém, também trata do Estado sob a perspectiva sociológica, a jurídico-dogmática, a da ciência política e a da filosofia. Depois, em *Níveis de linguagem em Kelsen*, Vilanova vai mostrar como Kelsen distingue *Rechtssatz* e *Rechtsnorm*, defendendo a ideia – ainda hoje muito incompreendida – de que a ciência do direito é tão descritiva quanto a física e a geografia. Trasladando esses níveis para seu próprio pensamento, procura separar a dogmática jurídica, a teoria geral do direito e a filosofia do direito, pensando-as em termos de níveis de referência dentro do sistema jurídico.

Por isso a Hipótese vem antes do functor deôntico, é descritiva. Detectar a hipótese é tarefa difícil e nisso auxilia o que hoje chamamos de disciplinas zetéticas (sociologia, filosofia, antropologia etc.). Na atenção para com as zetéticas, vê-se a influência de Pontes de Miranda, mas também de Kelsen. A ideia de sistema é sobremaneira importante em sua obra. Como bom kelseniano, identifica existência e validade, contrariando Pontes de Miranda. Discorda também de Miguel Reale, seu sistema é bidimensional: fato e norma.

Em uma expressão polêmica, aplica a noção de causalidade também ao direito, defendendo que a relação entre o fato jurídico e sua eficácia é uma relação de causalidade jurídica. Assim, sua teoria do conhecimento apresenta quatro elementos: o sujeito cognoscente; o ato gnoseológico; o objeto; e a linguagem, a qual constitui as estruturas proposicionais do direito. Isso torna difícil qualificá-lo na dicotomia sobre verdade X validade ou ontológicos X linguísticos.

Lourival refere a melhor doutrina alemã da época, e este livro também ajuda a compreender os desdobramentos do kantismo, mormente na interpretação de Edmund Husserl, e de Hans Kelsen, o intérprete maior de Kant na teoria do direito. São esses os principais autores na determinação da especificidade do objeto da ciência do direito e da teoria geral do Estado, grande preocupação de nosso autor e objeto do Capítulo VI.

Lourival ensinava que nada nos distancia mais da realidade do que o senso comum. Sempre o achei enfadado com o trivial, uma atitude comum a muitos filósofos. Apesar de não ser um cético, sua mente analítica o levou a um distanciamento que o aproxima da *époché* de Sextus Empiricus.

A propósito, os mais historicistas reprovarão em Lourival a ausência dos clássicos. Com efeito, sua obra é inteiramente inserida no debate moderno e contemporâneo, o que é uma clara opção e não merece por isso censura. Lourival tampouco pretende apresentar uma filosofia holística, pois não se ocupou da ética, mas somente da teoria do conhecimento. Por isso sua obra é mais restrita à teoria geral do direito.

O processo de descoberta do pensamento de Lourival Vilanova está apenas começando neste país tão inculto. Há de se destacar a louvável exceção do constructivismo lógico-semântico, liderado por Paulo de Barros Carvalho em São Paulo, que há décadas divulga e discute esta obra tão complexa e fascinante. *O Problema do Objeto da Teoria Geral do Estado* é um excelente começo para conhecê-la.

João Maurício Adeodato

Professor da Faculdade de Direito de Vitória e da Universidade Nove de Julho. Ex-Professor Titular da Faculdade de Direito do Recife (UFPE). Livre-Docente da Faculdade de Direito da Universidade de São Paulo. Pesquisador 1-A do CNPq. Professor Convidado da Fundação Alexander von Humboldt.

Reportagem extraída do Diário de Pernambuco, publicado em 1º de dezembro de 1966.

Nota da editora:
Mantivemos a paginação conforme publicação original.

O PROBLEMA DO OBJETO

DA

TEORIA GERAL DO ESTADO

LOURIVAL VILANOVA

Professor da Faculdade de Filosofia de Pernambuco e da
Faculdade de Ciências Econômicas da Universidade
do Recife

O PROBLEMA DO OBJETO

DA

TEORIA GERAL DO ESTADO

TESE PARA A CÁTEDRA DE
TEORIA GERAL DO ESTADO,
NA FACULDADE DE DIREITO
DA UNIVERSIDADE DO RECIFE

RECIFE – 1953

À MINHA ESPOSA, CLEONICE

E ÀS MINHAS FILHAS, MÁRCIA

CRISTINA E ANA LUCIA.

DO MESMO AUTOR:

Fundamentos Psicológicos da Psicologia — Recife — 1942.

Aspectos do Romantismo na Literatura Inglesa — (tese de concurso) — Recife — 1946.

Sôbre o conceito do Direito — Recife — 1947 — (Tese apresentada para Docente livre de "Introdução à Ciencia do Direito", na Faculdade de Direito da Universidade do Recife).

A Teoria dos valores em Nietzsche — (Diario de Pernambuco, de 27-4-1947 e de 11-5-1947).

O Problema da guerra na filosofia de Nietzsche — Recife — 1948 — (Conferência na Faculdade de Direito da Universidade do Recife, a convite do Diretório Acadêmico).

Spengler e a ideia do Estado — Recife — 1948 — (Conferência na Faculdade de Direito da Universidade do Recife, a convite do Diretório Acadêmico).

O individualismo do ponto de vista filosófico-jurídico — (Trabalho apresentado na 1a. semana de Estudos Jurídicos, realizada na Faculdade de Direito da Universidade do Recife em Agôsto de 1951).

A teoria sociológica e a teoria filosófica do Direito — (Comentário marginal ao pensamento de G. Gurvitch) — Recife — 1952.

ÍNDICE

pgs.

Introdução   I

Capítulo I — Significação lógica de uma teoria   9

Capítulo II — Generalidade da Teoria do Estado   25

Capítulo III — Sôbre o conceito de Estado   59

Capítulo IV — O campo de investigações da Teoria Geral do
    Estado   85

Capítulo V — O aspecto sociológico do problema do Estado ..   107

Capítulo VI — O Estado como objeto jurídico   163

Capítulo VII — Politicidade da Teoria Geral do Estado   219

Capítulo VIII — O objeto da Teoria geral do Estado em face
    do problema filosófico   281

Bibliografia   303

*Composto e impresso
nas oficinas gráficas
da Imprensa Oficial
Recife — 1953*

INTRODUÇÃO

A natureza científica da Teoria Geral do Estado, a espécie de teoria que é essa ciência política, o campo de investigações que constitue seu objeto próprio são problemas controvertidos e que exigem uma tomada de posição tôda vez que abordemos qualquer tema dessa disciplina. E não basta declarar que a Teoria Geral do Estado investiga a natureza do Estado, seus elementos, formas de govêrno, etc., para ficar determinado qual o objeto dessa ciência. Pois que sôbre o Estado e sôbre tais aspectos também outras teorias (ciências) convergem. História do Estado, sociologia do Estado, ciência do direito público, filosofia da história política — como fragmento da filosofia da história universal da cultura — e, finalmente, filosofia sistemática do Estado são teorias que encontram, no Estado, o seu centro de confluência. Daí a necessidade de verificar qual o ponto de vista especial adotado pela Teoria Geral do Estado na análise daqueles problemas. Isto importa na determinação do objeto dessa ciência.

O caminho, nesta dissertação seguido, foi o mesmo tomado em nosso estudo anterior, SÔBRE O CONCEITO DO DIREITO. Evitámos tanto o formalismo lógico quanto o sociologismo. O primeiro revelando-se insuficiente para uma "ciência de realidade" (Freyer), como a Teoria Geral do Estado; o segundo, reduzindo os problemas teórico-estatais a problemas de relação social, com isso, eliminando, por supérflua, a razão de ser ou a autonomia dessa ciência política. Evitámos o excesso contido em qualquer dos dois têrmos dessa contraposição, mas recolhemos a parcial legitimidade de ambos. A dualidade contraposta é inexaustiva. Há um terceiro têrmo, conciliador dessa alternativa. Êsse terceiro têrmo é dado com a teoria do fato cultural, um de cujos integrantes é o fato político ou o Estado.

O recolhimento parcial dos pontos de vista formal-lógico e sociológico-real nos torna devedor de ambas correntes doutrinárias, particularmente de alguns princípios fundamentais do pensamento kelseniano, (em que pese o nosso anti-formalismo) e sem o qual éste trabalho não seria possível.

CAPÍTULO I

Significação lógica de uma teoria

A pretenção objetiva da Teoria Geral do Estado é preencher os requisitos formais de uma autêntica teoria. Autêntica teoria é todo sistema de proposições orientado para um objeto com fim cognoscitivo. Teoria·é, pois, na medida em que compreende sistemática e finalidade veritativa, teoria é ciência. A Teoria Geral do Estado é a Ciência do Estado. Ou, antecipando, é uma das ciências da realidade chamada Estado. Não importa que, ainda no presente, seja uma ciência em formação, uma ciência em crise, uma ciência de história recente. A significação objetiva da Teoria Geral do Estado é valer como disciplina científica, e é essa significação objetiva que define a orientação dos atos de conhecimento cuja síntese é a Teoria Geral do Estado.

Valer como ciência é a pretenção objetiva da Teoria Geral do Estado. Isto significa que ela não cifra sua intencionalidade em pretender ser uma arte ou uma técnica do Estado, por muito justificado que seja comprovar o seu valor instrumental para o domínio e direção dos fenômenos estatais. Tão pouco significa que a Teoria Geral do Estado, travando contacto com um gênero de realidade tão vital para a existência humana, exorbite dos limites da experiência para se converter, em última instância, numa Filosofia do Estado.

Se, portanto, basta a pretenção objetiva para caracterizar a Teoria Geral do Estado no grupo das atividades denominadas científicas, por outra parte, sobreresta o problema da justificação. Tal problema é assim formulável: até que ponto está fundamentado o caráter científico da Teoria Geral do Estado? A resposta a essa interrogação implica um exame — aqui sumário — dos caracteres dessa disciplina. Mas, tal exame é análise lógica, incidente sôbre um objeto também lógico, visto que teoria é sistema de enunciados, é um corpo de verdades. E tal análise lógica, por sua vez, não se apresenta como uma série dispersa de enunciados, ou como um complexo de unidades de conhecimento sem coordenação interna, portanto, sem estrutura. A análise em questão é, também, uma teoria. Uma teoria que tem por objeto a análise das teorias. Como teoria das teorias, isto vem a ser nada mais que teoria das ciências, ou seja Lógica (1).

A discussão da Teoria do Estado, como teoria vem, assim, importar em Lógica da Ciência do Estado. Com mais acêrto, em Lógica de uma das Ciências do Estado. Que essa discussão é preliminar indispensável, verifica-se constatando que o teórico do Estado não dá por irrelevante, para o prosseguimento de suas investigações, os problemas concernentes ao tipo de ciência que é a Teoria Geral do Estado, à técnica de conhecimento ante o objeto Estado, às relações da Teoria Geral do Estado com outras teorias circunvizinhas à sua esfera de indagações, ao caráter descritivo puro ou normativo e aplicado da Teoria Geral do Estado, problemas êstes que convergem para a essência da teoreticidade, para a esfera de validade das teorios e para as relações entre as teorias. Não é acidental o tópico dêsses problemas. Êles figuram no limiar dos sistemas

O PROBLEMA DO OBJETO DA TEORIA GERAL DO ESTADO   13

e dos tratados, com a função bem definida de fundamentos da teoria que se expõe. O teórico do Estado, como homem de ciência, sente a necessidade de sair fora de sua órbita de conhecimento especializado, afim de examinar a natureza do seu trabalho. É uma inspecção sôbre a técnica da construção científica, sôbre o modo de elaborar o material da investigação. A construção aqui faz-se com elementos conceptuais e relações proposicionais, com sistemas de proposições e leis básicas (princípios) que garantem a possibilidade da teoria e a sua intrínseca validade (2).

Talvez nenhuma outra disciplina imponha mais ao seu cultivador a necessidade de incursões fora de sua órbita do que a Teoria Geral do Estado. A razão está em que a Teoria do Estado trabalha sôbre um dado extremamente complexo, rico em aspectos, e, depois, êsse dado, a realidade política, envolve intensamente o homem. As ciências formais erguem-se sôbre circunscrições de objetos facilmente delimitáveis, e relativamente autônomos. O princípio de delimitação do objeto não só apresenta consistência lógica, como o próprio objeto suporta a simplificação ou a formalização que tais ciências levam a termo. Nas ciências reais-naturais ainda se encontra o mesmo rendimento simplificador e exato, rendimento que, de certo, diminue em grau a medida que o objeto ganha em complexidade. Mas, quando entramos no domínio das ciências reais que se ocupam da matéria histórico-social, aquela exemplar invariência e autonomia da forma cede lugar à instabilidade e dependência dos conteúdos. Não só. Se o formal permite a neutralidade do comportamento cognoscitivo do homem, se o homem concreto, em face das formas e sua articulação em sistema, — assim, na Lógica — comporta-se como sujeito puro, quando trava contacto com o mundo dos conteúdos sociais e históricos, vem a travar contacto consigo mesmo, e ao invés da relação pura sujeito-objeto, mescla-se essa relação com uma inevitável parcela de atitude prático-valorativa (3). O conhecimento verifica-se numa combinação de identidade e antinomia, ou, em termos hegelianos, numa relação do espírito subjetivo com o espírito objetivo, relação em que tanto se verifica a objetivação do sujeito como a subjetivização do objeto.

Um sistema de intercâmbio entre as ciências é necessário, por imposição do objeto das mesmas. Êsse intercâmbio existe entre a Teoria Geral do Estado e as ciências sociais. A Teoria Geral do Estado mesma pode ser incluída entre as chamadas ciências sociais. E o que são estas senão séries de teorias parciais, a decompor, abstratamente, a realidade social em sua integridade de constituição? Se são teorias parciais, mas convergentes sôbre um tipo de realidade, é compreensível que se estenda entre elas um sistema de relações. É, pois, a objetividade, em última instância, que limita a autonomia de cada teoria e estabelece entre as teorias o princípio de complementaridade. Uma teoria nunca é exaustiva, mas só unilateral e abstrata. Por isso mesmo, complementa-se com as demais. Isto é particularmente verdade para as diversas teorias que têm a realidade estatal por centro de convergência. Aí reside a explicação por que existe uma implicação material (objetal) entre a teoria política, a teoria sociológico-estatal, a teoria

O PROBLEMA DO OBJETO DA TEORIA GERAL DO ESTADO   15

filosófico-estatal e a teoria do Estado propriamente dita. Mas se essa rêde de implicação material é expressão da complexidade de constituição do objeto — o Estado — ela não deixa de estabelecer u'a mescla de problemas e de comprometer, dêste modo, a relativa autonomia de cada teoria particular. O comprometimento manifesta-se na redução de uma teoria à outra, na prevalência concedida a uma teoria em relação às demais e na quebra das linhas que demarcam o círculo de validade de cada teoria parcial.

O recurso que permite salvar a razão de ser de uma teoria científica é justamente o exame da teoria como teoria e a determinação do seu respectivo objeto. Converter uma ciência em objeto, pondo em suspenso o objeto mesmo da ciência, representa o comentário lógico da ciência em questão (4). Êsse comentário é que põe em evidência os fundamentos formais da ciência, o tipo de teoria que é a ciência e a consistência de sua estrutura interna. Ir depois ao objeto da ciência é ulterior análise, complementar à conversão da ciência em objeto. A consistência científica de uma teoria depende da correspondência entre a construção formal e a base objetiva sôbre a qual tem assento essa construção.

A crítica lógica nunca falta a uma ciência, mesmo quando essa ciência repousa em sólidos fundamentos. Uma crise de fundamentos está na dinâmica das investigações científicas. São menos frequentes nas ciências abstratas ou formais. Mas, são periódicas nas ciências entregues ao conhecimento dos fenômenos sociais. Nas primeiras, a construção dedutiva está em função de axiomáticas que se estabelecem com valor a priori, ao passo que nestas os princípios são hipóteses diretrizes, cujo valor depende da experiência sempre variável e inexaustiva dos fatos. A experiência é a base confirmatória de toda verdade sôbre os fatos. O caráter infinito da experiência põe sempre um limite a toda generalização absoluta ou a todo enunciado com pretenção apodítica. É suficiente um novo fato, ou uma nova perspectiva de encarar fatos já conhecidos para repercutir nos fundamentos da construção.

Não só o caráter empírico e a posteriori do conhecimento científico-social explica o relativismo dêsse conhecimento. Entra, também, a quota de relativismo proveniente do objeto. O objeto é, aqui, u'a multiplicidade de aspectos. O objeto social é sempre plurilateral. Não o encontramos puro e simples. Não encontramos o fato econômico puro, o fato jurídico puro. A purificação é produto de técnica conceptual, é construção metódica. E quando as ciências sociais entram a trabalhar êsse material complexo, o fazem mediante esquemas e quadros que envolvem a realidade, recortando-a em segmentos e zonas que apenas por fôrça dos cortes lógicos — conceitos — podem subsistir separadamente. Êsse artifício não deixa de perturbar a pureza das teorias. É por isso que no conhecimento científico-social não temos teorias unitárias, como totalidades sistemáticas, com bases em princípios de unânime aceitação entre os investigadores. A Teoria Geral do Estado, p. ex., dá a impressão de que não passa de uma locução comum a uma série de teorias sôbre a realidade política; a Teoria do Direito, uma só denominação que serva de cobertura a uma surpreendente dispersão de teorias sôbre o fenômeno jurídico, a Sociologia um nome para divergentes concepções sôbre os fenômenos de inter-relação humana.

De sorte que se procurássemos o caráter de teoria da Teoria Geral do Estado, ou da Teoria do Direito, ou da Sociologia não encontraríamos na geral aceitação de um núcleo de verdades ou na congruência material de um grupo de verdades em relação a princípios cuja validade fôsse pelo menos dada como postulada, em condição de ulteriores derivações proposicionais. Em última instância, é o objeto que serve de obstáculo à racionalização dedutiva do conhecimento científico-social. É o objeto, pois, que separa a Teoria Geral do Estado, como a Teoria do Direito — para só nos referirmos a duas teorias sociais que nos interessam aqui — do grupo das teorias abstratas que elaboram o conhecimento no sector das relações lógicas e no setor das relações matemáticas.

A exclusão da Teoria Geral do Estado da classe das teorias abstratas ou formais não significa sua inclusão na esfera da ciência natural. Entendemos ciência natural toda teoria de objetos — quer objetos físicos, quer processos psíquicos — cujo fim cognoscitivo seja a determinação da realidade segundo princípios generalizadores e axiològicamente neutrais (5). Pois que o Estado não é objeto físico, nem tão pouco puro processo psíquico. Mas, deixemos provisòriamente interrompida a dissertação sôbre o objeto da Teoria Geral do Estado e permaneçamos verificando a estrutura lógica dessa teoria.

Uma teoria implica unidade. Implica unificação num complexo de afirmações e negações, de enunciados e de verdades. Sem um princípio unificador não há teoria científica numa série de proposições, ainda que tais proposições isoladamente contenham valor positivo de verdade. Pois que a teoria stricto sensu, isto é, ciência implica sistema. A ciência é sistema de verdades, e o sistema é expressão da unidade. Não importa o rigor e exatidão que alcance a sistemática científica, dependendo em grande parte da constituição do objeto. Seria inexato identificar a estrutura em sistema com a possibilidade de um articulação dedutiva entre as verdades componentes do sistema. Os sistemas dedutivos constituem uma das espécies de sistema. Pô-los como paradigma da ciência seria o mais extremado lo gicismo. Porque, dentro dessa espécie não se enquadram as ciências sociais. Nestas, a verdade não se obtém na relação de princípio a consequência, ou na fundamentação regressiva a um minimum de enunciados evidentes ou postulados, mas na referência constante aos objetos da experiência. A experiência dos objetos é o ponto de partida do conhecimento. E se, também, os nexos puramente lógicos permitem combinar verdades e sacar novas verdades, a experiência dos objetos persiste como forçoso **ponto de aferição** das verdades obtidas. O mais alto grau de generalização que alcancem as proposições de uma teoria empírica vale na medida em que seja confirmada e anula-se na medida em que seja infirmada pela experiência. Uma teoria empírica, como o é a Teoria Geral do Estado, não pode ter como objetivo o tipo lógico de uma teoria abstrata ou formal (6). Não obstante, a Teoria Geral do Estado leva imanente a pretenção objetiva de velar mais que o simples saber dóxico sôbre a realidade política. E se vale é porque o conhecimento teórico-esta-

O PROBLEMA DO OBJETO DA TEORIA GERAL DO ESTADO   19

tal é conhecimento fundamentado, conhecimento ordenado e sistemàticamente disposto. O fator de unidade provém, em parte, do objeto mesmo. Provém, ademais, do sujeito. O sujeito não é simplesmente receptivo no conhecimento. A iniciativa de perguntar lhe é própria. E as perguntas distribuem-se em categorias que, incidindo num mesmo dado, originam problemas diversos e, em consequência, teorias diferentes. Sôbre o mesmo dado empírico — o Estado podemos interrogar o seu ser, o seu dever ser, como é, como tem sido e como tem de ser. O mesmo dado torna-se, assim, o ponto de intersecção de problemáticas divergentes. A unidade sistemática de uma teoria propriamente tal não permite a compaginação de problemas diversos. Lògicamente, os problemas são elaborados em formas de pensamento e em critérios veritativos diferentes e irredutíveis entre si.

Uma série de conhecimentos constituem sistema quando existe um princípio de ordenação que submete êsses conhecimentos a uma unidade. A ordenação em séries de inferências dedutivas representam apenas uma das classes de sistema. São sistemas nomológicos no sentido de HUSSERL. Mas, é evidente que teorias como a Teoria Geral do Estado e a Teoria Geral do Direito não cumpre as exigências formais puras de uma sistemática inferencial-dedutiva. Não obstante, os juristas denominam seu labor teórico de sistemática científica do Estado e do Direito. Deve haver algum fundamento para isso. A ciência não deve empregar termos sem uma cunhagem lógica inequívoca. A equivocidade terminológica é a fonte de muitos conflitos doutrinários, indetermináveis porque falta o mínimo de coincidência de onde se deve partir, isto é, o estabelecimento de uma linguagem científica onde os conceitos fundamentais sejam grandezas lógicas com a ideal precisão dos números. A confluência de vários conceitos para um só termo (plurivocidade) é frequente no domínio das ciências sociais. Sua causa, antes aludida, é a complexidade do objeto do conhecimento e a interferência da equação pessoal valorativa do sujeito do conhecimento. Na Teoria Geral do Estado, por exemplo, falta conotação rigorosa em têrmos básicos como Estado, política, poder, constituição (7) têrmos êstes que devem ser expressão de conceitos descritivos de objetos. Quanto maior é a possibilidade de suplantar a função descritiva pela estimativa, então mais acusada é a pluralidade de sentidos. Assim acontece na doutrina política com os têrmos justiça, liberdade e vários outros (8).

A Teoria Geral do Estado não pertence ao tipo dos sistemas analíticos dedutivos mas à categoria dos sistemas sintéticos, em que a experiência é sempre um fator aditivo de conhecimentos. A experiência dos fenômenos estatais (ou fenômenos políticos, segundo terminologia geralmente aceita) determina que a Teoria Geral do Estado seja um sistema de conhecimentos cuja proveniência não reside nas articulações puramente formais de princípios a consequências, mas sim em desdobramentos proposicionais, onde os predicados são referidos ao objeto em forma de síntese proporcionadas pela experiência e nos limites da experiência. Se a experiência explica o caráter sintético do conhecimento teórico-estatal, por outro lado é a experiência que está na base da Teoria Geral do Estado que a distingue da experiência que fundamenta a Filosofia do Estado. Isto, como desenvolveremos no capítulo VII e VIII, vale por antecipar que a Teoria Geral do Estado é a ciência do Estado e não se confunde com a teoria filosófica do Estado, por estreitíssimas que sejam as relações entre ambas.

A sistemática da Teoria Geral do Estado não pode significar outra coisa senão a congruência material de um complexo de proposições sôbre um dado, do qual nem todos os aspectos são considerados simultaneamente. A Teoria Geral do Estado é um ponto de vista, entre outros, sôbre a realidade Estado. O Estado para a Teoria Geral do Estado não pode ser a realidade integral do Estado. O Estado que se põe na relação de conhecimento própria da Teoria Geral do Estado é um fragmento ou uma face de uma totalidade. Essas afirmações requerem desenvolvimento. Por enquanto é suficiente. A convergência de uma série de conhecimentos sôbre um aspecto conceptualmente separável de um dado funciona como o princípio material de unificação dêsses conhecimentos. O princípio formal encontraremos nos vínculos de natureza puramente lógica que representam a possibilidade a priori de uma articulação em sistema, ou que elevam a pluralidade de conhecimentos à unidade de teoria científica. Tais vínculos se acham nas diversas modalidades de relação, quer dizer, na coordenação, na subordinação, na implicação, na oposição, etc., etc., relações em que têm de se encontrar os conhecimentos já elaborados em proposições. A possibilidade suprema a priori de uma sistemática científica é a compatibilidade inter-proposicional ou a não contraditoriedade entre os enunciados. A prioridade dessa possibilidade formal reside no fato de que ela vale para qualquer ciência, pois que é independente da espécie de objeto a conhecer. Vale para objetos como as relações, fatos psíquicos, processos sociológicos, fenômenos históricos, vale quer o objeto seja o direito, a arte, o Estado, o mundo físico ou o mundo social. Vale independentemente da particular espécie de objeto; é condição na elaboração científica de qualquer objeto. A relação de contradição ou de não contradição é uma relação dentro da ciência mesma e é índice da possibilidade ou impossibilidade da ciência como verdade unificada segundo SPENCER, ou de uma arquitetônica no sentido em que KANT estabeleceu quasi ao final da Crítica da Razão Pura (9). Assim, podemos firmar, em caráter de princípio, que a possibilidade formal a priori de toda ciência é a ausência da incompatibilidade contraditória entre as proposições e o arranjo ou combinação dessas proposições mediante uns quantos nexos lógicos, cuja natureza e classes não cabem às ciências investigar, porque são pressupostos das ciências, as quais não fazem de seus pressupostos problema, mas aos seus respectivos objetos se dirigem.

A Teoria Geral do Estado não foge a êsses requisitos condicionantes de toda ciência. Apenas, como é próprio das ciências sociais, ciências sintéticas porque empíricas, e construídas sôbre o domínio movediço das realidades históricas, a construção em sistema é precária, e mais que uma característica conquistada funciona como conceito limite. Como ciência, a Teoria Geral do Estado busca a sistemática.

O PROBLEMA DO OBJETO DA TEORIA GERAL DO ESTADO   23

Citações para o 1.° capítulo

(1) Uma teoria das teorias importa na formulação de conceitos sôbre conceitos, ou, como diz HUSSERL, em "conceitos de segundo grau". Ou, enunciando mais exatamente, importa na formulação de proposições sôbre proposições. V. HUSSERL, Investigaciones logicas, ps. 246 e ss. t. I.

(2) A ciência é construção conceptual ou proposicional, e nessa construção está o formal, que é tema da lógica. Confirma-o CARNAP: "La science est un ensemble bien ordonné de propositions et c'est cet ensemble qui représent l'objet de la logique de la science". V. Le problème de la Logique de la science, p. 15. Não obstante CARNAP entender que a "théorie de la science" tem a ciência por objeto, v. op. cit. p. 26, afasta-se, em suas concepções fundamentais, da concepção lógica husserliana antes mencionada.

(3) KAUFMANN exprime êsse fato em têrmos precisos: "All assertions in natural science are intersubjectively controllable, many of them by experiment. And the mathematical form in which they appear is a token of their precision. Enquanto isso, as ciências sociais "cannot exhibit such hierarchy of laws", apresentando "ambiguity of the nuclear terms, such as society, economy, law, state". Ademais, "social science is not value-free, as is natural science". V. FELIX KAUFMANN, Methodology of the Social Sciences, ps. 141-147.

(4) A suspensão do objeto não é total. À lógica, que gravita sôbre a ciência, não basta o conceito puro de objeto (HUSSERL), pois é a lógica "in wich the contents of knowledge are not entirely ignored" (KANT). E' mais que lógica pura formal. E' lógica transcendental, em terminologia kantiana. V. KANT, Critique of pure reason, ps. 40-46.

(5) Sôbre o conceito de ciência natural, v. RICKERT, Ciencia natural y Ciencia cultural, especialmente caps. IV e VI.

(6) Essa dependência empírica da verdade das proposições de uma teoria como a Teoria Geral do Estado, ou de qualquer outra teoria social, não impede descobrir ai uma estrutura operatória e formal, possivel de certa axiomatização, pois uma teoria é um todo lógico. V. a propósito, JEAN PIAGET, Introduction à l'épistemologie genetique, ps. 232-240, t. III. Mas, isso não elimina a diferença entre ciência real-social e ciência abstrato-formal em que incidimos.

(7) KELSEN observa que a superabundância de sentidos dificulta e torna pelo menos impossivel o uso da palavra Estado. E acrescenta que o que faz tão problemática tôda Teoria do Estado é a inaudita discordância íntima da própria terminologia cientifica. V. KELSEN, Teoria general del Estado, p. 3. Igualmente KAUFMANN, op. cit. p. 143 critica essa plurivalência significativa dos têrmos em ciências sociais, vendo, contudo, o único remédio a êsse mal terminológico-conceptual na construção da ciência social "on the model of natural science".

(8) A variabilidade conceptual dos termos dista de ser acidental. MANNHEIM, constata, a propósito do vocábulo liberdade, que a variação de sentidos está em relação com situações sociològicamente determináveis. V. o grande ensaio, Ideologia y Utopia, ps. 238-244.

(9) "By architectonic I understand the art of constructing systems. As systematical unity is that which raises common knowledge to the dignity of a science, that is, changes a mere aggregate of knowledge into a system..." KANT, Critique of pure reason, p. 667.

CAPÍTULO II

Generalidade da teoria do Estado

A Teoria do Estado é sempre uma teoria geral? Não importa que, na denominação, alguns omitam êsse traço de generalidade que julgam essencial à doutrina do Estado. Mas, parece supérfluo o aditamento contido no têrmo geral, visto que, se tal doutrina é ciência, como ciência há de ser generalizante. Se se mantém o postulado de que a ciência chega até onde é possivel generalização, o denominar ciência geral é uma explicitação pleonástica só permitida por ênfase de análise. Acontece, porém, que o citado postulado só é válido para o domínio do conhecimento natural. Nêsse domínio êle é princípio fundamental. Relevante para a interpretação exata do princípio em questão é considerar que a região do natural não compreende apenas os fatos físicos e biológicos, mas também, os fenômenos psíquicos e os fatos sociais, contanto que êstes últimos sejam considerados como processos que ocorrem dentro de complexos de leis universais. Enquadrar fenômenos psíquicos e fatos sociais dentro de esquemas generalizadores é fazer ciência natural, conferindo-se ao têrmo natural a significação lógica de geral. Mas, se uma categoria de objetos dispensa o tipo de conhecimento individualizado — assim, o físico e o biológico — outra classe de objetos comporta tanto o procedimento que busca no dado concreto a invariância de um princípio ou lei, quanto o método que se detém no singular pelo valor ou relevância que o singular apresenta. Os fatos sociais estão nessa última classe. O direito, a economia, o idioma, a arte tanto podem ser objetos de conceitos universais e expostos explicativamente, quanto podem ser objetos de conceptuação singularizadora e descritos em forma compreensiva. O Estado está nêsse caso, como ponto comum de incidência de duas classes de conceptuações.

Se estabelecemos um corte simplificado na esfera total da objetividade, dividindo-a em duas partes, teremos, de um lado, o domínio dos objetos ideais, de outro, o domínio dos objetos reais. Idealidade e realidade esgotam, assim, a esfera do possivel cognoscitivamente. O Estado encontra-se no campo da realidade. O Estado é uma espécie do real, do que se dá em forma de existente, aqui e agora, num tempo e num espaço concretos. Como real, o Estado pode ser objeto de um conhecimento perfeitamente individualizado. Em rigor, o Estado é forma conceptual. Não há "o Estado". Há Estados, històricamente diferenciados; tomados na totalidade de seus caracteres são incomparáveis entre si. O Estado grêgo, o Estado na idade média, o Estado na cultura européia, a partir do Renascimento, são unidades irredutíveis entre si, se não se desprezam, por simplificação conceptual, aquêles traços que conferem a cada um sua originalidade própria (1).

É perfeitamente legitimo tratar o Estado segundo o procedimento individualizador, e o produto daí resultante ser conhecimento cientifico. Pois que o conhecimento cientifico nem sempre retrocede à universalidade abstrata para explicar o concretum que se dá à experiência. Pode deter-se na concreção singular, expôr, descritivamente, a singularidade em sua diferenciação única. É o que se verifica no conhecimento histórico (2). A história política é a história dos Estados. Aproveitando uma imagem spengleriana; a história dos Estados é a biografia dos grandes entes políticos. E por que o Estado importa em sua singularidade? Não acontece com o Estado o que acontece com os objetos reais físicos, biológicos e psicológicos. Os objetos naturais não têm relevância como singularidade. Valem, no processo aquisitivo do conhecimento, como etapa para a generalização, ou, então, se o conhecimento já se estabeleceu, importam como confirmação empírica do enunciado geral. Os fatos naturais suportam, em relação às leis que os enquadram, equivalência e são considerados do ponto de vista de sua possível substituição. Mas, o Estado, como todo objeto real portador de valores e fins, (objetos culturais) tem importância pelo que oferece de individual. A diferenciação, no mundo histórico, mundo ao qual pertence o Estado, é expressão do processo mesmo da cultura. Dentro de um só círculo de cultura, as formações políticas adquirem caracterizações próprias. Fatores naturais — solo, clima, etc., fatores sociológicos e fatores históricos individualizam os Estados, conferindo a cada um sua feição inconfundível (3). A importância que cada Estado tem, diferentemente da que um objeto natural tem ante o abstrato universal da lei que o explica, radica no fato de ser a formação sociológica mais complexa e mais diferenciada dentro da qual o homem se encontra. Reside no fato de constituir, o Estado, uma das formações objetivas (no sentido de VIERKANDT) (4) que envolve enérgica e constantemente o homem em seu viver relacional. Essa importância que o Estado desfruta, provém da especial experiência do fato político da existência social. Mas, há a relevância do Estado para o conhecimento, que precisa ser explicada. A relevância do Estado, como objeto de conhecimento, não do Estado como experiência ou vivência daquêle que dentro do mesmo se acha vinculado. O Estado, em sua singularidade, ressalta, para o conhecimento, como formação sociológica realizadora de valores. O Estado é uma formação a serviço dos valores jurídicos, a serviço de certos fins, como ensaio e esfôrço dos povos no sentido de concretizarem princípios de justiça, de bem estar, de segurança, de paz, de ordem. Por que vale anotar o itinerário individual que cada formação estatal segue na realização de tais fins, valores e princípios? Se o único conhecimento possível do Estado fôsse o conhecimento generalizador, o método a empregar seria a aproximação comparativa dos Estados, sacando-se, dêsse confronto, a lei estrutural de origem, de formação e de constituição dos mesmos, e, consequentemente, isolando-se em parêntese, por irrelevante, o individual de cada Estado. O resultado lógico dêsse proceder seria um esquema universal do Estado, a fixação da estatalidade dos Estados concretos, espécie de invariância constitutiva obtida empíricamente, quer dizer, sem pretender a validade a priori de uma eidética regional do Estado, pois, no caso, tratar-se-ia de uma teoria explicativa de caráter científico. Ante êsse esquema simplificado o Estado histórico deixaria de valer por si mesmo; valeria qual um exemplo que confirma o esquema.

O PROBLEMA DO OBJETO DA TEORIA GERAL DO ESTADO   31

É indiscutível a necessidade de um estudo que se detenha nêste ou naquêle Estado positivo. O Estado é uma realidade de tão grande importância para a existência de cada comunidade que justifica o conhecimento individualizador, quer seja em forma de história, quer seja como análise e comentário do direito público concreto que êle apresenta. É sempre possivel descobrir, no sistema das valorações vigentes em toda comunidade, a distribuição de suas instituições em relação hierárquica. Religião, Estado, Família, são algumas dessas formações institucionais. Não se dispõem num mesmo plano. Relacionam-se de tal sorte que, atravez dos processos de oposição e concurrência no exercício do poder material e espiritual, terminam por se ordenarem hieràrquicamente. O Estado, na história moderna, é o poder supraordenado, o poder mais alto, aquêle que representa o centro em tôrno do qual se articula a vida da comunidade. Na dialética das chamadas potências vitais (Alois DEMPF), suplantou as demais, de tal forma que a história do ocidente, a partir do século dezesseis, tem sido, sobretudo, uma história do Estado. O Estado interessa como um grande indivíduo. Interessa como objeto de conhecimento pela individualidade de que se reveste. Concorrem para constituir essa individualidade condições naturais e condições sociais, peculiaridades políticas e jurídicas. O Estado francês, o Estado inglês, o Estado suisso são individualidades, quer sociológica quer històricamente, quer jurídica quer politicamente. Como objetos do conhecimento, não são objetos quaisquer, substituíveis entre si, como dados empíricos que confirmam um núcleo homogêneo, núcleo êsse que sòmente importa para a generalização explicativa, em si adiáfora ao puramente individual.

Nisso reside o fundamento objetivo da idéia de uma doutrina individual do Estado. Encontrâmo-la em BLUNTSCHLI. A ciência particular do Estado, declara, restringe suas investigações e sua exposição à uma nação e à um Estado determinado, por exemplo a antiga república de Roma, a Constituição inglesa moderna, o novo Império alemão (5). Igualmente, JELLINEK quando distingue uma doutrina particular do Estado, constituída igualmente em doutrina especial do Estado e doutrina individual do Estado. A doutrina particular é um ramo da ciência do Estado. A disciplina mais alta, pela generalidade lógica, é a Teoria Geral do Estado (6).

Sem que o mencione expressamente, a base lógica para a divisão da Ciência do Estado em JELLINEK é a generalidade decrescente de três teorias. Teoria geral, teoria especial e teoria individual representam três graus de abstração, três etapas de conceptuação sôbre a mesma realidade. O Estado pode ser conceptuado com alcance universal. É o estudo do Estado em si mesmo, independentemente das variantes empíricas que o Estado real adquire em virtude do clima, do solo, da posição geográfica, do elemento étnico, como também em consequência de causas econômicas, políticas, sociais, e, mais amplamente, em virtude da própria história que não se dá homogeneamente em todos os Estados.

A teoria particular restringe sua amplitude a um grupo de Estados, circunscrevendo-os pela comum base histórica, — assim, os Estados modernos do ocidente — procedendo com-

O PROBLEMA DO OBJETO DA TEORIA GERAL DO ESTADO   33

parativamente, para sacar, dêsse confronto, o típico sôbre o simplesmente singular, o homogêneo sôbre o meramente pèculiar.

É a teoria individual que chega ao extremo limite de investigar um Estado dado. Para a lógica do conhecimento é importante verificar que é possível o conhecimento individualizador de um objeto histórico, como é o Estado, sem ser eo ipso, conhecimento histórico. JELLINEK não adverte o problema aí subjacente. Com efeito, afirma que a teoria individual do Estado "s'attache aux institutions d'un seul Etat, et les envisage, soit dans leur évolution historique, soit dans la forme qu'elles revètent dans le present". Descrever o processo evolutivo das instituições de um Estado é fazer nada menos e nada mais que história política, ou seja, um fragmento da história universal ou geral. Assim, a teoria individual do Estado viria a ser uma teoria histórica. Mas, então, como evitar a redução da teoria individual do Estado é uma simples história de um Estado dado? Evita-se essa redução tendo em conta que o método individualizador nem sempre dá como produto científico a história. É individualizador o processo seguido no tratamento dogmático do direito constitucional positivo de um determinado Estado, e, no entanto, não se pode denominar história a forma lógica de elaborar èsse aspecto do direito público (7). Que formas lógicas se empregam para isso? É análise, é inferência, é sistematização, ou sejam: operações de decompôr uma totalidade em suas partes constituintes, de combinar normas, coordenar e supra-ordenar normas, sacar significações implícitas das expressões normativas dadas, verificar a congruência interna que articula a pluralidade de proposições normativas na unidade de um sistema autônomo. Em todos êsses passos, os conceitos, com que se apreende o dado, giram sôbre um objeto, relevando a singularidade dêsse objeto. Expõe-se, comenta-se e interpreta-se um sistema de direito público positivo. A positividade mesma é a manifestação da individualidade do direito. É exato, a compreensão do individual não se faz sem o emprêgo de categorias gerais. A hermenêutica fundamenta-se numa série de cânones, de princípios e leis de caráter geral. Mas, quando estes convergem para o individual de uma ordem jurídica positiva, têm de deixar espaço aberto para os conceitos saturados de conteúdo, conceitos que se referem ao individual da ordem jurídica, conceitos materiais característicos da ordem em questão. A aplicabilidade do universal, representado pelos princípios e leis, é possível porque a ciência, do direito constata uma certa estrutura comum, elementos homogêneos a todas as ordens jurídicas històricamente dadas.

Não é sòmente a Teoria do Estado que investiga o seu objeto sob três graus de generalidade lógica. É também a disciplina que investiga um dos integrantes essenciais da realidade estatal: a ciência do direito constitucional. Com efeito, a estrutura jurídico-constitucional pode ser objeto de estudo individualizado, quando a investigação, como há pouco vimos, converge para o que essa estrutura oferece de peculiar num Estado dado. Estabelece-se, então, o direito constitucional positivo, no que essa realidade apresenta de individual política e juridicamente. Por outra parte, podemos submeter a co-

O PROBLEMA DO OBJETO DA TEORIA GERAL DO ESTADO   35

nhecimento não um, mas vários sistemas constitucionais, selecionando, na realidade política, os sistemas que sejam agrupá-
veis segundo caracteres comuns, com o que verificamos, comparativamente, dentro da variedade circunscrita do grupo, o
homogêneo e o heterogêneo, o típico e o singular, os contras-
tes e as coincidências. Dêste modo, obtém-se a ciência do direito constitucional comparado. Ainda é possivel prolongar a
investigação num último grau de generalização. A última possibilidade lógica é a teoria geral dêsse ramo de direito público.
Tal teoria, enquanto teoria científica, apenas pode pretender
uma validade relativa. Não se trata de estabelecer, com método de inferência dedutiva ou com apreensão intuitiva, a essência absoluta do direito constitucional. A teoria geral do
direito constitucional é continuação da teoria individual e da
teoria particular comparada. A sua fonte é empírica. O seu
procedimento é indutivo. Na sua base está a experiência, seja
histórica, seja sociológica ou pròpriamente jurídica. O trân-
sito da teoria geral para a teoria particular e individual deve
ser reversível. Por isso, o estudo de uma ordem constitucional jamais poderá permanecer rígidamente dentro do individual, como o mostra exemplarmente ESMEIN. O individual
só se destaca comparativamente e só se compreende plenamen-
te por referência ao universal contido no teoria geral.

Essa relação entre o individual, o particular e o universal é a mesma, quer para a ciência do direito constitucional,
quer para a Teoria do Estado. Em rigor, em qualquer grau
de abstração que se estude o Estado, as três etapas da teoria
se implicam e se complementam. JELLINEK expressamente

o acentúa. CARRÉ DE MALBERG, por sua vez, constróe sua obra partindo do direito constitucional francês, portanto, partindo do dado individual; apenas CARRÉ DE MALBERG destaca o jurídico do Estado, para alcançar o plano de uma Teoria Geral do Estado. Para cada Estado, a sua realidade jurídico-constitucional é o mais relevante, tanto no sentido do conhecimento dogmático, quanto para os fins da ação política. Essa indissolúvel conexão, entre a realidade e o conhecimento da realidade, é que confere a duplicidade de sentido, por exemplo, à denominação direito constitucional, que ora significa a realidade estatal do ponto de vista de sua organização jurídica, ora a ciência que faz dessa realidade o objeto de seu conhecimento.

Se a Teoria Geral do Estado é ciência e não uma filosofia do Estado, a generalidade que ela apresenta é uma generalidade empírica. Por assim sê-lo, é que depende da experiência dos objetos históricos que são os Estados. A universalidade que alcance a Teoria Geral do Estado é uma universalidade empírico-indutiva, quer dizer, derivada e dependente do método histórico-comparativo das realidades políticas. O condicionamento empírico dá, assim, à ciência geral do Estado, caráter relativo. A relatividade é imposta pelo objeto e pela dimensão histórica dêsse objeto. A Teoria Geral do Estado mal pode pretender o saber absoluto universal do Estado. É, por isso, a teoria do Estado real, não do Estado ideal. O Estado absoluto, portanto, a essência material do Estado, é problema de filosofia do Estado, se entendemos como ideal, em sentido husserliano, a condição apriori de todo real ou de todo fato.

O PROBLEMA DO OBJETO DA TEORIA GERAL DO ESTADO   37

Não a essencia do Estado, mas o fato do Estado é o que importa para a Teoria Geral do Estado.

É a sociologia do conhecimento que, também, pode ajudar a compreender porque a teoria geral não é uma teoria universal apriori. É uma teoria circunscrita, sociològica e històricamente. Sua origem é recente, e na sua esfera de validade compreende apenas alguns séculos de história política ocidental. Só o Estado moderno corresponde ao conceito do Estado como centro exclusivo de irradiação das normas que compõem um sistema jurídico positivo (8), só, especialmente, a partir do Estado de direito, realização politica do pensamento liberal, verifica-se a conceptuação do Estado como imputação total ou personificação da ordem jurídica (KELSEN). O caráter de última instância de poder, a natureza de poder supra-ordenado último (soberania) só se encontra no Estado moderno. Não existia na história política medieval, em que o monopólio do poder não se verificava pela concorrência de caráter político exercida pelos territórios e pelos senhores feudais. Não existia a soberania, pois com o poder do Estado concorriam o Império e a Igreja. Poderes intra e extra-estatais impediam a convergência de todas as normas jurídicas para um centro único, atomizavam as funções jurisdicional, administrativa e financeira, dispersando-as numa pluralidade de núcleos autônomos. A extra-territorialidade do poder espiritual da Igreja interferia sôbre as entidades políticas, tirando ao Estado a configuração do espaço exclusivo necessário ao exercicio da esfera de validade material do seu ordenamento. O poder supra-territorial da Igreja colocava-se, assim, em conflito com o caráter de territorialidade indispensável ao Estado. A história do Estado moderno começa já nos fins da idade média, mas só se define com nitidez, no Renascimento (9). A concentração do poder, a convergência da função suprema de mando manifesta-se em forma de uma tensão entre coroa e testamentos. O Estado estamental elimina a concorrência no exercício do poder, exercido antes por comunas, por corporações religiosas, pelos senhores titulares de direitos públicos, em suma por toda uma série de "partículas de soberania" (WERNER NAEF), dispersas às vezes, num espaço comum, outras, em circunscrições territoriais privativas, mas sempre, em razão mesma da paridade formal de poder a cada uma pertencente, sempre numa relação de antagonismo e de luta. No século dezoito, a estatalização alcança seu acabamento. O dualismo inicial, presente no Estado, a contraposição de príncipe e assembléias estamentais, desfaz-se a medida que o Estado vai incorporando à sua órbita mais esferas de vida social, mais funções e atribuições. O Estado dualista cede o passo ao Estado monista e absoluto (10). Mas, sabe-se, êsse monismo do absolutismo monárquico abriga dentro de si, em estado potencial, a tensão dialética, que no século seguinte tomaria a forma de antagonismo, agora, não jurìdicamente estabelcido, mas sociològicamente atuante, entre povo e realeza. Não se pode desprezar a idéia hegeliana de que a realidade, e, aqui, a realidade social, abriga contrários, de que todo statu à uma situação instável de equilíbrio, um compromisso, em forma de tensão, de fatores antagônicos, que se rompe em favor de um ou de outro, para dar margem a um statu, tão re-

O PROBLEMA DO OBJETO DA TEORIA GERAL DO ESTADO 39

lativo quanto o primeiro. A Revolução de 89 não é um fenômeno limitado nacionalmente: é um processo histórico, dentro do qual se encontra a história européia. E o que representa sociològicamente, senão a manifestação do dualismo inerente ao Estado, — dualismo que no curso da história toma aspectos diversos — alí entre o povo e poder absoluto. Os titulares dessas duas fôrças em choque variam, se se trata do Estado grêgo, do Estado Romano, ou se se trata do Estado moderno, em suas etapas: Estado monárquico absoluto, Estado monárquico constitucional, Estado democrático liberal. Variam os fins, os métodos postos em vigor, o conteúdo das normas, que dão forma jurídica ao processo, mas a natureza sociológica do processo é idêntica. A dualidade, que DUGUIT anotou como constitutiva do Estado, (11) mais acusada na história do Estado moderno, é um fato universal.

A Teoria Geral do Estado, ciência do Estado real, não pode livrar-se totalmente da perspectiva histórica. Ela mesma, como ato e obra do homem, é uma perspectiva. A Teoria Geral do Estado, ciência de um fato histórico — o Estado, é, ela mesma, um fato histórico. Em rigor, como saber científico do Estado, não existiu entre os grêgos. O predomínio do pensamento filosófico, e, em franco contraste, o estado precário da ciência positiva explicam a escassez de saber positivo acêrca do Estado. É verdade, ARISTÓTELES, o máximo pensador político da antiguidade, não fez apenas filosofia política. Suas investigações têm a cobertura de uma ampla base empírica. A análise das constituições positivas que levou a têrmo demonstra que nêle se encontra o primeiro que elaborou a ciência comparada do direito constitucional. As observações sôbre a política real do seu tempo mostram como tinha em plena conta os fundamentos psicológicos e sociológicos sôbre os quais repousa a organização estatal. No entanto, o ético suplantava o saber empírico do Estado positivo.

A prevalência de uma ética do Estado tem sua origem no caráter filosófico do pensamento de ARISTÓTELES. Mas, tem também, sua raiz nas condições sociais e políticas em que vivia o grande pensador. De uma parte, a dispersão política que o sistema da polis representava, impedia a realização plena do conceito de Estado. JACOB BURCKHARDT (12) fala assim: "Um dos resultados da vida e da paixão da Polis pago ao mais alto prêço foi o espírito grêgo aprendeu a considerar e descrever objetiva e comparativamente as formas políticas". No entanto, como explicar a proliferação de tantas utopias e de tantas construções imaginárias de um Estado perfeito? A utopia política é a forma de manifestação mais distante da realidade. A ela só não sucumbe ARISTÓTELES; a sua Política (13) não é uma utopia, mas sim uma deontologia do Estado. É descrição objetiva das formas políticas e teoria do melhor Estado. Na parte descritiva, encontra-se uma morfologia e uma tipologia do Estado, e representa, inegavelmente, Teoria do Estado. Mas, o Estado grêgo é uma unidade absorvente, uma totalidade, reduzida espacial e populacionalmente, de caráter ético, religioso, político, educacional: "... desde o princípio a Polis é tudo, a verdadeira religião dos gregos" (BURCKHARDT). A realidade do Estado condicionava a concepção do Estado. Se o Estado efetivo é como um grande ser ético- político, social e religioso, a compreensão do Estado não se faz separando os dois momentos: como é, realmente, o Estado e como deve ser o Estado, para ser o mais perfeito possível dentro de um quadro de realidades dadas. O fato do Estado grêgo impedia o discernimento de onde terminava o político e onde começava o homem, como também, no plano do conhecimento, dificultava o discernimento exato do problema do conceito do Estado e o problema da idéia do Estado (14).

A Teoria Geral do Estado é a reação, em têrmos de conhecimento, por parte do homem, a uma determinada circunstância política em que o homem se acha implantado. O estar incluso dentro de uma circunstância política provoca dois comportamentos diversos: o querer atuar dentro da circunstância, o comportamento como sujeito prático que elabora e, ao mesmo tempo, padece a circunstância; outro é o comportamento como querer compreender e descrever a realidade política circundante, a conduta como sujeito de conhecimento. Essa dualidade no reagir ante a situação política concreta dentro da qual estamos é discernível com pureza conceptual, mas tal discernimento é metódico. O corte que separa o sujeito prático do sujeito teórico, no trato com a realidade estatal, não corresponde ao efetivo comportamento do homem. O estadista e o teórico dos fenômenos políticos são apenas duas formas de vida, em cada uma das quais coexistem ambas atitudes, diferindo apenas pela prevalência de uma das duas. O teórico do Estado leva consigo a vocação de um crítico e de um reformador da coisa pública. Igualmente, aquêle, que se porta como homem de Estado teoriza, seja como autognose de sua conduta, no que ela tem de especìficamente político, seja como saber conceptual da realidade original que é o Estado (15).

O Estado, como um aspecto da realidade histórica, envolve com o seu sêr, a consciência de si mesmo. Essa consciência de si manifesta-se na experiência teórica da coisa pública, como experiência do fato político. A todo Estado corresponde uma doutrina do Estado, seja como sistema de princípios, elaborados intencionalmente, é o caso do pensamento político dos grêgos, já a-sistemàticamente, sem precisão conceptual e objetividade teórica, como no caso dos romanos (16). Inegàvelmente, como tem sido reconhecido pelos historiadores da filosofia, a relativa autonomia do indivíduo ante o Estado e ante as instituições religiosas, diferentemente da sujeição verificada na cultura oriental, possibilitava ao grêgo a reflexão crítica sôbre sua própria situação política. O pluralismo das cidades-Estados conferia a possibilidade de uma perspectiva que ultrapassava os estreitos limites de cada Estado parcial, elevando-se a conciência teórica a uma vantajosa situação crítico-comparativa de todas as ordens políticas existentes. (17). Se excluimos o período das tiranias, podemos dizer que, para o grêgo, o modus vivendi político nunca foi um dogma ou uma fatalidade ante a qual faltasse sentido discutir sua razão de ser.

O pressuposto de que a realidade política vigente não decorre de uma inflexivel determinação natural, mas é, em grande parte, obra do próprio homem, que não é só destino mas sujeito protagonista do acontecer, êsse pressuposto é que está na base de toda teoria política que não cifra seu propósito em apenas conhecer, mas em modificar o Estado.

Completando o que acima dissemos, cabe acrescentar que a atitude teórica toma duas modalidades em face do Estado: ora o saber o que é o Estado, ora o determinar como deve ser o Estado. A primeira modalidade dá lugar a uma teoria positiva do Estado; é, em forma sistemática, um produto tardío das culturas. Não obstante, encontram-se os seus primeiros fundamentos no pensamento grêgo. Em forma pura, não a encontramos, mas lá está, mesclando-se e confundindo-se com a teoria filosófica do Estado. A teoria política de ARISTÓTELES, mais objetiva e mais vinculadas às realidades históricas da época que o pensamento utópico contido na **República** e nas **Leis** de PLATÃO, condensa ambas modalidades, predominando, é verdade, o ponto de vista valorativo e normativo. Todavia, a análise das formas de govêrno, o estudo da constituição, que representam senão doutrina teórica do Estado?

Talvez seja insuficiente explicar ùnicamente pela extraordinária vocação do grêgo para o exercício da reflexão teórica e filosófica, e pela falta dessa vocação na índole do romano, a circunstância de que os romanos não chegassem a elaborar uma teoria do Estado, quando o Estado era, dentro da cultura romano, a mais alta potência vital. Observa RAYMOND G. GETTEL que "Even after the completion of the imperial system, no effort was made by any Roman writer to formulate a system of political philosophy, as ARISTOTLE had done for the Greek world" (18).

A explicação, em têrmos de sociologia do conhecimento, para a ausência do problema doutrinário do Estado reside no próprio sistema político vigente. A presença ou a falta de uma problemática política não deriva de fatores puramente lógicos; ultrapassa a legalidade específica do pensamento cientifico encerrado dentro de leis e princípios simplesmente formais. Um problema político existe porque é conversão de uma situação concreta em saber crítico, em conciência da própria circunstância (19). Não é a falta de uma pluralidade de Estados, autônomos e em relação de paridade, não é o sistema monista de um Estado mundial, a centralização progressiva em forma de Império, que deixam de oferecer as condições reais para uma percepção do fato do Estado e o consequente tratamento teórico do mesmo? Essa mesma idéia de um Estado-Império projeta-se sôbre a história medieval, agora sob o fundamento teológico da cristandade universal; também a dispersão territorial e a fragmentação em parcelas de poder político, implantadas com o sistema feudal impedem a formação de Estados, no que a idéia de Estado implica de unidade, de soberania, do poder mais alto dentro da comunidade. Tanto o fato do Estado quanto o conceito do Estado exigem o pluralismo das formações políticas. Um Estado o é não só por uma exigência interna da comunidade; um Estado consolida-se em face de outros Estados. Não é só o manter em forma e em integração a pluralidade de grupos dentro de sua própria órbita; é unidade e concentração em face de outros

O PROBLEMA DO OBJETO DA TEORIA GERAL DO ESTADO 45

grupos concorrentes, que buscam forma política. Históricamente, podemos dizer que um Estado não existe senão por referência a outros Estados. O pluralismo dos Estados é o fato que compele as ordens políticas à determinação espacial de-finida de suas esferas de validade. A definição de um âmbito territorial próprio é a base real do ordenamento jurídico, que repele a confluência de poderes iguais para um só espaço; — lògicamente, a possibilidade de contradição de duas ordens dentro de um espaço elimina ambos ordenamentos e requer um ordenamento supremo, o que vale dizer único dentro de sua esfera; a gênese real acha-se nas relações inter-estatais, nos conflitos e nos antagonismos que surgem entre as formações estatais.

Do ponto de vista sociológico, é digno de nota observar como, entre os romanos, a formação do direito privado corresponde ao sistema das cidades-Estados, sistema êsse que desaparece progressivamente, a medida que se verifica o aparecimento do Estado-Império, por fôrça mesma da extensão geográfica, compelido a tomar a forma de Estado autocrático mundial. JELLINEK, do ponto de vista histórico, observa êsse processo e sua repercussão no campo da teoria do Estado e anota que os romanos não chegaram a elaborar uma teoria do direito público, não obstante perceberam claramente a autonomia dêste em face do direito privado.

Tão pouco a idade média oferecia as condições sociológicas favoráveis ao tratamento científico do Estado. HERMANN HELLER chega a perguntar se se pode aplicar o conceito de Estado às instituições políticas medievais. Faltando o objeto, ipso facto, falta a base para a conceptuação. De um lado, a precária estruturação estatal cançada pela organização política medieval; de outro lado, o predomínio dos valores religiosos conferindo ao pensamento político marcado caráter teológico. Teologia política, jusnaturalismo transcendental são expressões ideológicas dessa conjuntura.

A predominância dos valores religiosos impedia u'a visão descritiva e neutra do Estado. Estabelecida, ademais, uma escala de valores, dentro da qual os valores jurídicos e políticos ocupavam lugar subordinado. Ao Estado faltava autonomia, posto que a êle supraordenava-se o poder espiritual da religião com sua realização institucional: a igreja. Reflexo dessa situação é a teoria que procura justificar o Estado segundo pontos de vista teológicos. Trata-se de uma justificação do fato do Estado segundo uma instância fora do Estado, mais além do Estado. É teoria justificativa de caráter transcendental. Quando se declara que o monarca governa em nome de Deus, que a vontade estatal não é vontade arbitrária, mas vontade subordinada a uma instância superior teológica, por sob a teoria está a supremacia da Igreja em face do Estado (20). Històricamente, essa relação declina para uma relação de paridade e finalmente para uma separação dos dois poderes, no Estado laico. Não é objeto aqui acompanhar o problema em forma de história, por isso que se omitem fatos, épocas e personalidades significativas. Basta-nos verificar o que, na história, se traduz em têrmos de relação social.

O conhecimento científico do Estado começa alí onde se investiga o Estado por si mesmo. É a investigação imanente do Estado em forma de teoria descritiva do Estado positivo. O pensamento político de MACHIAVELLI instaura a primeira investigação não transcendente do Estado. Libertando a política de qualquer subordinação, quer aos valores teológicos, quer aos valores éticos, vinha MACHIAVELLI sem o querer, — pois o propósito de sua doutrina era uma teoria justificativa da ação política do Principe, sem interferência de outra instância supra-estatal — implantar o método de conhecer o Estado, dentro do próprio Estado, verificando objetivamente a autonomia de sua modalidade de ser (21). É verdade que não discerniu o saber descritivo, da doutrina normativa, a teoria do Estado, da teoria politica, mas contribuiu para libertá-las da subordinação à teologia politica. O procedimento aqui corresponde ao processo metódico, que tem começo no Renascimento, no estudo do universo físico. O mundo natural e o mundo social começam a ser considerados teòricamente, segundo uma visão positiva imanente. Quer-se investigar as leis que regem os fenômenos, na ordem social como na ordem material, e, por isso, deixa-se de apelar para a explicação transcendente.

É interessante observar que o substitutivo da concepção teológica do Estado aparece em forma de uma metafísica jusnaturalista. O jusnaturalismo também corresponde à teologia política. Mas, a modificação, que sofre a doutrina do direito natural nos séculos XVII e XVIII, é a maneira de u'a passagem do estado teológico para o estado metafísico, aproveitando a idéia conteana. Falamos do direito natural racional como substitutivo do teologismo político vigente na idade média e penetrando até o fim do século XVII. É êsse direito natural uma concepção já saturada do racionalismo que invade todos os setores da vida política, social e filosófica, servindo de infra-estrutura ideológica à Revolução de 89 e informando tôda a doutrina do direito público então existente. A teoria do pacto social representa uma tentativa de racionalização do Estado, sendo aqui a razão jurídica o fator que estrutura e dá forma à existência política dos povos. A teoria do direito natural incidiu sôbre um dos componentes essenciais do Estado, a sua estrutura jurídica. Mas, sabe-se bem, o jusnaturalismo é deontologia. Mais que declarar como é o Estado, indica o ideal para modificá-lo afim de que, ademais de ser, seja um Estado realizador da justiça. O conteúdo dessa justiça, em certa fáse, está dado dentro do complexo ideológico da burguesia que, contra o critério histórico de estratificação social, então se afirmava, primeiro, no sector econômico, depois, no domínio social e político. Mas, visto que todo propósito de modificar realidades exige conhecimento, o recompôr e reformar as realidades sociais exigiu teoria social e teoria política, teoria econômica e teoria jurídica. Subjante àquele jusnaturalismo, estava, como CONTE percebeu, uma metafísica revolucionária, portanto, um ideário político de ação. Mas, além da pragmática política, desenvolvia-se o conhecimento, como sociologia e teoria do Estado, economia e ciência do direito. Assim, proposições de doutrina do Estado encontramos na obra de MACHIAVELLI, na de HOBBES, de LOCKE, DE ROUSSEAU, de KANT, etc., proposições mescladas com filosofia do direito

O PROBLEMA DO OBJETO DA TEORIA GERAL DO ESTADO   49

e do Estado, com teorias éticas e doutrinas políticas, com princípios de economia política e explicações sociológicas.

A Teoria Geral do Estado está, intimamente, ligada à história do Estado moderno. Sociològicamente, é a explicação e o comentário dêsse Estado. Sua base empírica é o Estado moderno, notadamente, o Estado constitucional, o Estado que começa depois do movimento revolucionário de 89. É, o Estado constitucional, a forma política que corresponde ao racionalismo filosófico, à economia capitalista em ascenção, à formação de novas classes sociais e à nova distribuição de poderes conferidos à tais classes. Antitradicionalismo, anti-historicismo: pois a tradição e a história são fôrças que perseveram no que foi. Tradicionalismo é concepção do mundo que germina no âmago das classes privilegiadas. Só a razão dissolve o privilégio, desfaz o tradicional, e ataca o existente, porque, de par com a razão, vai a idéia de liberdade e a de igualdade. Razão, liberdade e igualdade são conceitos revolucionários. A racionalização elimina a tirania, juridifica o poder, sôbrepondo a governantes e governados a obra objetivada da razão — a constituição. A razão, como razão jurídica, pretende pautar não só as relações privadas, mas, sobretudo, as relações do indivíduo com o Estado, estabelecendo uma norma para os próprios governantes, e estabilizando a vida pública, afim de que dessa estabilização e dessa regularidade previsível na conduta do Estado haja segurança para os indivíduos. O principal é proteger a liberdade, evitando o arbítrio do poder político. Essa liberdade, que se formula como princípio ético, corresponde aos interêsses econômicos e políticos a defender e salvaguardar. O Estado constitucional — é coisa pacífica — é o Estado em que pôde viver e prosperar uma classe economicamente formada e que requeria liberdade é liminação do **ancien règime** como condição sine qua non social de sua existência.

É na experiência dêsse tipo histórico de Estado que a Teoria Geral do Estado encontra sua problemática. O fenômeno da constitucionalização pôs em evidência que o Estado é uma ordenação jurídica. A teoria da constituição ou a ciência do direito constitucional aí tem seu objeto. O fato do Estado constitucional nos mostra que se é possivel um Estado sem feitura constitucional, todavia não é possivel Estado sem um complexo de normas jurídicas, de organização, que, em sentido lacto, são normas constitucionais. (22). O poder só é poder estatal quando se move dentro de um complexo de normas, não importando que essa normas sejam elaboradas pelo costume ou em forma legislada, por processos autocráticos de u'a minoria, ou segundo o método democrático, corrente no Estado moderno. Êsse aspecto jurídico do Estado foi desconhecido na cultura clássica e só começou a ser percebido, ainda envolto em jusnaturalismo, nos fins da idade média. Ouçamos HERMANN HELLER: "Only one ingredient of modern political science was unfamiliar to the Greeks: namely, the juristic-dogmatic theory of the State. In spite of Aristote's significant researches in comparative and historical law, a general dogmatic theory of State and law remained un familiar to the Greeks. Basically it was unknown even to the Romans and was peculiarly the creation of the latter Middle Ages of Western Europe" (23).

O conhecimento dogmático do direito público tem parte de seu objeto fundamental na constituição. A constituição é o dado, a partir do qual a hermenêutica elabora. A interpretação, o comentário, a análise, a decomposição da estrutura constitucional em suas partes integrantes é labor lógico que não só interessa ao direito constitucional, mas à teoria geral do direito e à teoria geral do Estado. A teoria dos órgãos, a teoria da competência, o problema da soberania, a questão da forma do Estado, o problema da personalidade jurídica, enfim, os problemas fundamentais da Teoria Geral do Estado têm sua fonte imediata nas constituições positivas. Não é a doutrina da divisão dos poderes, base jurídica e política das constituições européias (e norte-americana) que oferece dados para a elaboração teórica da natureza do poder político, para a conceptuação de órgãos e funções do Estado? Passando-se em revista o conteúdo da Teoria Geral do Estado, constataremos que os problemas são problemas de uma realidade política e social enquadrada nos séculos XVII, XVIII e XIX.

O vínculo entre teorias políticas e realidades políticas e sociais nunca deixa de existir. Assim, a concepção personificativa da soberania corresponde a uma realidade política dominada pela monarquia. O voluntarismo, como fonte de normatividade, é expressão de uma conjuntura em que o príncipe, rei, déspota exercem o poder em caráter originário e absoluto. Contràriamente, a despersonalização da soberania, a concepção objetiva da soberania corresponde à fase política em que acima da vontade do órgão está um complexo de normas que delimita a órbita de atuação dêsse órgão. Quando o órgão é concebido como situação objetiva e dispondo de uma parcela de competência? Quando a soberania não pertence ao indivíduo mas à função que desempenha e ao órgão dentro do qual se investe? Evidentemente, quando se põe acima de todos uma lei fundamental. A soberania transfere-se do indivíduo para a constituição. A experiência psicológica "l'Etat c'est moi" é impossível dentro do "Estado de direito". Do ponto de vista externo, a soberania é capacidade de auto-determinação política e jurídica. Mas, quando foi possível concebê-la assim? Depois do fenômeno positivo da irrupção dos povos, cada qual pretendendo reger-se autonomamente. O surto das nacionalidades, o fenômeno histórico denominado nacionalidade, é que provocou a elaboração do problema teórico da essência da soberania (24). Êsse fenômeno é desconhecido no mundo antigo e no medieval. Enfim, completando o que acima dissemos: se o voluntarismo corresponde ao Estado autocrático, o racionalismo corresponde ao Estado democrático. A norma deixa de ser um dictame arbitrário, para ser uma determinação da razão. Essa razão não é individual. Razão é o fator supra-individual, aquêle denominador comum que supõe-se em todos exista.

JELLINEK adverte que todo Estado é qualquer coisa de individual e que não há Estado que realize completamente o conceito abstrato de Estado. A individualidade do Estado advém da história. A individualidade é histórica. O que se nos oferece à experiência é o Estado como uma grandeza qualitativa única. O problema de uma teoria geral reside, aqui, em despojar o dado de sua contingência e de sua peculiaridade no tempo e no espaço, ponde em relêvo o tipo. A fixação do conceito universal do Estado e a determinação dos tipos é problema que afeta uma teoria geral do Estado.

É indispensável observar que não se trata dos tipos em sentido ideal deontológico. A filosofia política é que tem a incumbência de fornecer o tipo ideal que serve de medida e critério da existência política, o tipo como norma supra-positiva do Estado real. O método tipológico é, na Teoria Geral do Estado, o procedimento mediante o qual, com base na aproximação comparativa das realidades políticas, se ressalta o que de homogêneo existe na variabilidade e na peculiaridade de uma classe de fatos sociais. Nada impede que a teoria geral se eleve a um plano que ultrapasse o limite de um simples promédio empírico das realidades políticas históricamente dadas. MAX WEBER (25) atinge êsse plano. O tipo em WEBER é um esquema puro, à maneira do conceito fundamental correspondente aos fatos. Falta ao tipo, na concepção weberiana, a dimensão metafísica de uma essência. Não se trata de uma essência: trata-se de um recurso metódico auxiliar, de uma construção esquemática, com valor instrumental de conhecimento. Nessa busca de tipos puros (ideais, como conceitos) distingue-se uma teoria geral do Estado de uma história do Estado. A generalidade da teoria do Estado é, lògicamente, comparável à generalidade da sociologia em face da história.

A teoria do Estado, como teoria geral, tende a determinar o estrutural e o constante do Estado. É assim que JELLINEK, considerando que a constante do Estado residia na estrutura a um tempo social e jurídica, observava como tomava caracteres que variavam com o grau de civilização, o povo e a época. O social e o jurídico são componentes necessários e universais da estrutura estatal. A história política é a realização diferenciada e individualizada dessa constante universal.

Por último, observemos que a generalidade da teoria do Estado tanto pode ser entendida como generalidade empírica de uma ciência dos fenômenos políticos como generalidade apriori de uma ciência ideal de algo constitutivamente ideal, o Estado. Assim em KELSEN. O sentido do geral em KELSEN identifica-se com o universal lógico. A teoria do Estado deixa de ser uma ciência empírica do Estado histórico para se converter em ciência lógica do Estado real ou possivel (26). O fundamento dessa universalidade reside no caráter lógico-estrutural do objeto: o direito como sistema de significações. A teoria geral do Estado, então, em vez de ciência empírica particular de um objeto, passa a ser, conforme a expressão de CARLOS COSSIO, uma "lógica geral do Estado" (27).

A decisão, em nosso entender, ante essas duas concepções da generalidade exporemos nos capítulos seguintes.

---

(1) "... tout Etat, tout organe public, tout événement relatif à l'Etat, est, avant tout, quelque chose d'essentiellment individual... il n'y a pas d'Etat ni d'institution publique qui réalisent complètement un concept abstrat..." JELLINEK, L'Etat moderne et son droit, ps. 50-51.

O PROBLEMA DO OBJETO DA TEORIA GERAL DO ESTADO   55

(2) Contra a legitimidade científica do conhecimento histórico em SPENGLER: "La posibilidad de llegar en la historia a resultados cientificos se basa justamente em lo que la historia contiene aún de produto, es decir, en un defecto". Mais adiante: "... querer tratar la historia **cientificamente** es en ultima instancia, una contradiccion" in La decadencia de Occidente, ps. 152-153, t. I. Mas, é que, injustificadamente, SPENGLER reduz ciência a ciência natural, entendendo que natureza é o conjunto do quanto é necessário segundo leis e de que não há mais leis que as naturais. V. op. cit. p. 151, t. I.

(3) Só de ponto de vista filosófico (o idealista absoluto) é viável a eliminação da historicidade concreta do Estado. Tudo o que diz respeito ao real individual do Estado "c'est un simples phéno-mène, une affaire historique" como diz HEGEL no estudo que ao Estado dedica. V. Principes de la philosophie du Droit, ps. 190 e ss.

(4) Sôbre a importância do conceito de formação social objetiva, v. VIERKANDT Filosofia de la sociedad y de la historia, ps. 9, 79 e ss.

(5) BLUNTSCHLI, Théorie Général de l'État, p. 3 e ss.

(6) V. JELLINEK, op. cit. ps. 11-16.

(7) Sôbre a natureza e o objeto do conhecimento dogmático, V. RECASENS SICHES, Filosofia del Derecho y Estudios de Filosofia del Derecho, ps. 32 a 41, t. 1; ANTONIO HERNANDEZ GIL, Metodologia del Derecho, cap. IV, ps. 101 e ss.; J. HAE-SAERT, Theorie générale du Droit, p. 20; MIGUEL REALE, Teoria do direito e do Estado, ps. 11-21; RENÉ HUBERT, Science du Droit. Sociologie juridique et philosophie du Droit, ps. 43 e ss; CARLOS MAXIMILIANO, Hermeneutica e Aplicação do Direito, p. 57 e ss.

(8) V. DEL VECCHIO, Justice, Droit, Etat, ps. 283 e ss.; HERMANN HELLER, Teoria del Estado, ps. 145 a 159; JELLINEK, op. cit. ps. 31 a 36. Sobremodo instrutivo é a exposição dos "tipos históricos" de Estados, ps. 442 a 501.

(9) V. HERMANN HELLER, op. cit. ps. 33, 34. Para a formação dos Estados modernos, êsses protagonistas da história que RANKE denomina "grandes potências" v. LEOPOLD VON RANKE, Pueblos y Estados, ps. 69 a 79.

(10) V. WERNER NAEF, La idea del Estado en la edad moderna (especialmente caps. 1 e 11; HAROLD J. LASKI, A Grammar of Politics, ps. 44 e ss.

(11) DUGUIT, Traité de droit constitutionnel, p. 501, t. I.

(12) JACOB BURCKHARDT, História de la Cultura grêga, p. 280, t. 1.

(13) La "Politiqué d'Aristote est, en substance, une doctrine constitutionnelle, dont les principes se trouvent déjá, ne serait-ce qu'en esquisse, dans l'Etique à Nicomaque". Kelsen, La politique grécomacédonienne et la Politique d'Aristote. p. 38.

(14) Sôbre a distinção entre conceito e idéia, v. MAX ERNEST MAYER, Filosofia del Derecho, ps. 60 a 62, 142 a 147; também, J. W. BURGESS, The foundations of Political Science, p. 53.

(15) Para um perfil do político e a descrição da política como forma de vida, v. E. SPRANGER, Formas de vida, ps. 227 a 250.

(16) v. RAYMOND G. GETTELL, History of Political Thought, ps. 64 a 79; PEDRO CALMON, História das Idéias Políticas.

(17) É sôbre a experiência das cidades — Estados que se ergue a teoria política de ARISTÓTELES. RUSSELL observou com exatidão que "Greece, owing to its division into independent cities, was a laboratory of political experiments". V. do autor, A History of western Philosophy, ps. 185 e ss. Sôbre o realismo da doutrina do Estado aristotélica, v. W. WINDELBAND, Historia de la Filosofia, p. 285, t. 1; sôbre a conexão de ética e política na doutrina do Estado, v. KELSEN, La politique grecomacedonienne et la "Politique" d'Aristote.

(18) RAYMOND G. GETTELL, op. cit. p. 67.

(19) V. ORTEGA Y GASSET, Obras completas, ps. 349 e ss. t VI, acêrca do conceito de **circunstância**.

O PROBLEMA DO OBJETO DA TEORIA GERAL DO ESTADO   57

(20) KARL SCHMITT analisa, com penetração exemplar, o substrato teológico-transcendental das monarquias, num dos seis tipos de monarquias, a monarquia teocrática. V. Teoria de la Constitución, ps. 328-330.

(21) A significação do pensamento político de MACHIAVELLI é posta em evidência por ERNEST CASSIRER. Entre outras coisas, diz CASSIRER: "The Prince is neither a moral nor an immoral book: it is simply a technical book". É teoria e arte do Estado, sem referência a qualquer instância supra-política, ética ou religiosa. V. do aut. cit. The myth of the State, ps. 142 a 162; GÜNTHER HOLSTEIN, Historia de la filosofia política, p. 185.

(22) Em rigor, como declara HELLER, "... no hay grupo humano que pueda concebirse, ni siquiera en sus comienzos, sin criterios precisos de division de conpetencias, es decir, sin normas de organización o constitucionales..." Todo o Estado implica normas jurídicas constitucionais, todo Estado repousa numa constituição. Aqui vem em tela a plurivocidade do têrmo constituição V. HELLER Teoria del Estado, p. 290. Sobre o sentido de constituição, CARL SCHMITT, op. cit. ps. 3 a 50. Também, GARCIA PELAYO, Derecho constitucional comparado, ps. 31 a 50; PINTO FERREIRA, Principios gerais do direito constitucional moderno, ps. 41-56.

(23) V. HERMANN HELLER, Political Science, in Encyclopaedia of the Social Sciences, p. 208, vs. XI-XII.

(24) R. KRANENBURG, Teoria política, ps. 189 a 206; O. G. FISCHBACH, Teoria general del Estado, ps. 156 a 164. Para a compreensão da crise do conceito de Estado-nação, v. HAROLD J. LASKI, A grammar of Politics, ps. 218 e ss.; E. DE QUEIROZ LIMA, Teoria do Estado, p. 113.

(25) MAX WEBER, Economia y Sociedad, ps. 6 a 20, t. 1.

(26) KELSEN, Teoria general del Estado, p. 58.

(27) CARLOS COSSIO, La Teoria egologica del Derecho, p. 174.

CAPÍTULO III

Sôbre o conceito de Estado

O conceito fundamental da Teoria Geral do Estado é o conceito de Estado. O caráter fundamental dêsse conceito reside na posição de conceito supremo que ocupa no sistema das proposições que integram a Teoria Geral do Estado. Podemos considerar, formalmente, a série de proposições da Teoria Geral do Estado como um desdobramento de juizos em que não falta o conceito de Estado. A presença, manifesta ou implícita, dêsse conceito é que dá coesão e estrutura à série. Considerado do ponto de vista lógico, o conceito é uma síntese conotativa, com exclusão, vê-se, dos conceitos uninotativos, que constituem reduzido número. Mas, no que toca aos conceitos complexos, as notas não formam uma superposição aditiva, mas um nexo funcional bem definido. Os conceitos (complexos, como o conceito de Estado) são, em sua estrutura, sínteses judicativas ou proposicionais. Com efeito, as notas estão entre si em relações de índole lógica, e tais relação são de sujeito-predicado. Se consideramos os conceitos sob o aspecto da análise lógica, êles se comportam como unidades definidas e estáveis. Mas, do ponto de vista de cada ciência particular, que dêles se serve como instrumentos de conhecimento, os conceitos são esquemas abertos e inacabados, dentro de cujas linhas vão se enquadrando os objetos. Os conceitos estão sujeitos à um processo dinâmico de retificação, de ampliação ou restrição. Perdem elementos de sua conotação ou ampliam a esfera de suas determinações significativas. Para as ciências, os conceitos são sínteses provisórias do conhecimento, nunca expressões de essências, cuja aprioridade as isente da constante verificabilidade empírica. A essa testabilidade experiencial não escapam os conceitos fundamentais de uma ciência de objetos reais. Não falemos nas ciências de objetos ideais, pois que a idealidade dos objetos possibilita a formação de conhecimentos sintéticos com validade apriori. Fixemo-nos nas ciências reais, e, destas, apenas na classe das denominadas ciências sociais, porque êste é o domínio que interessa à Teoria Geral do Estado.

É uma contingência (que deriva do objeto) das ciências sociais a falta de determinações exatas em sua conceptuação. A Teoria Geral do Estado é mais uma confirmação disto. No que respeita ao conceito fundamental, o conceito de Estado, não existe o desejado consenso. Isto se revela bem claro quando o teórico do Estado se propõe defini-lo. A definição de um conceito é sempre o ato lógico de explicitar, em forma analítica, a conotação do conceito a definir. Verifica-se u'a margem ponderável de discordância nas definições do que seja Estado. E a discrepância é mais que simplesmente verbal; é conceptual. A divergência meramente verbal, seria superada mediante a unificação terminológica, que estabelecesse um idioma de significações inequívocas para uso da doutrina geral do Estado. Mas, tal consenso ante uma idiomática comum seria fácil se a Teoria Geral do Estado fôsse uma ciência que operasse com convenções conceptuais, ou com definições a título de postulados. Seria fácil, em suma, se a Teoria do Estado operasse sôbre objetos ideais abstratos, como as teorias matemáticas e as teorias lógicas. A dificuldade, para a Teoria Geral do Estado, provém do objeto, do pluralismo constitucional dêsse objeto, que permite considerá-lo sob vários pontos de vista. É, por isso, que o historiador pode ter um conceito do Estado, com maior amplitude de aplicação do que o do jurista puro, da mesma maneira que o sociólogo dos fenômenos políticos pode utilizar o conceito de Estado sem a conotação valorativa que introduz a Filosofia do Estado.

A conceptuação, cuja fonte empírica está no objeto, repercute, por sua vez, na delimitação dos problemas a investigar sôbre o objeto. Se não relevamos a fixação sedentária da comunidade ao território como nota constituinte do conceito Estado, a órbita de aplicação dêsse conceito se torna tão ampla que compreende os primeiros fenômenos de manifestação da vida política das comunidades, ainda mesmo antes de uma articulação da comunidade em forma estável, em relação a um espaço dado. A investigação científica, que busca a origem e o desenvolvimento dos fenômenos sociais, mal poderá prosseguir devidamente se parte de um conceito rígido e que representa a situação evoluída do fenômeno. À pesquisa dos fenômenos estatais, em suas mais rudimentares etapas de evolução, dedica-se uma parte da sociologia primitiva (1). Igualmente, a pesquisa histórica tem de estender suas indagações até um ponto limite que o conceito mantido pelo sistemático não alcança. Se a investigação histórica ou a investigação sociológica avançarem para os fatos, munidas da conceptuação sistemática da Teoria Geral do Estado, ver-se-ão forçadas a reduzir o campo de suas indagações, porque os fenômenos sociais que não preencherem os requisitos formais estabelecidos no conceito do Estado, firmado pelo ponto de vista, digamos, jurídico, ou sistemático-político, serão desqualificados de caráter estatal (2). Todo fenômeno social pode ser objeto de investigação sistemática ou histórica. Logicamente, separam-se os problemas tocantes à origem e os problemos relativos à constituição; é a diferença entre o perguntar o que é algo e o perguntar qual a origem e a evolução de algo. Se nos perguntam o que é o homem, não respondemos com proposições que se nos oferecem a antropologia ou a sociologia primitiva ou a psicologia evolutiva, por muito que a formação e história de um fenômeno, de uma instituição, de uma forma social sejam indispensáveis para o conhecimento pleno de tais coisas; na hipótese, por muito que aquelas citadas disciplinas contribuem para o saber positivo da natureza humana.

Muitas vezes o jurista amplia o conceito de Estado de modo a abranger, na esfera de aplicabilidade do conceito, todos os grupos sociais dentro dos quais se verifique a dualidade fundamental constituída pelos têrmos sujeitos que dominam e sujeitos que são objeto do domínio. É a oposição dialética mais acabada entre governante e governados. DUGUIT, por exemplo, tomando o conceito do Estado em sentido amplo, vê-lo verificado tanto numa comunidade rudimentar, quando numa comunidade evoluída, só distinguindo-se em grau evolutivo a diferença entre o mando de um chefe de horda e o poder de um chefe de Estado (3). Mas, nêste ponto, DUGUIT comporta-se mais como sociólogo do que como jurista pròpriamente dito.

O sociólogo, como tal, busca o processus de formação de um fenômeno, e não apenas a forma evoluída e complexa que o fenômeno apresenta no curso de sua história. Uma tipologia sistemática das formas políticas é problema que está no âmbito da investigação sociológica. Igualmente, a formação, a origem e o desenvolvimento do fenômeno político. E, para alcançar o fenômeno político, em suas etapas iniciais, tem a sociologia política de operar com um conceito de Estado que será mais amplo e flexível que o conceito com que opera o jurista puro. Com um certo empobrecimento conotativo obtém o necessário aumento extensivo do conceito. Desta sorte, sociològicamente, o Estado surge com o fenômeno de poder. A formação de um poder dominante, de uma poder preponderante numa comunidade dada, é um fenômeno extra-jurídico. A relação de poder, como relação complexa de coordenação e subordinação, é uma relação sociológica que se encontra em diversos âmbitos da vida comunitária, como uma forma de inter-relação dentro da qual cabe qualquer conteúdo — moral, religioso, econômico, etc. O político, como conteúdo específico, imprime sua peculiaridade à relação de subordinação que está na base do fenômeno de poder. O poder político é um poder social preponderante, é um poder de impor uma ordenação à série de relações recíprocas que entre si mantêm os indivíduos. A investigação sociológica verifica quais os fatores que concorrem para a formação dessa classe de poder, em que circunstâncias a pluralidade de grupos coexistentes é coordenada por um poder que a todos os grupos se superpõe. Não falta teoria sociológica que admite, com apôio na história primitiva, a anterioridade do Estado como **fenômeno de poder,** à existência do direito, como **sistema de normas.** Porque, como hipótese confirmável, julga possivel, na realidade histórica, assinalar a linha divisória que separa duas etapas: a do poder como fato puro (psicológico e sociológico) e a do poder como fato jurídico, isto é, o poder acompanhado de um ordenamento normativo da conduta dos indivíduos.

Em consequência, sociòlogicamente, podemos conceptuar o Estado como uma comunidade fixada sedentàriamente num dado espaço e submetida a um poder supremo. É imprescindível um conjunto de normas como sistema regulador da conduta, visto que a co-existência de uma pluralidade de indivíduos, requer a existência de preceitos que estabeleçam o limite do permissível e o âmbito do obrigatório. Mas, tais preceitos podem ser de natureza religiosa, moral, ou pertinentes aos chamados usos e costumes, e cujo substrato psicológico são as crenças e os valores admitidos pelo grupo. Sem a extenção conceptual do têrmo Estado, a sociologia deixaria de alcançar o problema da origem do Estado.

Outro pode ser o critério de conceptuação do dogmático do direito público. Se reconhece o problema da origem do fenômeno político como problema histórico e problema sociológico, problema, pois, extra-dogmático, e toma como objeto de conhecimento o Estado em sua formação **atual,** incluirá a nota da juridicidade como integrante essencial do conceito

O PROBLEMA DO OBJETO DA TEORIA GERAL DO ESTADO   67

do Estado. O Estado é, então, um fenômeno jurídico, e chega
até onde chega o direito. Um Estado como situação de fato,
despojada de qualquer ordenamento jurídico, é uma situação
psicológica de domínio, é relação sociológica do que detém
mais poder sôbre os mais fracos. Essa superposição conceptual
exata entre o conceito do direito e o conceito do Estado encontra sua forma mais acabada em KELSEN (4).

Temos dito, antes que, mesmo sociològicamente, é impossível a teoria segundo a qual, em sua formação histórica,
o Estado precede ao direito, deixando, com isso, aberta a possibilidade de, dentro do ponto de vista sociológico, ser verdade a teoria da precedência do direito ao Estado. DEL
VECCHIO, com base nos estudos de MAINE, IHERING, COU-
LANGES e MORGAN, afirma que, como fenômeno histórico
e positivo, o direito preexiste ao Estado (5). Mas, quer se
admita a preexistência do Estado ao direito, quer se admita
a antecedência temporal do direito em relação ao Estado, a
conclusão válida para ambas hipótese é a de que o direito e o
Estado não coincidem. Contrapondo-se uma à outra, nem coincidem no rechaçar a necessária estatalidade do direito, nem
coincidem quanto à necessária juridicidade do Estado. Contra
a estatalidade do direito, mostra-se o pluralismo das fontes
criadoras de normas, aponta-se para a capacidade autonômica
dos entes coletivos de elaborarem o seu próprio estatuto jurídico, para a precedência histórica do direito ao Estado e, finalmente, para a existência de um direito, o direito internacional ainda não estatalizado. Contra a juridicidade do Estado, tem-se em conta a formação do poder político como fenô-

meno sociológico de subordinação, a doutrina de que o poder e a fôrça são as fontes do direito, sendo o direito nada mais que o sistema de preceitos normativos que justificam e garantem a existência da fôrça e do poder (consequentemente, primeiro o fato do poder, depois o direito para justificá-lo e garantí-lo em forma pacífica). Não só. O período revolucionário pode determinar a suspensão provisória do direito, sobretudo do direito público. O interregno revolucionário importaria, assim, numa situação de fato, sem a vigência de garantia e legalidade, e, não obstante, não implica em supressão do Estado. Seria, então, o Estado sem o direito. O mesmo argumento não seria transponível ao fato da guerra, em que o Estado, segundo alguns, não luta pròpriamente pela defesa de um direito pre-existente, mas luta pela criação de um novo direito. Mas, se do ponto de vista das relações externas, de Estado para Estado, o Estado, segundo tal teoria, liberta-se do direito, do direito internacional público, internamente permanece a estrutura jurídica, porquanto a ordem jurídica privada, e a estrutura constitucional e administrativa podem permanecer em vigor. A tése de que na guerra o Estado é criador de direitos novos, de que a guerra é um dos métodos de criação do direito, é uma ideologia política consoante com o ideario imperialista dos Estados fortes, não sendo casual que encontre acolhimento em pensadores como HEGEL, NIETZSCHE e SPENGLER (6).

O conceito do Estado é um conceito que se encontra amplamente usado, na ciência da história, na sociologia, na teoria

O PROBLEMA DO OBJETO DA TEORIA GERAL DO ESTADO   69

do direito público, na ciência política, na filosofia do Estado
e na filosofia da cultura. Um têrmo com usos em tantas disciplinas, julgar-se-á, deve ter um mesmo conceito. Não obstante, cada disciplina ora suprime características, ora põe outras
em mais evidência, de sorte que o têrmo recebe conceptuações
que guardam analogia, mas não equivalência. WILHELM
SAUER, lamentando a falta de unanimidade no determinar a
essência dêsse conceito, declara que, como principio, há de se
estabelecer que cada ciência use o conceito de Estado no sentido que melhor ajude a resolver satisfatòriamente os seus problemas (7).

Julgamos acertado dizer que a connotação do têrmo Estado sofre três variações, em concordância com a categoria
de conhecimento que se tem em vista. Se o conhecimento se
dirige à origem e à formação do Estado, quer por método individualizador, quer pela forma generalizadora, teremos res-
pectivamente a história do Estado e a sociologia do Estado;
o conceito de Estado será amplo, no sentido acima indicado,
e meramente descritivo do objeto. O conceito funciona, no
conhecimento histórico e no conhecimento sociológico, como
esquema aproximativo da realidade e como hipótese de trabalho. Para o conhecimento dogmático, o conceito de Estado
é um conceito jurídico, é um conceito limitado à órbita do direito público. O objeto, correlato dêsse conceito, define-se
pela sua específica normatividade, quer dizer, distinta da normatividade ética ou religiosa. Se bem que o conceito dogmático de Estado seja descritivo, todavia, ressalta no objeto a categoria de dever-ser. Agora se a classe de conhecimento re-

ferente ao Estado, é conhecimento filosófico, o conceito de
Estado envolve como constituinte necessário, a referência a
valor. Tomando em consideração a distinção feita por
STAMMLER (8) entre conceito e idéia, é acertado dizer o conceito filosófico de Estado é mais idéia que conceito. Assim,
por exemplo, em HEGEL. Proposições como estas: "o Estado
é a realização da liberdade"; "o Estado é a vida moral realizada"; "a essência do Estado é a vida moral", são proposições
que fixam uma conceptuação do Estado não coincidente com
a realidade do Estado. Conceptuam, antes, um Estado ideal,
ideal que ante o Estado empírico, vale como um dever ser
transcendente (9). Os componentes liberdade, eticidade e justiça nem sempre se acham efetivados nos Estados positivos,
ou seja nos Estados históricamente existentes. E, não obstante, tais Estados não perdem a categoria de Estado. Um dos
problemas filosóficos fundamentais sôbre o Estado é o ideal
do Estado justo, aquêle Estado que realiza mais que o império
da legalidade ou o critério da igual aplicação do direito existente a todos os indivíduos. Além da legalidade e da segurança, o Estado deve fazer prevalecer o direito justo, quer nas
relações internas, quer nas relações externas. O conceito
dogmático do Estado fixa o Estado em seu dever ser constitutivo imanente. O conceito filosófico ultrapassa o limite da
positividade normativa. Estabelece, no conceito, a exigência
supra-positiva de um dever ser com validade absoluta. Êsse
dever ser supra-positivo é a expressão normativa de um valor. Precisamente porque o conceito filosófico de Estado é
supra-positivo, sua validade não depende da confirmação em-

pírica. Os fatos políticos podem estar em desacôrdo com tal conceito, o Estado real bem pode ser um fenômeno de poderio, o fato da expansão do poderio, como pensaram NIETZSCHE e SPENGLER, e, no entanto, a validade do conceito permanecerá intacta. A validade, aqui, não depende sequer de um minimum de correspondência ante o objeto, como a do direito positivo, cujo valer deixa de subsistir se a realidade excede um limite mínimo de ineficácia, pois a validade alí é absoluta. Em rigor, trata-se de uma espécie de validade que confina com a validade ética, e, por isso, é bem frequente no conceito de justiça a presença do ético.

Transpondo o domínio da filosofia sistemática do Estado para o campo da filosofia da cultura, o conceito de Estado quasi perde a feição restrita de um conceito pertinente ao direito político para se confundir com certos conceitos históricos afins. A tese hegeliana de que o Estado é o objeto da história não pode ser estimada em seu exato alcance se se interpreta restritamente a significação do têrmo Estado. Porque então, teríamos a história apenas de um fragmento da vida total de uma comunidade, de vez que o Estado, por mais extensa que se apresente sua tendência à integração, nunca chega a absorver, completamente, a substância e os conteúdos da vida comunitária. Tais conteúdos, irredutíveis entre si e gozando de autonomia, não obstante as interrelações que mantém uns com os outros, tais conteúdos, dizíamos, formam constelações de valores, cuja efetivação concreta constitue aquilo que DILTHEY chamou os sistemas da cultura, e que sempre excedem a órbita do pròpriamente estatal. Com efeito, se o Estado importa num fenômeno de unificação das comunidades, tal unificação incide sòbre a estrutura formal da vida em comum, permitindo que os fins e os conteúdos, perseguidos e realizados através dessa estrutura, tenham sua realidade própria e autônoma, o que não exclue o fato de tais conteúdos — religião, costumes, crenças, técnica, arte, etc. — manterem com o Estado relações de influências recíprocas. Em face dos fins, podemos dizer que a juridicidade do Estado representa o elemento formal, têrmo que aqui não empregamos com a significação de elemento determinante, tendo em conta que, na esfera da realidade social e histórica, a intercorrência da forma e do conteúdo na produção dos fatos é a regra.

HEGEL, como filósofo da história, teve em plena conta as diversas esferas da cultura, ou as diversas formações de sentido do espírito objetivo. O Estado não é mais do que um segmento do círculo espírito objetivo. E se faz a história ser a história do Estado, e se tem conciência de que a historicidade se extende a qualquer das espécies de formação de sentido, só se compreende porque o têrmo Estado exprime tanto cultura. A cultura começa a ter história pròpriamente dita quando se unifica polìticamente em Estado. Assim, teremos um conceito filosófico-histórico ou filosófico-cultural de Estado que ultrapassa o uso técnico do vocábulo na teoria científica do Estado, ou seja, na Teoria Geral do Estado.

Análoga extrapolação encontramos na teoria spengleriana da cultura. Sem o substrato metafísico da teoria anterior, afirma o pensador da concepção catratrófica da história, que o Estado é o fato histórico absoluto, o proto-fenômeno da his-

tória universal. Mas, quando SPENGLER estabelece que "cultura é a existência de nações em forma política", a história é
a história das culturas superiores; que as altas culturas são
aquelas que alcançam a forma de Estados, e outras proposições mais que encontramos ao longo dêste último tomo de
sua obra (10), só podemos compreendê-las levando em consideração a concepção fundamental que elas exprimem. É a
concepção de que, na ordem dos fatos históricos, o Estado é
o fato supremo, de que o decisivo é o poder. A concepção histórica aqui é a concepção política da história, concepção que
também verificamos na historiografia científica (assim em
KURT BREISIG) e que é mais frequente na filosofia da história, de certo dado o caráter supra-empírico desta, que favo-
rece as grandes interpretações de conjunto. Em SPENGLER,
de certo muito mais que a confirmação dos fatos históricos,
o que leva a essa concepção do Estado é a exaltação da grande
personalidade política como sujeito (e não objeto) do acontecer, a prevalência dada ao poder em face dos demais valores.
Em consequência, o Estado está mais além do bem e do mal,
da verdade e do êrro, do lícito e do ilícito. Sua órbita própria
indeclinável é o dominio, dentro de seu espaço territorial e
fora dêle, e cuja prova decisiva é a guerra vitoriosa. A vitória
e o êxito final constituem a prova irrefutável a demonstrar
qual Estado tinha mais razão e mais direito, o que significa:
qual Estado tinha mais poder.

O sub-solo ideológico, que reside na base dessa teoria
filosófico-histórica do Estado, confere ao conceito de Estado
uma atribuição valorativa que limita consideràvelmente a mar-

gem de extensão do conceito. Com êle, não poderá trabalhar o sociólogo, pois, antes de tudo, a distinção entre altas e baixas culturas (já delineada em L. FROBENIUS) e a elevação do Estado à máxima potência estimativa, constituem limitações que não correspondem aos fatos. Nem corresponde aos fatos a determinação conceptual do Estado como realização da liberdade, pois na história política a liberdade tem sido uma conquista e não um dado com que tem que contar a vida do homem dentro do Estado. O Estado grêgo, por exemplo, só admitia a liberdade para alguns. A liberdade para todos, a extensão universal da liberdade surgiu, primeiro, como pensamento, numa etapa que já demonstra a germinação de uma conciência ecumênica, expressas na idéia de humanidade, na doutrina de um direito natural (supra-nacional portanto) na origem da qual há de se computar fatores reais como os econômicos, políticos etc., além dos pròpriamente pertinentes à dialética dos fatores ideais.

Desta sorte, verificamos que se dois conceitos filosófico-históricos do Estado, contrapostos em seus fundamentos metafísicos, um idealista, outro realista, relativista e pragmático, são inutilizáveis como instrumentos de trabalho para o conhecimento descritivo e explicativo da realidade política, a razão não se acha no conteúdo das teses que envolvem, pois se opõem contràriamente, mas na natureza mesma das teses subjacentes: são conceptuações pendentes de tomadas de posição supra-científicas: idealista absoluta uma, historicista e relativista a outra.

O PROBLEMA DO OBJETO DA TEORIA GERAL DO ESTADO 75

Uma certa fluidez e imprecisão conceptual constitue obstáculo para a circunscrição exata de cada ciência dentro de seus problemas. Essa imprecisão é responsável pelo comprometimento dos devidos limites entre as ciências. E, vale anotar, que é nas ciências empíricas, nas ciências sociais e nas ciências da história, onde a falta de clareza e distinção nos conceitos é frequente, sem dúvida, porque elas trabalham sôbre realidades cuja contextura não se deixa, com facilidade, recortar em sectores e campos de investigação definitivamente diferenciados e independentes entre si.

Assim, não é raro o têrmo Estado ser empregado com equivalência de sentido ao de nação (11). O processo histórico-sociológico que explica essa equivalente determinação de sentido — equivalência que não importa em identidade — é o fenômeno europeu da formação dos povos como unidades espirituais e materiais. A formação das coletividades sob u'a história comum, superadas as divergências étnicas, idiomáticas, religiosas, econômicas, confere a conciência da individualidade de cada unidade, e proporciona a coesão interna, indispensável como concentração de fôrças para a aparição do Estado Nacional. A distribuição geográfica do espaço entre os povos que adquirem conciência de sua individualidade, a fixação dêsses povos, a estabilização de suas instituições, a conservação de um patrimônio espiritual comum, são fatores que os levam à autonomia. Polìticamente, a modalidade de autonomia para u'a coletividade que atingiu certo quantitativo populacional, complexidade e intensidade nos domínios técnico, econômico, militar, etc., é a unificação em Estado. Êsse fato, na história européia, encontra expressão política no postulado de que toda nação deve ser um Estado, postulado que informa o direito internacional. É o chamado princípio das nacionalidades, que encontra sua defesa tórica em MANCINI. A fonte histórica da idéia de nacionalidade encontra-se na modificação do sistema político europeu após a revolução de 89, a qual redundou numa quebra das grandes formações políticas, implantadas com o regime das monarquias absolutas. O liberalismo é tanto o princípio da liberdade e igualdade para os homens, quanto para as nações. No pensamento dos filósofos e publicistas da revolução, o individualismo significa tanto independência para o cidadão quanto para os povos constituídos em nações. No fundo, é o mesmo propósito, tanto o de conferir autonomia política aos indivíduos, quanto o de proporcionar a cada nação o direito natural de se estabelecer em Estado. Se a liberdade política representa direito indeclinável de participar cada um na formação da vontade estatal, e se o Estado fundamenta-se no consenso contratual dos indivíduos, o constituir-se em Estado é uma decorrência lógica dêsse mesmo individualismo, de vez que a totalidade, entendida politicamente, não é algo mais do que os indivíduos que a formam. Seria, na hipótese, inconsequente exigir liberdade política para os indivíduos, sem a autonomia para as nações, que dos mesmos é que se compõe. Estava na lógica dos princípios revolucionários, substituir a concepção personalista da soberania do monarca pela concepção de que a fonte imediata da soberania está na nação. O liberalismo, em suma, vinha conferir aos indivíduos e às nações os princípios da liberdade, da igualdade e da autonomia. Èsses princípios, encarados do ponto de vista interno a cada nação, dão lugar ao regime parlamentar democrático. Encarados externamente, do ponto de vista das nações entre si, dão lugar a criação dos Estados Soberanos. Sob o antigo regime, o Estado não coincidia com a nação, porque era um resultado, quasi sempre artificial, das cessões, anexações, guerras, tratados, combinação de casas e dinastias, permitindo integrar politicamente povos e nacionalidades distintas, ou seja, unificar nações diversas na coexistência de um Estado.

O postulado normativo de que a nação deve ser um Estado, postulado político que encontra fundamento tanto histórico quanto filosófico-jurídico, explica a superposição formal de nação e Estado, ainda quando sabemos que materialmente não coincidem. A nação é algo mais que sua estrutura estatal. Esta última, é uma visão parcial do corpo nacional. Diz-se, não sem acêrto, que o Estado é a nação encarada sob o ponto de vista de sua organização política (12). Ademais, a nação pode preceder historicamente ao Estado e pode sobreviver ao desaparecimento do Estado, se bem que a absorção por outra unidade política tenda a desfazer suas peculiaridades espirituais, sobretudo se o Estado que a incorpora dispõe de superior cultura ou faz uso da fôrça física para alcançar seus fins. Igualmente, o Estado pode modelar povos e constituir uma nova unidade nacional. Uma política cultural do Estado é de grande efeito para êsse objetivo. A história oferece material empírico que confirma essas diversas combinações de Estado e nação, desde a forma de Estados nacionais, como caso de coincidência material, até os tipos não coincidentes, representados por uma nação que se fragmenta em vários Estados, ou pelo Estado que compreende sob seu poder várias nações. A guerra tem sido fator decisivo na combinação instável da dualidade real Estado-nação. Pois está na dinâmica do processo bélico alterar a composição e a relação das potências que entram em jôgo; essa alteração muitas vezes não se exprime, apenas, em reparações materiais ou em modificações no direito público internacional. Atinge a magnitude geográfica dos Estados e desloca parcelas do elemento pessoal das unidades políticas, com isso alterando o **status** jurídico e cultural dentro do qual viviam. O statu quo ante bellum raramente sobrevive ao choque armado dos Estados.

O indeciso traço divisório entre os têrmos Estado e nação persiste sob a denominação de um dos ramos do direito público. É na denominação direito internacional. É êste o sistema de normas reguladoras das relações entre as unidades políticas existentes. De fato, trata-se de um direito entre os Estados, de um direito inter-estatal, portanto. Não se trata de um direito entre nações. Estas podem estabelecer relações extra-jurídicas, relações meramente culturais, tecendo êsse sistema de vínculos éticos, científicos, religiosos, firmando, em suma, as bases para a constituição de uma sociedade superadora dos particularismos naturais às nações: a comunidade das nações (13). Uma das tendências principais que mostra o processo evolutivo social é o fenômeno de integração, em unidades cada vez mais vastas, dos indivíduos em suas relações recíprocas. A família, a tribu, a cidade, o Estado, a nação, a

O PROBLEMA DO OBJETO DA TEORIA GERAL DO ESTADO 79

comunidade das nações são os círculos de integração, historicamente crescentes, da evolução social. Naturalmente, as relações entre nações tendem a tomar forma jurídica, o que alcança sua expressão devida sob a forma de Estados. As relações recíprocas entre Estados não encontram forma adequada senão sob a espécie de relações inter-subjetivas, mùtuamente condicionadas, ou correlativamente dependentes. Os Estados, entre si, comportam-se como sujeitos, e, onde dois ou mais sujeitos entram em relações mútuas, impõem-se, para logo, a necessidade de um regime normativo que estabeleça o limite do permissível e do obrigatório. Esse regime normativo pode, a principio, ser simples normalidade ou regularidade, garantida pelo sistema de crenças religiosas e pelo ethos social vigente. Mas, não basta. A frequência da inobservância ante êsse regime, índice de que decresce a autoridade impersonalizada de ethos, impõe a necessidade de um regime (jurídico) mais eficaz, mais urgente, mais ponderável em fôrça coativa.

As relações inter-estatais são relações juridicas. Isso é evidente, pois os Estados são sujeitos de direito; a integração em Estado importa numa formação jurídica. Enquanto o Estado só se compreende pela nota da juridicidade, a nação é uma formação histórica repleta de conteúde e rica em aspectos. O conceito nação pertence às ciências histórico- culturais; o conceito Estado é um conceito inserto dentro da teoria do direito público. Essa distribuição conceptual não impede, de parte a parte, o uso de ambos conceitos. A história vale-se do conceito de Estado, conceito que para o conhecimento empírico da realidade histórica tem a função de pressuposto. Quer dizer, não é incumbência específica da história definir o Estado. A conceptuação Estado reside na teoria do direito público e na filosofia. Nesta, na qualidade de conhecimento último e síntese, de saber da essência do Estado (14). Todavia, para evitar o apriorismo material inerente ao problema da essência do Estado, no conhecimento histórico, como conhecimento científico e empírico de uma realidade, a conceptuação do Estado vale como **fundamentação metafísica**; o historiador, como tal, opera conceptualmente com total eliminação dêsse fundamento.

Idéia reitora para a convivência dos povos, idéia no sentido kantiano, é que as relações inter-estatais que constituem a comunidade dos Estados encontrem correspondência na comunidade das nações. Porque então as relações serão mais que meramente jurídicas ou políticas: serão relações mais estáveis, decorrentes do intercâmbio cultural.

O conceito de Estado é o conceito último. Mas, sociológica e históricamente, o Estado, uno em seu conceito, multiplica-se numa pluralidade de formações estatais. O conceito de um direito internacional, como direito interestatal, requer, como condição de sua possibilidade, u'a pluralidade de Estados. Um Estado único, espécie de Estado mundial ou universal, levaria, automàticamente, à eliminação dos Estados e, com isso, à própria possibilidade real do direito internacional, pois, na hipótese, os Estados como unidades políticas autônomas (soberanas) deixariam de existir (14). Por outra parte, a realização histórica máxima, concretizada na idéia de Estado único, importaria em eliminação do objeto do conceito, Estado. Porque um Estado único e total seria, ao mesmo tempo, uma supressão do Estado como Estado (em sua connotação integral). De fato, um Estado o é em face de outros Estados. A soberania, constitutivo essencial do Estado, carece de significação para um só ente político, porque soberania é um conceito de relação. Se não se dão, pelo menos dois têrmos, a relação não se verifica. A soberania do Estado em seu aspecto externo, só se cumpre, conceptualmente, porque um Estado tem ante si outro Estado. A unificação universal dos povos — inviável sociológica e històricamente — daria lugar a uma nação mundial, mas nunca a um Estado mundial. Na constituição dessa nação mundial hipotética, não faltaria, de certo, um ordenamento jurídico e a referência unitária dêsse ordenamento a uma vontade comum; não faltaria, pois a personificação do ordenamento jurídico, e, com isso, a estatalização daquela comunidade mundial. Mas essa estatalização não alcançaria o grau pleno que se verifica não sòmente com o estabelecimento de um poder supremo dentro da comunidade, mas de um poder supremo em face de outros poderes exteriores à comunidade, isto é, de um poder soberano. A soberania é o poder de dispor originàriamente dentro de um âmbito de validade material (territorial) e pessoal. A circunscrição territorial como esfera de validade de uma soberania só adquire sentido se coexistem iguais soberanias, e cuja coexistência só é possível juridicamente com limitações recíprocas.

(1) ROBERT LOWIE (Traité de Sociologie primitive, cap. XIII, p. 351 e ss.; CARLOS NARDI-GRECO, Sociologia jurídica, caps. III e V.

(2) Isto não exclue que a juridicidade seja nota essencial do conceito de Estado. V. GEORGES BURDEAU, Traité de Science Politique, p. 135, t. 11.

(3) LEON DUGUIT, Traité de Droit Constitutionnel, p. 395, t. 1.

(4) KELSEN, Teoria general del Estado, ps. 24 a 27; General theory of law and State, ps. 188 e 189.

(5) DEL VECCHIO, Justiça, Droit, État, ps. 285.

(6) J. LAGORGETTE, El porque de la guerra, ps. 274 e ss.

(7) WILHELM SAUER, Filosofia jurídica y social, p. 192. Sôbre várias definições do têrmo Estado, v. KORKOUNOV, Cours de théorie générale du Droit, ps. 365 a 374; GEORGES BURGEAU, op. cit. ps. 128 a 148, t. 11; quanto ao têrmo Estado, BLUNTSCHILLI, Cours de théorie générale de l'État, p. 18 a 19; JELLINEK, L'État moderne et son Droit, ps. 221 a 230, t. 1.

(8) R. STAMMLER, Tratado de Filosofia del Derecho, ps. 1 a 5; ainda sôbre a distinção conceito e idéia; v. RADBRUCH, Filosofia do direito.

(9) HEGEL, Filosofia de la Historia universal, ps. 81 a 86; in Principes de la Philosophie du Droit, ps. 190, 195; V. a propósito, ERIC WEIL, Hegel et l'État, cap. II.

(10) SPENGLER, La Decadencia de Occidente, cap. IV, t. IV.; Sôbre a teoria da cultura spengleriana, v. P. A. SOROKIN, Social Philosophies of an age of crisis, ps. 72 a 112; para a concepção política de historia, G. BAUER, Introducción al estudio de la historia, p. 102.

(11) Sôbre a "conception nationalitaire de l'État", v. M. de LA BIGNE DE VILLENEUVE, Traité général de l'État, ps. 199-219. Em rigor, o conceito de nação é não jurídico. O conceito jurídico

O PROBLEMA DO OBJETO DA TEORIA GERAL DO ESTADO   83

do fato político é o de Estado. V. WESTEL W. WILLOUGHBY, The fundamentals concepts of public Law, ps. 59-62. Para a relação entre nação e Estado, QUEIROZ LIMA, Teoria do Estado, ps. 1 a 6.

(12) "... l'État, c'est la personne politiquement organisée de la nation dans un pays determiné" BLUNTCHILI, op. cit. p. 18; v. sôbre o dualismo nação-Estado, DABIN, Doctrine générale de l'État, ps. 15 a 22.

(13) As relações entre nações dá lugar à "comunidade cultural dos povos" para usar uma fórmula de SAUER, op. cit. ps. 278. SAUER conceitua o Estado como "forma jurídica" e a nação como "conteúdo social", p. 187.

(14) A estatalização do direito internacional importaria na supressão dos Estados. A propósito, DEL VECCHIO, op. cit. p. 298. Não existindo um super-estado, sendo os Estados ·as últimas unidades de imperium, as relações inter-estatais, não perdendo o caráter de relações de direito, regem-se por um "direito anárquico" conforme pensa JELLINEK, op. cit. p. 564, t. 1.

CAPÍTULO IV

O campo de investigações da Teoria geral do Estado

A determinação do objeto de uma ciência é problema fundamental para a ciência. E quando a ciência é ciência social, então, além de fundamental, é crítico. Não é fácil isolar, da contextura total do existente, um sector autônomo, que sirva de base a um sistema de conhecimentos, porque a secção a que se leva a têrmo não deixa de ser arbitrária e artificial. Não há realidade que se compare à realidade histórico-social no que respeita à heterogeneidade de aspectos e à solidariedade com que tais aspectos se dispõem. Não é difícil estabelecer o corte, na realidade natural, dividindo-a em duas regiões: de um lado, os fenômenos físicos, de outro, os fenômenos vitais. Essa separação se consegue, nada obstando a parcial dependência dêstes em relação aos primeiros; ainda que os processos biológicos se verifiquem dentro de um campo de leis físicas, a compenetração daí resultante não impede a constituição de duas categorias de ciências naturais. Mas, quando ingressamos no domínio das ciências sociais, é a realidade mesma, decomposta em várias disciplinas, que conspira contra a necessidade lógica de firmar linhas divisórias, linhas estas que representam a condição do tratamento científico dessa realidade. Poderíamos imaginar que melhor seria uma única ciência para a realidade social una. A unidade de uma só sistemática corresponderia, assim, à unidade do objeto do conhecimento. Com isso, teríamos eliminado o obstáculo antes referido. Mas, acontece, a condição essencial do tratamento científico é sua parcialidade. SPENCER viu, acertadamente, que ciência importa em conhecimento parcialmente unificado. Não só unidade (sistemática), mas unilateralidade. Se a parcialidade importa numa perda de totalidade, ganha, no entanto, em especialização.. O conhecimento da totalidade, ainda que essa totalidade seja um segmento do existente, como a realidade histórico-social, é conhecimento filosófico, "hnowledge of the highest degree", não conhecimento científico. A especialização e a limitação do conhecimento científico a uma zona precisa do real tornam possível a exigência de verificabilidade para toda proposição, o confronto de todo conhecimento com a presença empírica do objeto, ao passo que a pretenção de totalidade, inherente ao saber filosófico, justamente porque a totalidade nunca é um dado, mas uma construção a partir de dados e de conhecimentos exatos especiais (científicos), a investigação filosófica é compelida para além da verificabilidade positiva, o que confere à filosofia u'a dimensão de universalidade, ao mesmo tempo que a envolve numa situação de problematismo desconhecida para as ciências especiais. É o alto prêço que paga o conhecimento dirigido para a totalidade (totalidade entendida, claro está, não como equivalente a todas as coisas. A pluralidade inexhaustiva do real requereria uma enciclopédia, que, como fato, é impossivel. Totalidade equivale a redução explicativa de todas as dimensões do real, regresso a princípios).

A constituição de ciências especiais no domínio da realidade histórico-social corresponde tanto ao princípio de economia mental, quanto ao princípio lógico de divisão do trabalho científico. É tarefa que ultrapassa, quantitativamente, os limites do investigador reunir, em suas mãos, a variedade de conhecimentos que a matéria social dá margem. Como dominar, unitàriamente, essa variedade, de vez que ciência não é simples acúmulo enciclopédico, mas sistematização e estrutura dentro de uma pluralidade de conhecimentos? Material e lògicamente a realidade social impõe a divisão do trabalho científico. As ciências sociais respondem, assim, aos impositivos da forma e do conteúdo.

Isto pôsto, agora a questão cifra-se em dividir materialmente a realidade social. É a questão prévia de análise e de desarticulação, o suppositum de toda ciência social. O desmembramento da realidade social tem sido feito desde ARIS-TÓTELES, para nos reportarmos ao primeiro que pôs a realidade social em termos de conhecimento descritivo, muito embora, nem sempre puro, mas de par com proposições crítico-valorativas e normativas. Mas, ARISTÓTELES, na cultura ocidental, foi quem primeiro distinguiu conceptualmente os integrantes materiais do social, foi quem percebeu, no social, os aspectos político, econômico, moral, jurídico, estatal. A percepção dos conteúdos do social é pressupôsto da ciência da história. Com efeito, que é a história senão história da política, história do direito, história da arte, história da economia, história da religião, história do Estado... A história parte do pressupôsto da irredutibilidade dos conteúdos. É pressupôsto porque o tratamento do que é o direito, a arte, o Estado, etc., implica problemática pertinente à outras categorias de conhecimento. A história toma, como já pôsto, a essência de tais conteúdos, e o que tem em vista é constatar o transcurso temporal da arte, da política, do direito, em sua manifestação individualizada dentro de conjuntos que chamamos povos, culturas, civilizações, ou épocas e séculos quando acentuamos algo do constituinte cronológico irreversível em que se desdobra a fenomenologia histórica. A sociologia, igualmente, trabalha com base no pressupôsto da irredutibilidade dos conteúdos da realidade social. O conhecimento sociológico apoia-se no pressupôsto da substantividade do ético, do econômico, do estético, etc., pressupôsto cuja discussão compete à sistemática filosófica. O que basta ao conhecimento sociológico é partir da hipótese de trabalho — cuja fundamentação é tema da filosofia — de que os fenômenos jurídicos são distintos dos fenômenos religiosos, de que são irredutíveis, entre si, fenômenos cognoscitivos, fenômenos estéticos e fenômenos econômicos. Êsse discernimento conceptual não interfere com a possibilidade das relações, pois a realidade social está disposta em forma inter-relacional.

Um tecido complicado de relações, uma estrutura de múltiplos aspectos, não comparável à realidade natural, pela heterogeneidade e pela compenetração em que se acham as partes, eis como se manifesta a realidade chamada social. Realidade que é história, não apenas pela forma temporal em que transcorre, mas, também, pelos conteúdos objetivos de valor que vão sendo, sucessivamente, criados, cada um dos quais representa não só etapas de um processo, (equivalentes entre si quando o que importa é a constância de uma lei em face da repetição indefinida dos casos ocorrentes — como no conhecimento natural —) mas etapas insubstituíveis e valiosas em sua peculiaridade, de vez que significam estágios no itinerário que descreve uma coletividade, uma comunidade cultural, uma nação ou povo (1).

O que dá complexidade à realidade social é, de um lado, a série de relações que se estabelecem entre os indivíduos, entre indivíduos e grupos, e entre grupos. De outro, são os fins a realizar através da rica morfologia que o social toma, são os objetivos a cumprir, as diversas direções que tomam as atividades humanas. Processos e finalidades, modos de conduta e fins, maneiras de se relacionarem os indivíduos e sentido objetivo, atividades e obras: nisso reside a dualidade constitutiva da realidade histórico-social. É sôbre essa realidade que operam conceptualmente a história, a sociologia e as ciências sociais particulares. No círculo das ciências sociais particulares se acha, como sabemos, a Teoria Geral do Estado. Perguntamos: como é possivel, sôbre uma só realidade, erguerem-se a ciência histórica, a sistemática sociológica e a teoria do Estado. A resposta impõe a determinação do objeto da Teoria Geral do Estado e o estabelecimento dos limites dessa teoria em face das teorias histórica e sociológica

O Estado não coincide materialmente com a realidade social. É evidente. É, apenas, um sector ou uma parcela dessa realidade conjunta. A percepção disso já se verifica na experiência política, quando se opõe a sociedade ao Estado, e luta-

se pela defesa dos direitos individuais e pela limitação jurídica
da vontade ordenadora do Estado, de modo a que o ente político permaneça dentro da realidade social ocupando apenas
uma porção do espaço. Nem mesmo no Estado absoluto, a
posição relativa do Estado se modifica ante a realidade social,
da qual é parte. O Estado absoluto, apenas, absorve mais esferas da vida social, incorpora à sua órbita mais conteúdos,
(educacionais, científicos, religiosos, etc.) mas nunca alcança
o nível de superposição plena à realidade social. A estatalização plena da realidade social representaria o têrmo limite,
ainda históricamente não alcançado. Entre êsse máximo de
Estado e o minimo de Estado se desenvolve empìricamente
o Estado positivo. Para o conhecimento, as doutrinas que se
orientam para êsses dois extremos são ideologias, cujo propósito, como ideologias, é a reforma do Estado e não o saber
teórico do Estado. O mais possivel de estatalização, segundo
os defensores do poder absoluto, o mínimo indispensavel, com-
patíveis com os direitos (naturais) do indivíduo, segundo a tese
liberal, ou, enfim, a supressão completa do Estado, conforme
o pensamento anárquico-socialista são três variantes de ideologia política sôbre o que deve ser o Estado, e não teorias sôbre o que é realmente o Estado. Por isso, o pôsto adequado
a essas doutrinas é a Filosofia política, não a ciência do Estado.

A percepção do Estado dá-se como experiência pre-científica nos indivíduos que compõem a coletividade politicamente
organizada. Para a experiência pre-científica, o Estado manifesta-se fragmentàriamente, como govêrno, como poder

O PROBLEMA DO OBJETO DA TEORIA GERAL DO ESTADO   93

superior, como última instância de coação legítima, como poder tributário, etc. Encarado do ponto de vista externo, o Estado manifesta-se como povo, como coletividade integrada e fixada espacialmente, como potência, isto é, como sujeito capaz de impor pela fôrça (não só física) sua capacidade de decisão e império em face dos demais entes políticos. Na experiência ordinária, não se atinge o Estado como todo. A percepção detem-se nas manifestações parciais e é na resistência que o Estado oferece à conduta individual que se destaca seu peculiar existir (2).

Êsse condicionamento da percepção do Estado projeta-se históricamente. Nas monarquias absolutas, o monopólio do poder político, pelo monarca, levava à identificação do Estado com o portador da função suprema de mando. Assim, a qualificação jurídica de soberania deslocava-se para a pessoa do soberano. A despersonalização objetiva da soberania, para o Estado, não é possivel senão alí onde o Estado se estrutura como integração de governantes e governados, fato que, na história política, começa com a Revolução de 89. A exacerbação psicológica, subjacente na expressão L'État c'est moi, corresponde sociològicamente a uma fase de subjetivização personalista do Estado. Indica que não se alcança a distinguir as funções objetivas de govêrno, dos titulares investidos em tais funções; sociològicamente decorre da concentração do poder em mão de u'a minoria, cujo pôsto não depende da vontade dos súbditos, ou da concentração máxima do poder nas mãos de um só governante (3).

A Teoria Geral do Estado, como ciência de um objeto, tem de partir de uma experiência dêsse objeto. Experiência é o modo pelo qual o sujeito se põe ante o objeto, o caminho que dispõe de mais adequado para chegar ao objeto de conhecimento. O Estado não é um objeto ideal, como uma relação. Nem um valor puro, como a justiça ou o bem. Ante a idealidade dêstes, o Estado destaca-se como um objeto existente. O Estado é uma forma de existência. Dá-se no tempo e no espaço. Mas, também tempo-espaciais são os objetos naturais — os fenômenos físicos e os biológicos. O Estado, ainda que incluso dentro do círculo do existente, ainda que contenha uma projeção no campo do natural, não se confunde com a existência natural. Sem dúvida, o Estado tem, como constitutivos, uma porção espacial configurada e o elemento humano. Um e outro são, como objetos, objetos naturais. Mas, o Estado é, ademais, uma ordenação da conduta; nessa ordenação reside o elemento que eleva o Estado ao plano que ultrapassa o meramente físico (geográfico, no caso), o puramente biológico do aspecto populacional, e, enfim, a série, simplesmente psicológica, das ações e reações dos indivíduos entre si.

Na história da teoria do Estado encontramos, entre outros, dois modos contrapostos de conceber o ser do Estado. À concepção do Estado como realidade natural, opõe-se a doutrina de que o Estado é uma ordem ideal de normas. Ver no Estsdo nada mais que um fato natural, extensivo até às espécies animais, como o fazia o naturalismo radical, é, sem dúvida, tão unilateral quanto considerá-lo um sistema ideal de proposições, sem que, todavia, se desconheça o quanto esta última posição se avantaja àquela. Entre a contraposição cabe um meio têrmo conciliador. O Estado é tanto um dado real, quanto uma estrutura ideal. É uma realidade e uma idealidade em mútua referência. Por isso, é impossivel considerar um dos têrmos fora dessa relação. Sem as normas e os valores, que as normas tendem a implantar no real, o Estado dissolve-se numa série de processos anímicos. Em vez do Estado, como totalidade específica, teremos os impulsos para o mando, vontade de uns de se superporem à relação de paridade, na posição de vontade preponderante, tendência para a obediência, anuência ao poder pelo temor à coação. Teremos, em suma, tendências e impulsos, cujo estudo compete à psicologia social e individual, fatos explicáveis pelas leis da casualidade e da motivação, mas não surpreendemos, com a exclusão do outro têrmo, o que de próprio tem o Estado. Se, ao contrário, suprimimos o substrato real, o que nos resta é um objeto ideal: normas, constituição, sistema de proposições. Sem êsse aspecto ideal, o Estado reduz-se a uma parcela do espaço, a um quantum populacional, a uma sequência de fatos psíquicos: elementos êstes que suportam consideração quantificadora e naturalista. Mas, sem a infra-estrutura real o Estado se torna um ser intemporal, supra-psíquico e supra-sociológico: uma ordem unitária de proposições de dever ser, postas por um sujeito supra-empírico, destinadas a sujeitos também não empíricos, uma constituição cujo sustentáculo histórico-sociológico não importa. A constituição existirá pela validade, e sua positividade ou efetividade decorre da validade que é a específica propriedade lógica do sistema constitucional.

A conjunção do real psíquico-sociológico com o ideal normativo confere ao Estado a dualidade constituinte do que é realidade de cultura, fato histórico. O Estado é êsse fragmento do tôdo que é a cultura. Não anexamos a êsse conceito a idéia de que a cultura é a totalidade no suceder histórico, ou em outros têrmos, a idéia (comum a FROBENIUS e a SPENGLER) de que os fatos históricos não discorrem em série sem término, como os fatos na relação de causa-efeito, mas formam constelações unitárias, configurações que, em sentido de metáfora, podemos denominar corpos culturais, e, em consequência, de que é possível uma morfologia dêsse "proto-fenômeno", por seu caráter de totalidade concebido como organismo. Passamos por alto êsse aspecto do problema. Retemos do conceito de cultura a dualidade fundamental fato-valor, realidade-idealidade, que, no domínio do Estado, toma a forma de processo real de conduta e norma.

A concepção do Estado como fato de cultura confere à Teoria Geral do Estado o preciso discernimento do seu problema. É, a Teoria Geral do Estado, a ciência empírica do fato cultural do Estado. Os problemas que o objeto Estado suscita, não são, em consequência, problemas exclusivamente naturalistas ou exclusivamente problemas formais ou lógicos do domínio do ideal-normativo. Assim, — veremos em seguida — o problema dos elementos do Estado, das funções e órgãos do Estado, das formas de govêrno e formas de Estado, o problema da constituição são problemas de fatos com sentido, de fenômenos culturais .

O conceito de cultura é, assim, o conceito unificador de um ponto de vista possivel sôbre o Estado. O Estado como fenômeno de cultura não resulta de u'a mera justaposição de dois aspectos: advém de uma conjunção em mútua implicação material, ou, para dizê-lo como RADBRUCH diz do direito: o Estado é uma realidade referida a valores (4). É êsse conceito que pode estabelecer a síntese sôbre a dualidade de uma teoria social do Estado e uma teoria jurídica do Estado. Que essa dualidade, apenas com valor metódico, poderia ser mantida o revela a grande obra de JELLINEK. A investigação do Estado como fato social é impossivel sem referência ao complexo de normas que outorgam sentido ao fato social. A teoria social do Estado é um momento ou uma etapa metódica na análise do Estado, que a cada passo remete o sujeito do conhecimento ao plano normativo, pois sem essa remissão é impossivel delimitar o sector específico dessa teoria social. Também o conceito de cultura estabelece a síntese sôbre a dualidade ser e dever-ser, pois que a cultura é o produto de uma realidade ante valores, que, para se implantarem no real, tomam a forma dedeterminações prescritivas ou normativas. As normas indicam, em forma lógica, distinta da enunciativa, quais valores devem ser realizados e quais não devem ser realizados. Referimo-nos à normas in genere, sem atentar para a particularidade da norma jurídica. A realidade social histórica cobra sentido pelas normas, de tal sorte que, como STAMMLER e KELSEN já observaram, sem normas é impossível a relação social (5). Sem o conceito sintético unificador de cultura, a Teoria do Estado se divide em duas metades, com duas problemáticas divergentes e dois procedimentos metódicos irredutíveis. Como é possível uma ciência com dois métodos diversos? A dualidade de método não quebra a unidade da ciência? KELSEN sacou, dessa bipartição inconciliável com a unidade científica, a consequência de que era necessário eliminar a teoria social e conferir à teoria do Estado o caráter de teoria exclusivamente jurídica do Estado. Mas, é que KELSEN prescinde do conceito de cultura, o único que harmoniza a dualidade posta em termos de antinomia: realidade — valor, ser — dever-ser, dualidade no objeto que repercute em dualidade de método.

A Teoria Geral do Estado, dizíamos, é um ponto de vista sôbre o Estado. Acrescentamos, é uma nova síntese que reune elementos do dado, já considerados em outras investigações científicas, mas, agora, reunidos como novo objeto (6). Objeto não coincide necessàriamente com a totalidade do dado ou coisa. O dado, pela complexidade de constituição, pode oferecer margem a vários objetos. A superposição objeto e dado verificar-se-á ali onde êste sòmente oferecer margem para uma ciência, no pressupôsto de que tal ciência seja exaustiva do dado. O objeto é o dado já elaborado pela conceptuação científica. É a matéria prima já trabalhada pelas categorias do conhecimento. A complexidade do dado possibilita a pluralidade de objetos do conhecimento. Assim, o Estado, é o dado real que subsiste íntegro, dando lugar a diversas conceptuações, portanto, sendo objeto para várias ciências. Não

O PROBLEMA DO OBJETO DA TEORIA GERAL DO ESTADO 99

é o **mesmo** objeto que é investigado por várias ciências. Cada ciência tem seu objeto. É a mesma realidade, mas encarada sob diversos ângulos. O discernimento entre objeto e dado lembra, de algum modo, uma distinção escolástica, a de objeto formal e objeto material do conhecimento. O dado é o objeto material, de onde partem as ciências com seus objetos formais (7). O objeto é uma construção do sujeito, mas uma construção no que isso significa de arranjo, de elaboração, de análise e sistematização. O sujeito põe-se ante o dado, delineando e esquematizando, desarticulando o que é uno e complexo, para, assim, poder operar em caráter lógico (em conceitos, em proposições e combinações inter-proposicionais). Essa é a condição para construir a ciência.

A ciência denominada Teoria Geral do Estado é uma entre outras construções conceptuais (conferindo ao têrmo conceito extensão compreensiva de tudo quanto é pertinência do lógico) acêrca de algo que existe e se dá à experiência. Não é a única teoria possivel; é uma entre outras, igualmente legítimas e possiveis. Assim, discernimos o Estado como objeto sociológico, o Estado como objeto jurídico, o Estado como objeto cultural, o Estado como objeto filosófico: são diferentes objetivações de um dado de experiência. Em rigor, tratam-se aqui de perspectivas de uma só realidade subjacente, que, enquanto perspectivas, o que fazem é por em relêvo êste ou aquêle lado de algo que é multilateral e que só por referência a essa multilateralidade pode ser perfeitamente compreendido. A sociologia do Estado mal pode dar um passo sem referência ao componente jurídico do Estado (o que veremos no capítulo V) pois, sem normas jurídicas, é impossível falar em poder do Estado, em soberania do Estado, em relações pacíficas ou relações bélicas entre Estados: enfim, qualquer problema sociológico-estatal implica a referência ao direito. Igualmente, o tratamento do Estado como objeto jurídico é teorização de um aspecto do Estado, teorização que se restringe ao ponto de pôr fora do parêntese da investigação o componente sociológico, quando essa teorização se converte em lógica da ordem jurídico-estatal, mas, que já o envolve, ainda que como mínimum indispensável, quando se converte em ciência dogmática do Estado. Outro tanto, faz a Teoria Geral do Estado que considera o fato do Estado como fato de cultura. Sòmente a filosofia do Estado pretende alcançar a visão integral do Estado, o ser do Estado, representando o ensaio onicompreensivo do Estado. É a filosofia do Estado, como ontologia do Estado, a nova síntese que se constroi a partir das sínteses empíricas levadas a cabo pelas ciências particulares do Estado.

O Estado, como objeto de cultura, pode ser estudado seja sistemática seja històricamente. A oposição metodológica, devida a RICKERT, de ciência cultural e ciência natural não corresponde exatamente com a dualidade lógica de ciência individualizadora e ciência generalizadora. Sem dúvida, só uma realidade em referência a valores cobra importância o que essa realidade tem de individual. Sem referência a valores, o individual torna-se irrelevante para a sistematização final da

O PROBLEMA DO OBJETO DA TEORIA GERAL DO ESTADO   101

ciência. Vale como etapa no processo de generalização. Uma vez atingida esta, cessa a importância do individual: para o conceito natural, o indivíduo é um têrmo equivalente ou de substituição possivel numa série infinita. O conhecimento natural é generalizador, por fôrça do objeto, em si indiferente à positividade ou negatividade do que é pertinente a valor. Se constatamos correspondência entre ciência natural e método generalizador, tal não se verifica entre ciência cultural e método individualizador. A ciência cultural individualizadora é justamente a ciência histórica. Mas, como qualquer realidade pode ser tratada pelo método generalizador, a cultura comporta êsse tratamento (8). O fato de cultura, o Estado, por exemplo, tanto pode ser estudado do ponto de vista histórico-individualizador, quanto do sistemático-generalizador. No primeiro caso, obtemos a história de cada individualidade estatal, o Estado em movimento no curso do tempo. O Estado grêgo, o Estado romano, o Estado medieval são individualidades políticas inconfundíveis. Mas, além dêsse recompôr descritivo da realidade estatal concreta, é possivel elevar-se ao plano abstrato de uma teoria generalizadora do Estado. É teoria de um fato de cultura, é ciência cultural, mas ciência geral, ciência que procura o típico sôbre o individual único, a estrutura comum universal por sôbre a diferenciação històricamente dada. E se essa universalidade é apenas uma idéia reitora da teoria do Estado, idéia não atingível pelo condicionamento histórico e sociológico da teoria do Estado, no entanto, a pretenção objetiva de valer como teoria geral importa para definir o grau lógico de abstração dessa teoria: é teoria generalizadora do fato cultural que é o Estado.

O Estado não perde o caráter de fato cultural porque se o considera universalmente, dissolvendo-se, então, em mero fato natural. Tornar-se-ia natureza sem a referência aos valores que constituem a região própria do jurídico. A teoria do Estado, em consequência, não passa para a classe da ciência natural ante a circunstância de submeter seu objeto às operações de comparar, generalizar, conceptualizar com alcance supra-individual o fato de cultura que é o Estado. O procedimento comparativo-generalizador tem sido aplicado ao "mundo histórico", sem com isso o resultado lógico se identificar com uma teoria naturalista. Aí estão os exemplos de um SPENGLER ou de ALFREDO WEBER (9). Partem, ambos, da experiência do mundo histórico, do concreto individual que se dá em forma de povos, de instituições, de Estados e totalidades culturais. Mas, não conservam a puresa metódica da investigação descritivo-individualizadora. Em aproximações comparativas, atingem o plano da teoria geral do histórico, em SPENGLER como morfologia da cultura, em ALFREDO WEBER como sociologia da cultura. É que a bipartição metódica em tela mostra-se insuficiente para as ciências sociais, de modo que, em realidade, nas investigações, a generalização e a individualização mesclam-se e se completam. É exato que a ciência natural é ciência generalizadora, mas não é a única. É exato também declarar que a exposição individual dos objetos carece de sentido para os objetos naturais, pois sem relação com qualquer valor, o que importa é o universal da lei ou do conceito ante os quais a individualidade, como tal, decresce em relevância. Mas, o fato histórico, (seja um fato político, seja um fato econômico ou religioso) requer tanto a reconstituição do singular como a inclusão dentro de um esquema que prescinda do singular e retenha o universal.

A teoria geral do Estado difere de uma simples ciência histórica do Estado pois o seu objeto é o típico e o que se repete no Estado empírico. Não se confunde com uma historiografia do Estado (10).

(1) "... la consideración de la individualidad interviene propriamente cuando juzgamos algo, no solo como unico en su tipo, sino también como absolutamente insubstituible con respecto a un dado fin; lo cual significa que lo consideramos como dotado de un "valor" inherente a su particular modo de ser, y para conservar o realizar el cual debe subsistir en su integridad" comenta E. de MICHELIS ao analisar a lógica do conhecimento histórico rickertiana. V., do autor, El problema de las ciencias historicas, p. 222.

(2) "Encontramos al Estado formando parte de nuestra vida y nos encontramos nosotros formando parte del Estado... Y, sin embargo, apesar de ser el Estado cosa tan proxima a nosotros, con el que estamos en trato tan constante, cuando tratamos de apresar su essencia, de determinar su ser, de encerralo en un concepto unitaria, se nos escapa..." RECASENS SICHES, Estudios de Filosofia del Derecho, ps. 248-149.

(3) O Estado requer sempre, não importa o grau, objetivação ou despersonalização do poder. É um poder, para dizer com GEORGES BURDEAU, em forma jurídica, um "pouvoir institutionnalisé". Dí-lo BURDEAU: "Le pouvoir est institutionnalisé en ce sens qu'il est transféré de la personne de governants, dont

les qualités suffisaient jusq'alors à le justifier, à l'institution étatique qui en devient désormais le seul proprietaire", mas, de certo modo, restringindo essa qualidade institucionalizada do poder em sua aplicação ao Estado real. V. GEORGES BURDEAU, Traité de science politique, p. 257, t. 1.

(4) G. RADBRUCH, Filosofia do Direito, p. 46. Sobre o conceito de cultura, de importância capital para a doutrina do Estado, é exato o que diz M. E. MAYER: a cultura não é só realidade nem só valor, mas a unidade de uma e outro. A cultura é uma realidade transformada em realidade valiosa, um valor convertido em real. V. Filosofia del Derecho, ps. 80-81.

(5) "Qualquer laço social é uma ligação essencialmente normativa: no fundo, o tecido social não passa de uma obrigação, a obrigação reciproca dos indivíduos, estabelecida pela ordem normativa, a uma determinada conduta" KELSEN, Teoria do Estado, p. 22. V. sobre o assunto, RECASENS SICHES, Estudios de Filosofia del Derecho, p. 460, t. 1.

(6) O conceito de objeto, aqui, relaciona-se com o de SIMMEL: "Todo o que designamos em geral como objeto es un complejo de determinaciones y relaciones, cada una das cuales, si se descubre en una pluralidad de objetos, puede convertirse a su vez un objeto de una nueva ciencia" v. Sociologia, p. 12, t. 1. O objeto é um corte abstrato sôbre algo, cuja íntegra constituição é complexa, e é condição lógica de uma ciência. "Scientific abstraction cuts through the full concreteness of social phenomena from yet a different angle... sociological phenomena do not exist in such isolation and recomposition, but they are factored out of this living reality by means of an added concept", The sociology of GEORG SIMMEL, p. 21. Para o conceito não formal de objeto, que importa para as proposições da ontologia, v. HUSSERL, Investigacciones logicas, p. 233, t. 1.

(7) O discernimento de varias capas da objetividade e sua significação gnoseológica e ontológica é levado a termo por N.

O PROBLEMA DO OBJETO DA TEORIA GERAL DO ESTADO   105

HARTMANN, quando distingue **objectum, objiciendum, transobjectum** e o **transintelligivel**. V., do autor Les principes d'une métaphysique de la connaissance, ps. 134 e ss. t. 1.

(8) Já SIMMEL anotava a insuficiência da alternativa ciência de leis e ciência do histórico no tocante ao problema do conhecimento dos fenômenos sociais. V. Sociologia, p. 20, t. 1. Para a crítica da do problema gnoseologico em RICKERT e em WINDELBAND, v. E. de MICHELIS, op. cit. ps. 187 e ss.

(9) ALFREDO WEBER propõe "a compreensão empirica das formas e maneiras de ser das culturas, captação de su movimento e direção" mediante analises sociológico-históricas, combinando, assim, o procedimento abstrato generalizador com a descrição compreensiva do individual histórico. V. sua obra, Historia de la Cultura, ps. 13-20.

(10) É uma ciência de estruturas, não uma ciência histórica como observa HELLER, Teoria do Estado, ps. 68 a 72. Acentuando êsse caráter não histórico, JELLINEK afirma que a teoria geral do Estado é ciência "explicativa". V. L'État moderne et son droit, p. 10.

CAPÍTULO V

O aspecto sociológico do problema do Estado

A Teoria Geral do Estado, ciência positiva do Estado, tem seu ponto de partida empírico na realidade do seu objeto. O Estado é uma realidade. Parece ociosa essa afirmação, visto que é nessa realidade que vivemos e é com base nessa realidade que teorizamos. A realidade do Estado é, por assim dizer, tão evidente que dispensa argumentação. A realidade não se demonstra; mostra-se em sua indubitável presença, como um dado ante a intuição. Mas, com declarar que o Estado é algo real não temos, ainda, especificado o gênero de realidade que é. Poderia ser realidade natural, explicável dentro do sistema de princípios e leis pertinentes ao real físico ou ao real biológico. Mas, já a complexidade do Estado impede uma concepção fisicalista de sua estrutura e natureza. Uma explicação energética das fôrças que existem no processo estatal não proporcionaria a compreensão do específico que é o Estado. Antes, dissolveria os elementos irredutíveis e próprios do Estado dentro dos esquemas quantitativos de uma explicação naturalista. O mesmo se deve dizer da teoria segundo a qual o Estado seria uma realidade biológica. A teoria organicista — não importando a variante que apresente — é uma teoria naturalista do Estado. A concepção de que categorias biológicas são aplicáveis aos processos políticos, — como as de parte, função, interdependência das partes em relação ao conjunto, totalidade, evolução, etc. — não alcança apreender o diferencial constitutivo do Estado. Por isso, o ensaio de uma concepção biológica do Estado, ou não passa de mera transposição de conceitos do campo da biologia para a ciência do Estado, com simples função analógica, ou faz intervir categorias supra-biológicas, com o que tal concepção se elimina como biologismo político. Afora a validade da concepção biológica do fenômeno político, há a se observar que o organicismo não está isento de resíduo ideológico (1). Não é simples coincidência o fato de as teorias políticas, que advogam a prevalência axiológica do Estado sôbre a comunidade, terem buscado, na concepção orgânica do Estado, o fundamento teórico para uma política de poder absoluto. Pois o Estado ocupa, biològicamente, o pôsto de supremo órgão do organismo social, algo assim como um sistema nervoso central da vida social. A preeminência funcional biológica do Estado ante a sociedade, corresponde à sua primazia na escala dos valores. Não é difícil, portanto, descobrir o subsolo supra-individualista que reside na base da conceção orgânica.

Existe, ainda, uma outra modalidade de naturalismo na concepção do Estado. É o naturalismo sociológico. Importa, para logo, insistir em que a sociologia não condiciona forçosamente a explicação naturalista dos fenômenos sociais. Èsse condicionamento verifica-se numa orientação especial da sociologia: na sociologia que estabelece, por paradigma de conhecimento, o conhecimento elaborado pelas ciências exatas, o conhecimento quantitativo como o único que alcança objetividade e universalidade. O progresso admirável das ciências exatas explica que se convertesse o conhecimento físico-mate-

mático natural em paradigma de todo conhecimento científico. A objetividade dêsse conhecimento está constatada pra-
ticamente, pelo uso técnico dêsse conhecimento no domínio
das fôrças naturais. A universalidade e a constância das relações fixadas em leis permite, com efeito, a previsibilidade tão
indispensável ao domínio e ao contrôle dos fatos (2). A sociologia, produto intelectual característico de uma fase da
história ocidental, (3) vinha contrastar com o conhecimento histórico, incapaz, por sua essencia, de fixar
leis universais e possibilitar, assim, a previsão e o contrôle dos fenômenos humanos. É significativo que CON-
TE tenha visto a sociologia como uma física do fenômeno social, isto é, uma ciência do fato social, no que ciência implica
de saber objetivo e universal (4). Agora, para se proceder a
um tratamento físico do fato social, era mister eliminar o
qualitativo do fato social, ou reduzir o qualitativo ao quantitativo. E em que consiste o aspecto qualitativo dos fatos sociais? Consiste nos fins que confere sentido aos fatos, consiste
nas idéias e nos objetivos que impelem os indivíduos a relações recíprocas, consiste nos valores éticos, jurídicos, estéticos, econômicos, religiosos em direção dos quais os fatos de
relação social se diferenciam e se processam. Sem os fins e
sem os valores, que nos fins se objetivam, a série, materialmente infinita, de atos humanos não passa de causas e efeitos, de
ações e reações, de um entrelaçamento de atos e impulsos sem
sentido, portanto, não possivel de compreensão. Suprimindo-
se, não apenas por simplificação provisória de método, mas
por exigência de uma particular teoria do objeto social, supri-

mindo-se o teleológico e o axiológico, tem-se margem para o procedimento explicativo, para a esquematização quantificadora própria do conhecimento natural. Mas, o que sobra, depois da supressão do qualitativo, é o resíduo formal de um sistema de inter-relações. Mal cabe discutir a relativa legitimidade do procedimento quantificador no domínio dos fatos sociais. Só uma concepção filosófico-histórica que eleve o qualitativo da história ao plano de autêntica realidade e despreze, por vício de um idealismo metafísico, o saber positivo e exato dos fatos, pode impugnar a legitimidade de uma ciência exata. O que se pode discutir é a amplitude do propósito da física social. Pois que a fisicalização do objeto social encontra inevitavelmente um limite que não pode transpor. É que o qualitativo é constitutivo do objeto. Nos objetos naturais, o qualitativo é estranho ao objeto mesmo; provém da relação do sujeito com o objeto. Para o conhecimento exato, o qualitativo é, apenas, índice e manifestação do objeto, através da intercorrência do sujeito cognoscente. O qualitativo torna-se epifenômeno ou sinal que ha de se transpor e interpretar. Não tem valor objetivo, quer dizer, não é uma revelação do objeto, não é o objeto puramente dado. É o resultado da mediação do sujeito que se porta como meio de refração antes que como meio transparente. Ao contrário, nos fatos sociais, a qualitativo pertence ao objeto. Sendo um dado do objeto, porque não recolhê-lo no ato de conhecimento? (5)

_____

Quando a sociologia, como ciência dos fatos sociais, surgia no século passado, já existiam as ciências sociais particula-

O PROBLEMA DO OBJETO DA TEORIA GERAL DO ESTADO   113

res. Eram ciências sociais, já constituídas, a ciência do direito, a ciência política, a ciência da linguagem, a ciência econômica, a ciência da arte, etc.. Com larga tradição, já existia a ciência da história, como ciência geral da cultura. As ciências sociais mencionadas representavam teorias sistemáticas de parcelas dessa totalidade histórica que é a cultura. Com efeito, a cultura, é o todo compreensivo dos fatos políticos, jurídicos, econômicos, estéticos, linguísticos, religiosos, éticos e técnicos. Enquanto a história elaborava descritivamente, isto é, pelo método individualizador, os fatos sociais, integrando-os dentro de uma concepção de conjunto, cada ciência social particular seccionava, do conjunto cultural, um segmento e o tratava, metòdicamente ao menos, como sector autônomo e sob forma sistemática. Não interessando às ciências sociais sistemáticas o itinerário histórico ou a variação temporal dos fatos sociais, estabelecia-se um corte lógico entre o proceder das ciências sociais e o proceder da ciência histórica. Quando surge a sociologia, o campo da cultura está, assim, lògicamente ocupado por dois grupos de investigações científicas. Onde instalar-se a nova ciência se essa nova ciência não queria cair dentro de qualquer dos dois grupos, qual o espaço vacante para a ciência sociológica? A solução não se fez sem ser a custa da autonomia das investigações já constituídas em ciências. Assim, a sociologia invadiu o campo das ciências sociais, numa tendência absorvente para substituir a ciência do direito pela sociologia jurídica, a ciência econômica pela sociologia econômica. Essa tendência expansiva não se explica apenas por motivos teóricos. Ela corresponde a uma peculiar situação histórica, ou, sem cairmos em uma redundância: o sociologismo estava condicionado sociològicamente. A conjuntura social criada pelo desequilíbrio econômico, as tensões e conflitos de classes, a expansão técnica, o domínio cientifico dos fenômenos naturais e o progresso das ciências exatas determinavam o fenômeno espiritual denominado positivismo. O declínio do idealismo e da metafísica está em contrapartida com o avanço da ciência positiva e com a ascenção de novas classes. SCHELER (6) já anotou a correspondência dos métodos e do primado saber positivo com o aparecimento das classes sem história e sem tradição como a burguesia. A metafísica é estilo de pensar correspondente às classes altas que conservam o poder, enquanto o positivismo relaciona-se com a concepção e mentalidade de classes que lutam pelo poder e aspiram elevar-se verticalmente na escala social. Se essa correspondência não significa condicionamento da validade do pensamento metafísico ou do pensamento científico-positivo, (7) é ela expressiva da gênese e evolução das teorias e idéias e contribue para a compreensão do processo social em sua complexidade. As idéias e teorias, aparte seu valor de verdade, servem, dèste modo, de esquemas interpretativos de situações históricas dadas. O positivismo, aparte seu valor de teoria, é expressão de uma conjuntura histórico-social. E é dentro do ambiente positivista que a sociologia busca autonomia e luta por seu objeto.

A investigação sociológica dos fatos sociais, que, em categorias, estavam distribuidos entre as ciências sociais particulares, é a investigação positiva dêsse fatos. A idéia fundamental que movimenta a pesquisa sociológica é investigar os fatos

O PROBLEMA DO OBJETO DA TEORIA GERAL DO ESTADO   115

com a máxima objetividade, limitar-se ao plano dos fatos, evitando, dessa maneira, o subjetivismo valorativo e a extrapolação metafísica frequentes nas ciências sociais particulares. O princípio dos princípios é manter-se no domínio da experiência e abster-se de qualquer regresso a premissas supra-positivas. A sociologia vinha como sucedâneo científico da fase metafísica, representada pelas ciências. Ante o ideal de uma ciência positiva do social e moldada dentro do esquema de uma ciência de leis, a história mal pôde se apresentar com o título de autêntica ciência. A história não será estimada ciência, mas disciplina preparatória da ciência, a disciplina que entrega nada mais que o material a ser elaborado pela abstração e pela generalização sociológicas. Essa apresentação do material implica, é certo, conhecimento, mas, conhecimento a-sistemático, conhecimento "descritivo". A rehabilitação do conhecimento histórico só viria com as investigações lógicas de RICKERT, WINDELBAND e DILTHEY. Mas, em pleno apogeu da sociologia, o conhecimento científico da realidade histórico-social era o conhecimento sociológico.

Ainda com DURKHEIM a expansão da sociologia sôbre todo o campo da cultura não havia sido contida. Pois ainda crê DURKHEIM que o método para investigar os fatos sociais, é o método sociológico. No que toca ao nosso tema: a ciência do direito seria suplantada pela sociologia do direito, a ciência do Estado pela sociologia política. O pensamento, que está na base dessa redução, é o de que se a sociologia investiga os conteúdos jurídicos e políticos, essa investigação é exaustiva, nada sobrando como objeto de outras investigações científicas. A mescla de problemas de filosofia da história e de filosofia política com problemas científicos, dentro das ciências sociais jurídicas e políticas, era motivo para a redução dessas ciências a disciplinas sociológicas. O procedimento sociológico apresentava-se como o único capaz de evitar a ingerência de juizos de valor no campo dos juizos de realidade, constituintes da sociologia. Por outra parte, ante a pesquiza sociológica, dirigida ao substrato dos fenômenos, o trabalho da ciência do direito e da ciência do Estado parecia construção sem contacto com a realidade. O jurista e o teórico do Estado trabalhavam sôbre conceitos, sôbre normas, tipos, formas, sôbre estruturas lógicas, sem vincular essa super-estrutura lógica aos processos sociológicos infra-estruturais. A ciência do direito e do Estado, elaboradas como jurisprudência dogmática, estabeleciam verdadeiro hiato entre realidade social e mundo de formas jurídicas e políticas.

O sociologismo significa extra-limitação, imperialismo da sociologia sôbre todas as ciências que, sob qualquer ponto de vista, lidem com os fatos sociais. O sociologismo não quer reconhecer que o fato social pode ser considerado sob outro ângulo, além do pertinente à sociologia, que o conhecimento sociológico não esgota todo o saber positivo sôbre a realidade social. Mas, assim como a estética sebrevive à constituição da sociologia da arte, assim também a jurisprudência e a doutrina do Estado não perdem sua razão de ser ante a existência da sociologia do direito e do Estado.

O ensaio, lògicamente mais objetivo, para fazer conter a sociologia dentro de limites que permitissem a coexistência com as diferentes ciências sociais é representado pelo formalismo de SIMMEL. Qual a maneira de evitar que os problemas pertinentes à teoria do Estado e à teoria do direito — para nos restringirmos ao que ora nos interessa — sejam tragados pela investigação sociológica? Como é possivel que a sociologia interfira no estudo dos fatos juridicos e politicos, sem converter-se, ela mesma, em ciência do direito e em ciência do Estado, ou, sem a ciência do direito e a ciência do Estado serem absorvidas pela sociologia? Como tornar possivel a coexistência de duas ordens de investigações que pareciam recair sôbre o mesmo objeto, sôbre a mesma realidade? Se a sociologia estivesse para a ciência do direito e do Estado numa relação de teoria geral para teorias menos gerais, a compatibilidade lógica das duas ordens de investigação estaria garantida. Mas, acontece, que a sociologia não é teoria geral do direito ou teoria geral do Estado, sendo as ciências do direito e do Estado doutrinas especiais, vinculadas àquela na relação supra-ordenada de gênero para espécie.

SIMMEL não pôs assim o problema, em termos circunscritos à relação da sociologia com a jurisprudência e com a doutrina do Estado. O problema que o detinha era a possibilidade de uma investigação, que se elevasse à autonomia de ciência, sôbre fatos que eram objetos das ciências sociais particulares. E viu, acertadamente, que as ciências sociais particulares distribuiam-se segundo os conteúdos seccionados do todo, que é a realidade social. São os conteúdos éticos, juridicos, políticos, econômicos que, segregados metòdicamente do complexo — a realidade social — em que se acham inter-relacionados, dão margem a conceptuações e a sistemas de conhecimentos de relativa autonomia (8). A realidade a investigar é multilateral. Cada ciência social particular se ocupa de um aspecto. Mas, o que confere essa multilateralidade são os diversos conteúdos ou os diversos fins que se efetivam dentro da realidade social.

A distinção feita, na realidade social, entre o que é processo de relação e o conteúdo, que, através dos processos de relação, se efetiva, teve o mérito de legitimar a existência das ciências sociais e de estabelecer os fundamentos lógicos para a constituição de uma ciência do social. Não discutimos se, no presente, satisfaz essa limitação da teoria geral do social à uma investigação dos processos, com eliminação metódica dos conteúdos (9). O que não se pode negar é que essa teoria representa considerável avanço ante a tendência da sociologia positivista de reduzir os problemas sistemáticos das ciências sociais particulares a puros problemas sociológicos.

⸻

Uma Teoria Geral do Estado como ciência empírica e autônoma do fenômeno político torna-se impossível dentro da orientação segundo a qual o que ocorre no âmbito da vida social é problema que a sociologia, por si só, dá conta. A tendência invasora da sociologia provém da consideração de que se a sociologia é ciência da realidade social e se todos os atos, em-

O PROBLEMA DO OBJETO DA TEORIA GERAL DO ESTADO   119

preendimentos, obras, idéias, doutrinas, têm seu necessário âmbito de realização dentro dessa realidade, consequentemente, a sociologia é competente para estender seus métodos e seus princípios de investigação a tudo que é matéria social. O sociologismo — exorbitação da ciência social para além de suas fronteiras devidas — implica a redução dos conteúdos (jurídicos, éticos, etc.) à processos de relação inter-individual. O sociologismo é um procedimento redutor quanto o é o psicologismo. Do fato de que os conteúdos lógicos, científicos, éticos, do fato de que qualquer conteúdo tem lugar no âmbito da conciência, sendo a conciência objeto da psicologia, competeria à psicologia o estudo não só dos processos subjetivos mediante os quais se formam e se apreendem os conteúdos, mas a análise dos conteúdos mesmos. Podemos estabelecer o paralelo: assim como tudo o que se dá na realidade social é fato social e, em consequência, objeto da sociologia, assim, também, tudo o que se verifica no âmbito da conciência é fato subjetivo e, como tal, objeto da psicologia. Em consequência, em lugar de ética, teremos psicologia da moral ou sociologia da moral, em vez de teoria do Estado, teremos psicologia política ou sociologia política, e, assim, sucessivamente, para as demais ciências sociais.

O sociologismo e o psicologismo, são duas modalidades de naturalismo. Em substituição ao naturalismo com base nas ciências naturais, temos o naturalismo construído sôbre as ciências que estudam os processos subjetivos individuais e os processos que se objetivam por fôrça das relações inter-individuais.

A decomposição analítica da realidade social em dois planos co-essenciais e intimamente unidos, mas separáveis conceptualmente e discerníveis em suas proprieda substanciais, o desmembramento metódico entre o formal e o material pode ser mantido como etapa metódica na investigação dessa realidade, sem, com isso, converter o problema do conhecimento sociológico numa sistemática das formas possiveis de relações inter-individuais. Mantém-se como recurso de método, afim de que, para o tema que nos ocupa, possamos salvaguardar a autonomia e a razão de ser de uma Teoria Geral do Estado em face de uma legítima sociologia do Estado.

Sendo a sociologia a teoria geral do fato social, a sociologia politica representa uma especialização, decorrente do princípio de divisão do trabalho científico, concentrada na investigação do fato social político. Aqui o objeto não é o fato social in genere. É o fato social diferenciado. O principio de diferenciação reside no conteúdo especifico da politicidade, quer dizer, na especial natureza do Estado, na irredutibilidade dos fenômenos estatais aos demais fenômenos sociais. Assim, entre a sociologia geral e a sociologia política há uma diferença no grau de generalidade conseguido, proveniente do enriquecimento do conteúdo particular, representado pelo que o Estado tem de próprio. A sociologia, sem mais qualificativo, é teoria geral, enquanto a sociologia política é teoria particular. Para alcançar a universalidade de teoria geral do social, a sociologia tem de desprezar a inclusão do que é específico ao fato estético, ao fato ético, ao fato econômico, ao fato político ou ao fato jurídico. Isto não impede, antes impõe à sociologia

O PROBLEMA DO OBJETO DA TEORIA GERAL DO ESTADO   121

geral a incidência sôbre todos os fatos sociais, porque é sôbre a base empirico-comparativa que ela formula seus conceitos, seus princípios e suas leis gerais. É pelo método comparativo que, confrontando os fatos sociais diferenciados por seus respectivos conteúdos, pode regredir ao genérico sôbre o especifico dado, ao geral sôbre o particular apresentado (10). A experiência parte dos fatos em sua variada contextura, mas para generalizar ou ascender a conceitos com validade universal para a esfera integra do social. Enquanto assim procede a sociologia geral, a sociologia do Estado parte de uma experiência circunscrita ao dominio dos fatos politicos. É verdade, não se encerra em hermético isolamento. A experiência do fato politico, sôbre a qual se ergue o sistema de conhecimentos da sociologia do Estado não basta, muitas vêzes, para dar plena conta das necessidades cognoscitivas dessa ciência (11). O Estado mesmo é um segmento do real, mas inserto dentro da realidade social, em contacto com os sectores da economia, da moral positiva, inclusive da religião (como o demonstra fases de vida politica subordinada à instituições religiosas). O Estado não é um segmento, dispôsto em posição horizontal ou colocado acima do corpo social. É uma dimensão, por assim dizer, que atravessa verticalmente todos os estratos sociais, todos os grupos e tipos de associação. Se, na realidade mesma, temos entre Estado e realidade social uma indissolúvel correlação, em teoria, temos de respeitá-la. Mas, o que evita a dissolução da sociologia do Estado numa enciclopédia de toda a vida social, talvez imposta por êsse mencionado tecido de inter-relações, é o ponto de vista sob o qual se encara o complexo, o princípio dominante que empresta unidade às investigações. Considera-se a complexa contextura de mútuas relações, sob o ponto de vista do Estado, sob o prisma do fato político. A descrição e a explicação convergem para o Estado, ou põem o Estado como centro de referência de todas as investigações. E por mais abstrata que se torne a análise, o termo limite está dado pela realidade política (12). Enquanto a sociologia do Estado permanece no limite dessa realidade, a sociologia geral se se detém no dado político, isto vale por uma interrupção provisória. Como dissemos, a sociologia geral abstrai, do específico de uma realidade social determinada por seu conteúdo, o que ela tem de social, a socialidade como tal: a natureza do processo social, a regularidade, em lei formulável, do fato social, as propriedades das relações sociais, etc.. Comparando-se o grau de generalidade e de universalidade que a sociologia geral alcança, com o grau de generalidade das sociologias particulares, poderemos dizer que a sociologia geral representa a teoria formal, ao passo que estas valem como teorias materiais da realidade social. Assim, a sociologia política é teoria material do Estado, em relação à sociologia geral cujo grau de formalização faz com que ela prescinda da especificidade regional do sector compreendido pelo Estado. A relação estabelecida de formal para material é uma lógica, não confundível com a teoria de que o objeto da sociologia são as formas sociais. A determinação das formas sociais em SIMMEL, por exemplo, diz respeito ao objeto do conhecimento, enquanto a relação acima estabelecida concerne à relação entre o conhecimento sociológico-geral e o conhecimento sociológico- particular praticado pelos diversos ramos da sociologia.

Um exemplo concretiza êsse esclarecimento. Tome-se o fenômeno sociológico do poder. Na teoria geral verificam-se os processos sociais que dão lugar ao fato do poder, seja êle exercitado por um indivíduo ou por grupos. Não falta a qualquer espécie de poder social a relação de supra e subordinação, a relação desigualitária de um ou de alguns sôbre outros. O poder implica a interação em forma de polaridade: o que exerce o poder e o que é objeto do poder. Entram em jogo os fenômenos psicológicos do assentimento, da obediência, da sujeição, de um lado, e os de vontade de mando, eliminação da concorrência na distribuição do mando, de outro (13). O fato sociológico do poder verifica-se em qualquer domínio da vida social, quer na economia, quer na escola, na religião, numa corporação militar. Mas, ao lado dêsse estudo do poder como fato social puro, há lugar para a investigação do poder, verificando a diferenciação que essa relação social sofre, em virtude do sector especial em que se efetua. Assim, o fato sociológico do poder político tem características que não encontramos no fenômeno do poder diferenciado por outros conteúdos, como o econômico, o pedagógico, etc. (14). Sôbre a pura relação formal de poder, estabelecida pela teoria geral, acrescem propriedades novas, devidas à peculiaridade dos conteúdos, a serviço dos quais se põe o fato do poder. A análise do poder, materialmente determinado (pelo conteúdo) pelo fator político, compete à sociologia do Estado. Assim, veríamos que o poder, como poder estatal, é o poder com a pretenção de valer como poder mais alto, o poder a salvo de concurrência, o monopólio e a centralização do poder de organização e de direção, e a estabilização dêsse poder mediante o complexo de regras de conduta. Há uma tendência, imanente ao poder político, para adquirir estabilidade e regularidade, o que se alcança pelo reforço de motivações éticas, pelo costume, pela religião; mas o fator especifico dessa estabilidade e dessa regularidade é a juridificação do poder, isto é, o poder em lugar de se manifestar irregular e não previsivel, êle próprio constroi vias por onde canaliza sua ação (15). A permanência e a eficácia do poder estatal depende das normas, pois a existência de normas, ainda mesmo que careçam de valor de justiça intrínseco, estabelece, na conciência dos subordinados ao poder, o assentimento e a convicção da legitimidade daquêles que o exercem (16). A relação social que se manifesta no poder, se implica dualidade e antinomia, exige, também, um mínimo de unidade entre os termos da relação: a convicção da legitimidade, tanto dos que exercem o poder, como dos que estão subordinados ao poder. Um poder estruturado na pura relação de fôrça é precário, incerto e instável. O poder político é poder com caráter de certeza e de estabilidade. O que isso confere é o ordenamento jurídico. O que eleva a relação de poder à categoria de poder política ou estatal é, justamente, o sistema de regras de conduta, ou seja o direito (17).

A sociologia do Estado não pode, em consequência, prescindir da matéria que diferencia a pura forma social, esta matéria sendo, precisamente, o direito. (A chamada sociologia do direito não se apresenta como disciplina independente, ao

O PROBLEMA DO OBJETO DA TEORIA GERAL DO ESTADO 125

lado da sociologia do Estado. Se quizermos um denominador comum dos problemas sociológico- jurídicos e aos problemas sociológico- estatais teremos no complexo terminológico sociologia política. Os problemas de sociologia jurídica são problemas que terminam, quando não começam, em problemas sociológicos em tôrno do Estado).

Se o sociologismo pretende absorver os problemas das ciências sociais particulares, agrupando tais problemas e distribuindo-os em diversos campos especializados da sociologia, pondo, como vimos, em lugar de ciência do direito, a sociologia do direito, a contrapartida dessa exorbitância gnoseológica encontra-se na posição daquêles que recusam a possibilidade de sociologias materialmente especificadas. A substância do argumento acha-se no problema de que é impossivel tratar, sociològicamente, os conteúdos, considerando-se que os conteúdos são categorias significativas, objetos não pertencentes aos objetos reais. Os fatos sociais são objetos reais. Ser real significa estar determinado por leis causais(leis exatas ou leis probabilitárias, não importa) ou estar incluso dentro da conexão e efeito. A ciência da realidade social é "ciência nomotética" com base na experiência e no uso do método relacional. Os resultantes da investigação podem se aproximar a formulações de tipo quantitativo, ou suportam o tratamento matemático do objeto. No século passado, procedia ainda mais essa crítica da sociologia, visto que a ciência social, sem conciência de seus devidos limites, ingressava no campo da biologia ou transportava, para a análise da comunidade, categorias do conhecimento físico. Uma ciência em formação segue o paradigma lógico das ciências já constituídas; assim como a física modelou-se pela exemplar sistemática das ciências matemáticas, assim a sociologia orientou-se pelo padrão das ciências naturais exatas (18).

A negação da possibilidade de disciplinas sociológicas, que incluam dentro de suas investigações a análise das "formações objetivas de sentido" (VIERKANDT), firma-se nessa lógica da ciência social. Os pressupostos lógicos (entendendo-se não só lógico-formal puro, como lógico-material ou epistemológico) da sociologia naturalista são, assim, incompatíveis com os pressupostos das ciências que têm nas formações objetivas ou conteúdos significativos o seu domínio de conhecimento.

O problema da possibilidade do conhecimento dos conteúdos significativos pelo procedimento sociológico é de importância capital para a sociologia do direito e do Estado, pois, da solução dêsse problema depende a legitimidade de tal sociologia. A solução dada, por sua vez, repercute na Teoria Geral do Estado, o que veremos em seguida.

Já dentro dos lineamentos básicos da sociologia formal não existe possibilidade para a teoria social dos conteúdos, visto que é na separação abstrata de forma e conteúdo que se encontra o fundamento para a determinação de um objeto sociológico, não coincidente com o objeto das ciências particulares (19). Não se detendo nos processos e nas relações, mas

O PROBLEMA DO OBJETO DA TEORIA GERAL DO ESTADO   127

prosseguindo a análise até os motivos e fins, é dificil, segundo o formalismo, evitar a conversão da teoria social numa enciclopédia de todo o existente social-histórico. Justamente para evitá-lo, impõe-se a purificação da análise social, o que significa: a restrição do campo dessa análise ao que pode ser destacado como fator invariante, em comparação com a matéria qualitativa e variável dos conteúdos culturais. A invariância e universalidade frente ao instável e especificado dos conteúdos é a forma. A constância da forma permite a análise em grau lógico de sistemática. Agora, a consequência da limitação do conhecimento sociológico ao formal é a de só admitir a sociologia geral, com exclusão das sociologias especiais (20). Em rigor, a sociologia é sociologia pura ou teórica, por contraposição à qualquer sociologia prática. Geral, seria na hipótese de existir o especial ou particular, mas tal hipótese é rechaçada.

Dentro do formalismo sociológico, portanto, é impossivel a idéia de uma sociologia do fenômeno jurídico e estatal. E se o formalismo o concede, anula-se como formalismo, pois já se não vê o limite entre a forma e o conteúdo, entre o que é processo, relação inter-individual, influxo recíproco de condutas e o que é realizado através dos variados modos de estar em relação, ou seja, o correlato material (teleológico) da intencionalidade inerente à conduta social. O formalismo, desdobrado com plena consequência, leva — no tocante ao nosso problema — à negação da sociologia política. Essa resultante não deixou de ser satisfatória para a ciência do direito e do Estado quando via seus respectivos domínios de investigação serem absorvidos pela sociologia enciclopédica e positivista. Mas, com isso, traçava-se um limite intransponível entre sociologia e ciência social particular, para desvantagem mútua. Ficava um espaço neutro e não preenchido pelo conhecimento científico, o espaço compreendido pela relação entre formas e conteúdos. Estava por determinar a conexação entre dois aspectos discerníveis, mas inseparáveis na textura mesma do dado. A realidade, em sua íntegra composição, nem era forma, nem unicamente conteúdo. Era uma formação dinâmica de processos e fins, o recíproco condicionamente de formas e conteúdos.

Não é apenas o formalismo que, puramente considerado, cancela a razão de ser de uma sociologia política. Essa atitude também pode provir de uma posição teórica instalada dentro da ciência do direito e do Estado. É a atitude do teórico do Estado que defende a autonomia de seu sistema contra a invasão de qualquer ciência empírico-explicativa, considerando que o conhecimento que o objeto Estado requer é o conhecimento que se manifesta em forma de análise, de interpretação e de sistematização.

Admitindo-se uma sociologia do direito e do Estado, como é possível uma teoria geral do direito e do Estado? Não resultará supérflua uma das duas ordens de investigações, concedida a razão de ser de qualquer um dos têrmos da alternativa? É, em outras palavras, possível coexistirem duas disciplinas recaindo sôbre a mesma realidade? Em têrmos lógicos, trata-se da possibilidade de duas ordens de proposições com o mesmo dado por correlato de conhecimento. É a mesma realida-

O PROBLEMA DO OBJETO DA TEORIA GERAL DO ESTADO   129

de, — o Estado, cindida em duas problemáticas: sôbre o mesmo dado a incidência de duas categorias de interrogações.

KELSEN é o clássico e extraordinário defensor da Teoria geral do Direito como a única ciência possível capaz de alcançar o específico do direito e do Estado. Como compreender êsse exclusivismo, que se contrapõe ao exclusivismo antes referido?

A constituição de uma sociologia política, além de uma teoria do Estado, importa na admissão da dualidade de constituição do objeto. O Estado teria de ser, para suportar dois sistemas de conhecimentos diversos, um dado de natureza bilateral, formado de duas dimensões. Com efeito, para a teoria pura, que é a sociologia? É ciência natural, é disciplina explicativa, cujo objeto é o estabelecimento de relações causais entre os fatos. Na qualidade de ciência natural, o princípio sintético, que confere unidade ao caos dos objetos possíveis dados na experiência, é a categoria da causalidade. A sociologia trata com objetos reais. Os fatos sociais são objetos reais. A **realidade** do fato social reside em estar no tempo e no espaço e em esgotar-se na forma de existência, do que a conexão de causalidade é decorrência. A causalidade implica, como sabemos, a modalidade de **existir** do objeto. Seja existência temporal — assim, os fatos psicológicos, seja existência tempo-espacial — assim, os fenômenos sociais. A natureza do objeto social impõe o adequado procedimento metódico para conhecê-lo. O método é o explicativo, é a redução do que se dá à experiência à dependência relacional de antecedente para consequente, dentro de uma cadeia que não tem ponto terminal em qualquer sentido (21). A sociologia, assim considerada, tem a mesma estrutura lógica das ciências físicas e biológicas. A complexidade do objeto não impede o tratamento cognoscitivo dêsse objeto com as formas lógicas do conhecimento físico ou biológico. A complexidade dificultaria, apenas, o trabalho de encontrar as relações de dependência entre os fatos, pois no domínio social os fatos se complicam e se compenetram formando constelações onde o isolamento das causas e dos efeitos se torna consideràvelmente difícil. Mas, em substância, a preocupação da sociologia é a **explicação** dos fatos sociais.

O conhecimento sociológico do Estado, em consequência, seria o conhecimento explicativo **dos fatos políticos** e jurídicos. A ontologia, que a ciência sociológica do Estado abriga como pressuposto, é a de que o Estado é nada mais que um fato, um objeto real. Êsse objeto real é concebido com propriedades físicas — assim, por exemplo, o espaço. O Estado é um ente especial; é um ser geográfico. Também, se atribuem propriedades biológicas ao Estado: basta lembrar a concepção organicista, ainda de certo modo persistente, a conceber os órgãos e as funções do Estado segundo categorias morfológicas e funcionais próprias dos seres dotados de vida.

Agora, a sociologia, ciência real explicativa do Estado e do direito, detém-se naquilo que Estado e o direito têm de realidade por serem fatos. Se não percebe no Estado e no direito mais que pura facticidade, tal restrição importa, se essa restrição não é simples etapa de método, em desconhecer a outra dimensão do factual. O positivismo chegou a êsse ponto. Mas, isso correspondia justamente ao predomínio das investigações exatas, levadas a cabo pelas ciências físicas e biológicas. (Pôr um têrmo nessa estravagância positivista foi a taréfa dos lógicos que procuraram firmar os fundamentos do conhecimento histórico. Êstes lógicos foram RICKERT, WINDELBAND e DILTHEY).

A segunda dimensão do fato social é aquele aspecto que as investigações lógicas do conhecimento histórico punham em relêvo. O fato social, qualquer que seja sua espécie, é um fato com significação, é um fato com sentido. Os valores — éticos, jurídicos, estéticos, econômicos — é que conferem aos fatos seu aspecto significativo (22).

Agora, importa insistir: as significações, como tais, não são fatos. Consequentemente, não são susceptíveis de conhecimento sociológico, considerando que o conhecimento sociológico é conhecimento de fatos. O procedimento explicativo é inaplicável aos valores, que aos fatos confere sentido. Os conteúdos significativos exigem, por sua particular constituição, outra classe de conhecimento. Êsse conhecimento encontra-se, em grande parte, nas ciências sociais particulares. Por conseguinte, o conhecimento das significações jurídicas é competência da ciência do direito, o conhecimento das significações, que outorgam a certos fatos o sentido de serem fatos estatais, é de incumbência da Teoria geral do Estado, que é a ciência particular do objeto político.

A sociologia do direito e do Estado e a teoria geral do direito e do Estado são, simultâneamente, possíveis se nos firmamos no princípio de que o objeto jurídico-estatal é um objeto dualmente estruturado, tendo por sub-estrutura o fato, e por super-estrutura as significações e os valôres (as regras do direito são expressões normativas dos valores e significações). KELSEN não aceita essa bilateral constituição do objeto político, ou seja, de uma parte a facticidade (sociológica), de outra o significativo e o axiológico. Recusando-a, eliminará uma das duas disciplinas, ou a sociologia do Estado ou a Teoria do Estado. Permanecerá aquela cujo objeto apresente autônoma razão de ser, irredutibilidade de propriedades. Agora, o que lhe parece resistir à análise é o domínio das significações jurídicas. O domínio das significações e valores jurídicos é um sector ontològicamente autárquico. Os fatos são fatos naturais. Por si sós não se elevam do plano da natureza, como plano do acontecer subordinado à leis universais. Conceptuando em termos kantianos, o domínio do suceder conforme à leis, é o domínio da natureza. Os fatos sociais, como fatos conforme à leis, é uma parcela do domínio natural. O fator que converte a série infinita, discorrente em conexões de lei, a série infinita de fatos de relação inter-individual, de ações e reações, de condutas e comportamentos, na unidade de fatos políticos e jurídicos é um fator estranho à ordem da natureza. Êsse fator é o conjunto de valôres e significações que adquirem expressão proposicional nas normas do direito. Se os fatos são realidade, as normas são idealidade.

Decisivo para a fundamentação da ciência do direito e do Estado é que o elemento determinante, na caracterização do fato social, é a estrutura jurídica. O que converte um fato social em fato estatal é a norma jurídica ou o complexo dessas normas: o ordenamento jurídico. Mas, tal determinação não é casual. O complexo normativo não é causa do fato social, o que se depreende da natureza mesma da idealidade de um complexo normativo. A determinação causal é pertinente ao domínio da realidade. As normas jurídicas são determinantes como o fator ideal que empresta o sentido específico a uma série de fatos, destacando, dentre os fatos sociais, aquêles que têm o sentido de estarem a serviço do direito. A juridicidade ou a estatalidade de um complexo de fatos sociais não são propriedades factuais: estão para os fatos na relação da forma para conteúdo, de determinante para determinado. Assim como as formas geométricas estão para a matéria concreta que a experiência sensível nos oferece. A forma esférica, por exemplo, não é uma propriedade da matéria que acidentalmente dentro da forma se investe. É o fator ideal — não real — que eleva o conteúdo informe da experiência à ordem de uma figura pura. Mas, seria desacertado declarar que a forma geométrica é causa da ordenação imposta à matéria. Atuar causalmente, só é possivel no domínio dos objetos reais. A sequência causal implica a sucessividade temporal. Ora, os objetos ideais são a-temporais.

Êsse primado das significações jurídicas que, em relação aos fatos sociais, se portam, gnoseològicamente, como forma em relação a conteúdos, confere à ciência do direito e do Estado lógica autonomia, em face da ciência sociológica. Sendo um segmento da idealidade — pois o domínio dos objetos ideais é mais vasto ainda — dispõem de sua própria dialética, das leis peculiares, pôsto que o sector das normas jurídicas tem a ordem e a conexão de um universo de objetos: sistema, estrutura, unidade, o que só é possivel à base de leis.

O primado das formas jurídicas traduz-se, para o nosso problema, como o primado da Teoria Geral do Estado ante a ciência que têm os fatos sociais-políticos por tema de investigação. A Teoria geral do Estado resulta independente da sociologia. A dependência reside do lado da sociologia. A sociologia vem a se colocar em situação subordinada em face da ciência do Estado, como ciência jurídica do Estado.

Não se pode recusar a KELSEN o acêrto em postular essa dependência. Mas, esta deve ser entendida nos seguintes termos gnoseológicos. A Teoria geral do Estado detém-se dentro dos seus devidos limites. Abstém-se de intervir no trabalho do sociológo, pois dá-se por incompetente para isso. Mas, o sociólogo, para conhecer o seu objeto, tem de proceder à seleção dêsse objeto. Onde encontrá-lo? Como discernir, na série interminável de fatos, os fatos sociais? Ou, restringindo mais o âmbito da interrogação, como o sociólogo do direito e do Estado — admitida a possibilidade dessa sociologia jurídico-política — poderá destacar, em meio dos fatos sociais, aquêles fatos que são fatos sociais jurídicos e políticos? Para

O PROBLEMA DO OBJETO DA TEORIA GERAL DO ESTADO   135

fazê-lo, o sociólogo, tàcitamente põe em jôgo critérios seletivos (23). É necessário um princípio discriminador, que sirva de pauta e diretriz da investigação. A possibilidade da investigação decorre dêsse criterium básico. Sem tal critério, a investigação se dispersa no tumulto dos fatos sociais que, em conjunto, formam a comunidade.

A princípio seletivo que torna possivel o conhecimento sociológico do direito e do Estado é dado pelas significações normativas, pelas proposições jurídicas que compõem a ordem positiva. Não é incumbência da sociologia mesma a análise do ordenamento jurídico. Do ordenamento jurídico, o conhecimento sociológico saca os princípios de determinação ou de caracterização da matéria social dada à experiência. A ciência do direito, que opera sôbre a juridicidade como objeto de conhecimento, fornece às investigações sociológicas as categorias — ou sejam os princípios de ordenação dos dados empíricos — ou os esquemas interpretativos da realidade social. A sociologia usa as normas do direito como esquemas de interpretação da matéria social: os fatos sociológicos são fatos sociológicos-jurídicos quando funcionam como conteúdo de normas. As normas delimitam e circunscrevem a órbita do social-jurídico, destacam o social-jurídico do social-ético, do social-econômico, do social-religioso. Assim, o enquadramento de um fato social dentro de uma norma jurídica caracteriza êsse fato como fato jurídico.

Temos dado por admitido a legitimidade do problema sociológico-jurídico. Essa concessão não está em KELSEN. Argumentamos, claro está, com o pensamento kelseniano em plena consequência com suas premissas fundamentais (24).

O postulado lógico da dualidade ser e dever-ser impossibilita, a admissão de uma sociologia do direito e do Estado. Essa dualidade funciona, na epistemologia kelseniana, como uma contraposição insolúvel, em que os termos da relação se portam irredutivelmente. O ser compreende o vasto âmbito do existente. Ser é a categoria dentro da qual se ajusta a realidade em sua multiforme constituição. A categoria de ser abrange, assim, o domínio dos fatos, não importando que os fatos físicos, os fatos psíquicos e os fatos sociais apresentem, entre si, irredutibilidade de natureza. Os fatos nos são dados na forma de realidade, como objetos da experiência. Mais: o ser é a realidade ordenada em relações de lei, é a realidade causalmente determinada. Discorrer em relações de leis causais, processar-se no tempo, em sequência e em regularidade é próprio de todo fato, quer seja físico, biológico, psíquico ou sociológico. Conceptuando formalmente o termo natural, podemos dizer que a ciência natural é ciência cuja categoria fundamental é a categoria de ser.

Mas, a categoria de ser não é inexaustiva em face do universo de objetos? Só abrange um sector dêsse universo. As ciências naturais não são as únicas ciências possiveis. Há um outro grupo de ciências, cujo conceito fundamental é o dever-ser. Estas ciências não investigam fatos ou dados reais, por isso que o princípio de ordenação difere do da causalidade. Mas, como toda ciência, constata relações. Não relações de causa e efeito, dentro da sequência temporal dos fatos, mas relações de condição para consequência, vinculadas uma à outra por típica e irredutível conexão: a de imputabilidade.

As ciências que procedem cognoscitivamente com a categoria dever-ser são ciências normativas. Entre estas, encontra-se a ciência do direito e a Teoria geral do Estado.

Para KELSEN, o Estado é um objeto do domínio do dever-ser. O específico do Estado reside na ordenação normativa (em última instância e coativamente) da conduta humana. A ordem estatal difere da ordem natural. Esta é ordem necessária e inviolável; aquela é ordem normativamente imposta. Sendo a juridicidade a essência material específica do Estado é desacertado declarar que o Estado é poder, ou vontade ou fôrça, pois, tomando tais têrmos em sua conatação corrente, êles enunciam propriedades de objetos naturais (no sentido antes indicado). A categoria sob a qual se alcança a original essência do Estado é a de dever-ser. A ciência do Estado é, consequentemente, ciência normativa.

Mas, isso não obstante, a sociologia propõe-se o conhecimento do Estado. Como é possível, considerando-se que a sociologia é ciência natural e o Estado é um objetivo normativo? A pretenção da sociologia do Estado importa na contradição de querer tratar com a categoria de ser um objeto que pertence à esfera do dever-ser. A estrutura gnoseológica da sociologia impede, assim, que suas proposições adotem a fórmula lógica da vinculação imputativa, pois, do que trata o conhecimento sociológico, segundo KELSEN, é de descrever e explicar fatos. A descrição e a explicação de fatos se manifesta, para dizê-lo em terminologia lógica, em proposições cujo conceito funcional vinculativo está representado pelo "é". "A é B", ou "Si A, então será B": são os esquemas formais do conhecimento de objetos naturais.

O propósito da sociologia do Estado é, pois, do ponto de vista jurídico-formalista, irrealizavel. Como sociologia é ciência natural e vem recair sôbre um objeto que é normativo, um objeto ideal, visto que as normas, cujo complexo unitário constitue o direito, é uma formação objetiva de significações. Não são os fatos de relação, ou as ações recíprocas de individuos sôbre indivíduos, ou a conduta real, ou a relação de poder entre grupos, ou a detenção da fôrça e o fato da obediência por outros o que assinala o momento diferencial próprio do Estado (25). Todas essas relações sociais podem se encontrar numa comunidade, sem, por isso, essa comunidade elevar-se ao plano do estatal. O Estado existe quando todas as relações inter-individuais são unitàriamente referidas a um complexo normativo, quando elas têm como conteúdo a ordem jurídica.

Para sanar o conflito entre o caráter de ciência natural da sociologia e a constituição jurídico-normativa do objeto, a teoria concebe dualmente êsse objeto, como realidade e normatividade. A sociologia investiga a realidade do Estado. Ante o que KELSEN declara: um conceito sociológico do direito é tão impossivel quanto um conceito matemático dum fenômeno biológico ou quanto um conceito moral do fenômeno físico da queda de um corpo. Como o direito é idêntico ao Estado (o Estado é o direito com certo grau de centralização técnica) a impugnação da sociologia do direito equivale à impugnação da sociologia do Estado. A impossibilidade do conceito sociológico do Estado resulta da circunstância de que o Estado não é um fato sociológico. A êssencia do

Estado não se encontra nos processos sociais de inter-ação humana. Em consequência, essa essência escapa ao objeto do conhecimento sociológico. Tão pouco pertence ao Estado a relação sociológica, quanto a um fenômeno físico uma qualificação moral. A impossibilidade gnoseológica corresponde à teoria do ser do Estado.

Na sistemática kelseniana, ser e dever-ser é tanto uma dualidade lógica quanto uma linha divisória entre dois campos de objetos. Como conceitos fundamentais representam, metòdicamente, uma antinomia absoluta. É impossível passar de um termo a outro. Assim, de proposições de ser não podemos sacar proposições de dever-ser. De proposições de ser, por derivação inferencial dedutiva ou indutiva, sòmente proposições de ser podemos obter. Não há generalização ou procedimento formal qualquer que permita o pensamento operar transitando de um domínio lógico a outro. São dois universos lógicos irredutíveis, o que serve de fundamento objetivo para uma lógica do ser e uma lógica do dever-ser. A lógica do ser opera com valores veritativos, não vindo aqui em questão se apenas com os dois da lógica clássica ou mais na lógica plurivalente. Mas, a lógica clássica, com a dualidade verdade-falsidade, melhor evidencia o contraste com a lógica do dever-ser. Aquí se operam com valências próprias. As proposições normativas do direito não se caracterizam pela verdade ou falsidade, mas pela validade ou invalidade, legitimidade ou ilegitimidade (26). Sendo estranhas à verdade e à falsidade, as proposições de dever-ser (jurídico) se mantêm alheias ao critério verificativo da conformidade com os fatos. A conformidade ou não-conformidade da conduta dos órgãos aplicadores ou da conduta dos destinatarios, em seu conjunto, não confere valor veritativo, positivo ou negativo, aos preceitos normativos Em suma, para evitar desvio de nosso tema com análises lógicas, ser e dever-ser constituem dois conceitos fundamentais (categorias) irredutíveis entre si. É com base nessa irredutibilidade conceptual que se estabelecem as duas classes de ciências: ciências naturais e ciências normativas. Maş, o denominador comum nessa diferenciação é o conceito de ciência. Ciência natural ou ciência normativa, como ciências, são sistemas de conhecimentos. O propósito essencial cifra-se em **conhecer** objetos. Nem a ciência natural nem a ciência normativa são prescritivas de objetos. A ciência normativa, na qualidade de ciência, não é atividade ponente de normas. Tem as normas por objeto. Agora, para fixar descritivamente, e em conceitos, êsse objeto, o faz em proposições cujo conectivo (da relação sujeito-predicado) é o verbo dever-ser. Essa estrutura lógica é uma adequação à estrutura do objeto, como a estrutura lógica das proposições enunciativas das ciências naturais corresponde, no plano do pensamento, a estrutura dos objetos naturais. As proposições científico-naturais valem por uma tradução, em idioma lógico, da contextura real dos objetos naturais. A vantagem das ciências normativas reside no fato de que entre o objeto do conhecimento e as proposições descritivas dêsse objeto existe comunidade de propriedades. As proposições se defrontam com algo já lògi-

O PROBLEMA DO OBJETO DA TEORIA GERAL DO ESTADO 141

camente constituído, algo que é, constitutivamente, um complexo de significações. As normas jurídicas são formações objetivas de significados. São algo mais, porém, do ponto de vista lógico, só êsse aspecto importa.

Agora, pomos o problema de se a dualidade conceptual ser e dever-ser é de tal modo exaustiva que abrange todo possível objeto de conhecimento e, pois, se a classificação ciência natural e ciência normativa reparte totalmente, sem deixar resto, o domínio das ciências existentes.

No que às ciências formais concerne é claro que a classificação não é completa. As ciências matemáticas não encontram acolhida no esquema dual. Estão aquém da alternativa em questão. Nem buscam leis naturais, nem seu procedimento é o explicativo do conhecimento natural. Tão pouco são ciências normativas. A classificação, portanto, valerá para as ciências empíricas, excluídas as chamadas ciências formais ou ideais. Mas, ainda assim circunscrita, a classificação é insuficiente. Pensemos no conhecimento histórico cujo objeto é a cultura. O conhecimento histórico não tem a estrutura lógica do conhecimento natural. RICKERT e DILTHEY, entre outros, já o demonstraram, a não ser que se desqualifique a ciência histórico-cultural da categoria de ciência. A história da cultura nem segue o processo explicativo generalizador da ciência natural, nem recompõe lògicamente seu objeto nos esquemas proposicionais do conhecimento normativo. A cultura não se reduz a complexos de normas. A ciência, a arte, a economia, a técnica, as instituições, as tendências espirituais de uma época, suas revoluções e guerras distam de se reduzirem a complexos normativos. São fatos. Mas, mais que fatos naturais. Como fatos, abstração feita (até certo ponto, como veremos) dos componentes que os convertem em fatos de cultura, podem ser descritos explicativamente. Cabe a possibilidade de uma ciência natural de tais fatos, o que leva a termo uma grande parte da sociologia. Aplica-se, então, o procedimento explicativo à pesquiza das leis, e, por meio de comparações e abstrações, chega-se à uma teoria generalizadora dêsses fatos.

As ciências da cultura não se enquadram, pois, em qualquer um dos dois termos da divisão. Agora, isto porque o objeto mesmo, o objeto cultural não se encontra nem no puro domínio do ser, nem no puro domínio de dever-ser. O objeto cultural nem é, exclusivamente, ser, nem exclusivamente, dever-ser. É que a oposição conceptual ser-dever está longe de abranger totalmente o campo do possivel conceptual e ontológico. Trata-se de uma dualidade, não de uma contraposição absoluta como a oposição contraditória. O contraposto absoluto de ser é não-ser, como o de existência é o de não-existência. Os conceitos básicos ser e dever-ser seriam, para continuar a comparação lógica, conceitos contrários. Entre êles, são possíveis outros conceitos. Ainda, caberia problematizar se a contrariedade, aqui, não passa de um ponto de vista. E, de fato, ser e dever-ser são pontos de vista confirmáveis objetivamente, são critérios mediante os quais ordenamos os dados da experiência. Podemos ordenar os dados empiricos, ora vinculando-os casualmente, ora vinculando-os imputativamente, ora constatando as cone-

O PROBLEMA DO OBJETO DA TEORIA GERAL DO ESTADO 143

xões de leis de causa e efeito, ora verificando as relações de condição para consequência que a vontade normativa, dentre várias possibilidades reais, destacou para conteúdo das normas. A ordenação imputativa é própria à conduta.

Mas, a irredutibilidade **lógica** dos dois conceitos deixa aberta a possibilidade de uma **relação** no objeto. Há objetos que representam sínteses de ser e dever-ser. Êsses objetos, como sabemos, são objetos culturais. Temos, então, não apenas objetos naturais e objetos normativos, mas também, objetos culturais. Se aquêles se acomodam dentro da categoria de ser, os normativos estão dentro do conceito de dever-ser. Os objetos culturais, no entanto, escapam à essa dualidade, no que essa dualidade implica de absoluta alternatividade.

KELSEN reconhece que há uma certa relatividade na oposição ser e dever-ser (27). Como explicá-lo? Explica-se porque essa oposição em KELSEN não é, **objetal,** mas lógica. Tratam-se de dois conceitos com função categorial, mas, enfim, de dois conceitos. Ao conceito de ser, contrapõem-se o conceito de dever-ser. Mas, se é possível um conceito de dever-ser sôbre um primeiro dever-se, êste com relação àquele é ser. Assim, (o exemplo é de KELSEN) o Estado é uma ordem do dever-ser. Em relação ao ser natural (biológico, psíquico ou sociológico), o Estado positivo é um dever-ser, um sistema normativo. Mas, quando estabelecemos o postulado éticopolítico do Estado justo, êsse postulado investe-se, lògicamente, em forma de dever-ser ante o "ser" do Estado positivo. A um dever-ser de ordem primeira, superpõe-se o dever-ser de ordem segunda. Só o ser é simplesmente ser. O ser, por outra parte, não implica o dever-ser. A implicação verifica-se do lado do dever-ser. Um dever-ser é tal em face de um ser. Vejamos agora a dependência, quanto a validade, entre o dever-ser e o ser.

O dever-ser não **deriva**, lògicamente, do ser. Não há derivação **lógica** que conduza dêste àquele. Mas, quando o dever-ser é **positivo**, quando o dever-ser é o de uma ordem normativa em vigor, a validade depende do ser. Se o dever-ser não for possivel de realizar-se, se o ser não oferecer possibilidade de corresponder ao dever-ser, êste deixa de valer. Só o dever-ser ideal — pensado, por exemplo, na ética pura — é indiferente à efetividade no plano do ser. Mas êsse dever-ser ideal é supra-positivo. Interessa-nos o dever-ser positivo, ao qual pertence o direito e o Estado. De sorte que o dever-ser exige um poder ser, ou requer a possibilidade objetiva por parte do ser (28). SCHELER (29) observa que o dever-ser não é indiferente ao ser. Leva consigo a pretenção de dar forma ao ser, de imprimir uma direção ao ser. O que é indiferente ao ser é o complexo de valores que serve de fundamento ao dever-ser. Mas, o dever-ser destina-se a interferir no ser, dirige-se para a existência ou para a realidade. Por isso, se o ser está de tal modo determinado que não pode deixar de ser como é, carece de sentido postular um dever-ser. Não tem sentido estabelecer prescrições jurídicas, por exemplo, para fatos reais sujeitos ao determinismo das leis naturais. Dada a destinação intrínseca das proposições de dever-ser jurídico para se realizarem, é que entra em conta a possibilidade objetiva dessa realização. O poder-ser é a possibilidade objetiva

O PROBLEMA DO OBJETO DA TEORIA GERAL DO ESTADO   145

do ser. A condição de validade do dever-ser é êsse poder-ser objetivo, poder-ser que, no domínio da realidade social, dá-se como liberdade dos atos de conduta (29).

Agora, se o ser compreende o domínio da realidade, isto é, a existência ordenada por leis universais, dentro do ser estão fatos físicos, biológicos e sociológicos (os psíquicos, nestes implicados). Certamente, somos parte do ser (já se vê, ser conotado empìricamente, não ser em sentido ontológico, nesta dissertação pôsto aparte). Mas, é discutível se a vida individual e a social se reduzem a ser. A realidade social é mais que isso. O positivismo e o naturalismo reduziram-na a ser (natural). Mas, a partir da segunda metade do século dezenove, o positivismo e o naturalismo sociológico reduzem suas pretenções, deixando margem para novas teorias psicológicas, sociológicas e filosóficas da conduta humana, da vida humana como história e como cultura.

Atualmente, já não é sem discussão que se pode alojar a sociologia dentro do esquema da ciência natural. A realidade social ultrapassa, quer pela complexidade, quer pelo qualitativo de seus componentes, a categoria de ser. Quando KELSEN inicia sua extraordinária fundamentação das ciências normativas, ainda a sociologia se deixava orientar pelo tipo de conhecimento natural, não obstante a conciência da especificidade da realidade social em DURKHEIM, apesar da demonstração clara do fato cultural dentro das investigações sociológicas de um SIMMEL, ou das análises epistemológicas de um RICKERT ou de um DILTHEY, impostas pela originalidade de um "mundo histórico" dentro dos quadros de uma "organização externa da sociedade". Atualmente, sem que se menos preze o neo-positivismo em sua repercussão dentro da ciência social, a sociologia orienta-se no sentido de uma superação da parcialidade inevitável do naturalismo (30). Chega-se à evidência de que o fato social requer mais que simples redução ao esquema relacional de causa-efeito. O fato social, diferentemente do fato físico, contém um sentido. Um grupo, uma instituição, um fenômeno social, quando objeto de conhecimento explicativo, reduzem-se à sistemas de inter-ações, a complexos de ações recíprocas. São fatos, ou seja, processos de relação. A regularidade dos processos acusa a existência de leis, em referência às quais se destaca o típico e o que se repete. Mas, são, além disso, fenômenos com sentido. As leis dão conta da mecânica formal das combinações em que os indivíduos participam, mas, permanece o **para que** das diversas formas de os indivíduos estarem em ação recíproca. O porque os indivíduos estabelecem a variada morfologia das associações não é um fator supérfluo, ou desprezível quando se tem em vista a compreensão dos fatos sociais. Sem o sentido que imprime direção aos fatos sociais, é impossível compreendê-los. À explicação bastam as leis. À compreensão, faz-se mister a determinação do sentido. São os fins éticos, econômicos, políticos, científicos... que conferem sentido aos fatos sociais. Os indivíduos entram em relações recíprocas, associam-se ou se combatem, solidarizam-se ou estabelecem competência entre si, unem-se igualitàriamente em relações de coordenação ou desigualitàriamente em relação de subordinação afim de realizarem fins, propósitos, objetivos. Sem isso, o fato social se dissolve numa dinâmica de ações e reações, de causas e efeitos, num fenômeno físico, portanto; insensato quando considerado do ponto de vista da experiência do homem, pois o que o homem faz envolve um porque e um para que (31).

O fato social puro, isto é, despojado de seu elemento significativo é abstração. A sociologia, como ciência natural, vem a ser a ciência dêsse fato social amputado. A crítica kelseniana da sociologia firma-se nêsse tipo de sociologia, orientada segundo a epistemologia da ciência natural. Para êsse tipo de sociologia, é exato o que KELSEN declara. E é com base nessa sociologia que KELSEN, pôde contrapô-la à ciência normativa, como "ciência do espírito", (32). É a uma sociologia que se limita a reduzir o fato social a um fato natural — físico ou biológico — que se aplica a crítica de que os "conteúdos significativos" escapam, radicalmente, ao alcance da ciência sociológica e são, consequentemente, objeto das "ciências do espírito". Uma vez a sociologia circunscrita ao fato social, — abstração feita do aspecto significativo dêste — os conteúdos objetivos passam a constituir uma região de objetos cujo acesso escapa, totalmente, à sociologia. Para a questão que ora nos importa: dentro dessa premissa, uma sociologia do direito e do Estado é impossível. Sociologia do direito e do Estado requer que as formações objetivas — as normas jurídicas — se convertam, sob um certo ponto de vista, em objeto do conhecimento sociológico. A impossibilidade estender-se-ia às demais sociologias particulares, pelos mesmos argumentos: as significações objetivas não são fatos; são objetos ideais, inclusos dentro de uma legalidade própria, distinta da legalidade causal inherente a todo fato.

A eliminação do sentido, inseparável do fato social, deve-se ao positivismo. Mal se pode desconhecer o benefício que êste prestou à ciência social. Uma ciência social objetiva a êle se deve. Uma ciência neutralmente valorativa ante o objeto a conhecer e exclusão de proposições metafísicas sôbre os fatos sociais: esse foi o propósito do positivismo sociológico. Os sentidos, imanentes aos fatos sociais, têm sido a fonte de juizos de valores. A mescla sincrética de juizos de realidade com juizos estimativos foi o vicio dominante das ciências sociais, até o século dezenove. Foi sempre um problema epistemológico o de investigar a-valorativamente objetos dotados de valor, comportar-se, como sujeito puro, ante um dado que inclinava a uma tomada de posição dêsse sujeito. Pois o sentido dos fatos sociais é dado pelos valores em busca dos quais se organizam os indivíduos em grupos, comunidades e Estados. Agora, superada essa atitude hostil aos valôres, o conhecimento sociológico o inclue dentro de seu campo. Mas, do ponto de vista sociológico, os valores importam como fatôres que compõem a trama, notàvelmente complexa, da realidade social. Não é sociológico o problema da crítica dos valores ou a postulação de valores não dados. A sociologia toma os valôres efetivamente dados na realidade social, os valôres como "idéias fôrças", ou seja, os valôres como objetos de representação e vontade, a repercussão dos valôres em formações sociais objetivas. E isto é possivel de constatar, de descrever objetivamente, porque é fato (33). Não se trata de tomar posição; trata-se de apreender um fato, no ato próprio de conhecimento. Sem o postulado positivista de que o real é o fato sensível, ordenado em leis, a sociologia atual coloca-se ante a realidade que investiga recolhendo os integrantes dessa realidade, e entre êsses integrantes se encontra a dimensão de sentido ou de valor de todo fato social, o fator não-sensível que torna compreensível o fato social (34).

De sorte que a oposição realidade e valor, ser e dever-ser, existência e sentido se vale como dualidade lógica irredutível, essa dualidade não impede a comunicabilidade dos dois planos. Se se mantém essa impenetrabilidade mútua, como explicar o fato da cultura ou o fenômeno da história? Pois a história implica intercomunicação entre a realidade e a idealidade, entre o ser e o dever-ser, e, como o dever-ser é expressão normativa de valor, entre ser e valor. A realidade histórica integra é sociabilidade e sentido, modos de inter-relação individual e fins em busca dos quais se constituem as conexões inter-individuais. A realidade social é realidade histórica e esta forma-se da intersecção de dois mundos. Assim, o idioma implica atos bio-psíquicos e formações de sentido lógicas; assim, a arte envolve processos naturais e apreensões de valores estéticos; assim, a ciência compreende atos empíricos de analisar, investigar, experimentar e relações objetivas, proveniente da verdade sistemàticamente estabelecida; assim, enfim, o Estado, abrange, em síntese, processos sociais e complexos de significação normativa, atos psíquicos e relações sociais de uma parte, e unidade de um sistema de proposições de dever-ser de outra. Onde quer que o fato histórico se encontre, aí constataremos a dualidade fundamental, dualidade que vista sob o prisma da dinâmica do acontecer, não sob o estático de um corte abstrato para objeto de análise — é tensão de duas tendências, diversas mas convergentes na formação do processo histórico.

Com base nêsse fragmento da realidade histórica, que é o Estado positivo, trabalham, conceptualmente, várias disciplinas. A sociologia do Estado é a investigação do que o fenômeno político tem de fenômeno social. Mas, não é a sociabilidade pura que entra em consideração, e, sim, a sociabilidade modificada e diferenciada pelas significações normativas do direito. É certo, a investigação sociológica permanece no social e só se projeta sòbre o direito para verificar a relação do normativo com os processos de relação inter-individual. São problemas sociológico-estatais: a origem e a evolução do direito e do Estado, a gênese do poder, a relação factual do poder político com as demais associações não-estatais, o influxo dos fatos sociais não-políticos sôbre o direito e sôbre as formas do Estado, os fatores reais que explicam a ineficácia de um dado ordenamento jurídico, e outros de igual caráter lógico. Como se vê, sem a juridicidade, a sociologia acha-se inapta para carecterizar e circunscrever o seu objeto de conhecimento que é o fato do Estado. Para o conhecimento sociológico da realidade estatal, o jurídico é um apriori ou uma condição prévia de discriminação e de determinação do seu objeto. A amplitude do problema, ao mesmo tempo que a legitimidade do problema de uma sociologia do direito e do Estado, podem ser bem avaliadas em face do conteúdo dessa obra monumental que é a de MAX WEBER.

O PROBLEMA DO OBJETO DA TEORIA GERAL DO ESTADO   151

Não é a norma,**em si mesma,** o que interessa do ponto de vista sociológico; a norma, por assim dizer, converte-se em fato, ao ser representada **pelos** indivíduos; em rigor a idealidade que a caracteriza é indiferente à essa objetivação social (35). É factual perquirir quais as razões que levaram, por exemplo, o legislador a elaborar uma norma, êste ou aquêle ordenamento em conjunto, como é factual a decadência ou ineficácia das normas, como factual é estabelecer a probabilidade com que uma parte, ou o todo das normas são aplicadas pelos órgãos do Estado, ou obedecidas pelos súbditos a quem se destinam. Em todos os passos, o problema sociológico não é o normativo como tal, mas a relação do fato social com o normativo. Gênese e evolução do direito são problemas de estabelecer quais os fatos sociais que determinam essas variações na órbita de um complexo de significações, cuja estrutura mesma, por ser intemporal, é alheia à gênese e à evolução. São as normas que outorgam sentido a certos atos e comportamentos individuais, configurando-os como fatos jurídicos e destacando-os dos restantes fatos sociais nãojurídicos. Se a sociologia deixa de investigar as normas jurídicas em si mesmas, é porque as normas em si mesmas constituem uma região específica de objetos, um sector do lógico, por conseguinte, algo que seria desacertado enquadrar dentro dos fatos reais-sociológicos. Mas, essa região de objetividades significativas, não obstante a constitutiva idealidade de sua forma de ser, mantêm relação com a realidade. Se — marginando uma idéia de DEL VECCHIO — o campo da juridicidade pura (36) é indiferente ante a realidade, o direito pròpriamente dito, o positivo, implica não só essa dimensão ideal mas o seu comprometimento com os fatos. O direito destina-se à realidade social. Sem essa destinação e sem o vínculo com o real humano, é juridicidade como campo do possivel significativamente, mas não é direito positivo. Assim, as normas, cortados os nexos que as vinculam aos fatos sociais, continuam a existir, mas é preciso que empreguemos existir em sentido impróprio. Continuam a ser, como proposições de dever-ser, invariantes e autônomas ante qualquer sujeito empirico, como as proposições lógicas que, reduzidas ao seu esquema apofântico essencial, perseveram intactas ante os possiveis sujeitos que as apreendam, visto que sua validade é uma propriedade **per se**. Já vimos, se traçamos uma linha intransponível entre o normativo e o factual, entre valor e realidade, o fenômeno da história torna-se insolúvel. É justamente na relação entre o normativo e a realidade que o normativo é acrescido de positividade. Tal relação pode ser pensada em termos fora da causalidade. KELSEN observa várias vezes, que as normas não causam o fato da conduta. Realmente, atuar causalmente só é possivel com fatos. Mas, a norma, como pensamento proposicional que é, é apreendida em atos de compreensão, de representação, de pensar, atos que motivam decisões voluntárias, atos, pois, que motivam outros atos. A norma, assim, ser renunciar à sua fundamental constituição lógica, interfere no domínio do ser, o ser aqui representado pelos atos psíquicos antes discriminados, e pelos atos ou processos de inter-relação social.

O PROBLEMA DO OBJETO DA TEORIA GERAL DO ESTADO   153

Em suma, o direito é algo mais que a norma, o Estado algo mais que as normas unitària e autàrquicamente postas. Um ramo especializado da sociologia concentra suas investigações nêsse "mais", que é precisamente o fato de inter-relação humana que dá origem às normas, que substitui normas, que instaura parcial ou totalmente o sistema normativo regulador das ações recíprocas entre os indivíduos.

---

(1) KELSEN observa que a teoria orgânica aplicada ao Estado e à sociedade contém, no fundo, jusnaturalismo puro, é ideologia ético-política disfarçada que converte normas em supostas leis naturais. V. Teoria general del Estado, ps. 13 a 17.

(2) G. A. LUNDBERG advoga a tese de que "it is the primary function of all science to formulate the sequences that are observable in any phenomena in order to be able to predict their recurrence" isto não só nas ciências físicas, quanto nas ciências sociais. V. Foundations of Sociology, ps. 28-29.

(3) A sociologia é reação ante uma experiência de crise e uma ciência da crise .Cfr. F. AYALA, Sistema de la Sociologia, ps. 186 e 486, t. II.

(4) É verdade, COMTE não chegou a uma plena concepção fisicalista da realidade social. PIERRE DUCASSÉ observa: "Ce qui fait l'originalité de l'esprit sociologique d'Auguste Comte, c'est justement son intransigeance abstrait, son exigence de rigueur, son "idéal" entièrement hérité de l'ethique mathématique". Em seguida, acrescenta: "Le terme expressif de "physique sociale" résume l'effet conceptuel de cette exigence..." V. Méthode et intuition chez Auguste Comte, p. 225.

(5) Sôbre a peculiaridade do social, F. AYALA, op. cit. cap. III, ps. 66 e ss.; SOROKIN afirma: "... in sociocultural phenomena,

the component of meanings is radically different from the component of material vehicles... The component of meanings makes of a given sociocultural phenomenon something radically dissimilar to the physicochemical and biological properties of its vehicles", in Sociocultural causality, space and time, p. 5. Estes "meanings" são valores, normas, fins. F. S. C. NORTHROP considera que "whereas as natural sciences faces only problems of facts, social sciences is confronted with problems of fact and with problems of value", e que "For the former the methods of natural sciences applied to social fact are appropriate. For the latter, the methods of natural science applied to social facts are inappropriate". V. The Logic of the sciences and the humanities, ps. 256-274.

(6) A metafisiva é "obra de las capas superiores y cultas que poseen ocio para la contemplación de la essencia de las cosas", ao passo que a ciência positiva corresponde a classes em ascenção, que lutam pela liberdade, pelo domínio social e pelo domínio técnico do mundo fisico. V. MAX SCHELER, Sociologia del saber, ps. 96 e ss.

(7) É o que adverte, com frequência, MANNHEIM. V. op. cit. ps. 111, 123, 247, 257, entre outras. A propósito dêste aspecto, v. a crítica de PAUL KAHN, Idéologie et Sociologie de la Connaissance dans l'oeuvre de Karl Mannheim, ps. 127 e ss. in Cahiers Internationaux de Sociologie, vol. VIII, 1950; também, ROBERT K. MERTON, The Sociology of knowledge, ps. 366-405, não circunscrito, todavia, ao pensamento de MANNHEIM

(8) De certo modo, é sôbre a distinção entre conteúdos e processos de relação social que DILTHEY separa, na realidade histórico-social, os "sistemas culturais" e a "organização exterior da sociedade". Vd. Dilthey, Introduction a l'étude des sciences humaines, ps. 68-108; Cfr. H. A. HODGES, no penetrante comentário, em The philosophy of WILHELM DILTHEY. V., particularmente, cap. VI, ps. 175 e ss.

(9) Para uma visão crítica do formalismo em SIMMEL, (bem como em WIESE) v. RAYMOND ARON, La sociologie allemande

contemporaine, ps. 6-20; o excelente ensaio de RECASENS SICHES, WIESE, ps. 169-193; A. MAMELET, Le relativismo philosophique chez GEORG SIMMEL, cap. IV, ps. 139-155; KURT H. WOLFF, introduction, in The sociology of GEORG SIMMEL; HANS FREYER, La sociologia ciencia de la realidad, ps. 65-88.

(10) "La sociologie est une science nomographique. Ele a pour but de découvrir les régularités dans la vie sociale et de décrire systématiquement ces régulariés dans la forme de "lois naturelles" "TIMACHEFF, Introduction à la Sociologie juridique, p. 24. Para TIMACHEFF, a "sociologie du droit" compreende, entre os seus ramos, a sociologia política. V. FERNANDO DE AZEVEDO, Princípios de Sociologia, ps. 157-174; GEORGES GURVITCH, Sociology of Law, ps. 60-67.

(11) Usamos as denominações sociologia jurídica ou do direito, e sociologia política ou do Estado com equivalência de sentido. Em sentido amplo, a sociologia jurídica é compreensiva de todo o jurídico, pre-político (fase pre-estatal do direito) e não-político, (assim, TIMACHEFF destaca a sociologia criminal, a sociologia do direito civil, a sociologia política como subdivisão da sociologia jurídica — não exaustiva —). Para o nosso problema, importa-nos o direito na fase diferenciada e integrada da estatalização — pois é o problema sociológico do Estado que nos ocupa — sem, assim, desconhecermos aquela dimensão compreensiva da sociologia jurídica, posta em relêvo pelas investigações de GURVITCH, de MAX WEBER e de EUGEN EHRLICH.

(12) A sociologia jurídica, como mostra BARNA HORVÁTH, parte de hipótese ou postulados. O postulado da sociologia jurídico-política, em nosso ver, é o de que direito e Estado são aspectos co-essenciais e co-presentes no objeto de seu conhecimento. Como o termo referencial é o Estado, e, uma vez surgido o Estado, Estado e direito tornam-se inseparáveis, apezar de discerníveis e não superponiveis por identidade, a sociologia política parte daquêle postulado, como princípio de seleção dos fatos que investiga. Essa co-implicação direito-Estado, é, aqui, tomada nos termos de DEL VECCHIO, não sob o ponto de vista kelseniano. V. DEL VECCHIO, Droit, Justice, État, ps. 291-293.

(13) O poder, do ponto de vista sociológico, v. The Sociology of GEORG SIMMEL, ps. 190-221. Do ponto de vista sociológico-político, TIMACHEFF, op. cit. ps. 161-230; BARNA HORVATH, Sociologie juridique et théorie processuelle du droit, ps. 211-225, in Archives de Philosophie du droit et de sociologie juridique, ns. 1-2, 1935; GEORGES BURDEAU, Traité de Science politique, p. 375, t. 1.

(14) Especificidade do poder político: "todo poder político, en virtud de su proprio sentido, aspira a la forma juridica estabelecida y assegurada por órganos estatales", "el Estado se diferecia de todos los otros grupos territoriales de dominición por su caráter de unidad de acción y decisión. El Estado está por encima de todas las demás unidades de poder que existen en su territorio..." HELLER, Teoria del Estado, ps. 263-269. O Estado exprime "canalisation de l'emploi de la force", usando a expressão de DUPRÉEL; v. Sociologie générale, p. 166. Para KELSEN, é a idéia de ordem normativa o elemento significativo que eleva o fato da força ou do poder à categorias de poder político: "The State is a political organization because it is an order regulating the use of force, because it monopolizes the use of force". General theory of law and State, p. 190; CARLOS COSSIO, La teoria egologica del derecho, ps. 155-159.

(15) Sociològicamente, como observa MAX WEBER, um Estado deixa de existir se desaparece a probabilidade de que ocorram determinadas ações com sentido. Economia y Sociedad, p. 25, t. 1. O que confere sentido é a norma. É a norma que estabeleco — não só por si — a regularidade previsível da conduta e estabiliza o poder político.

(16) MAX WEBER conceitua poder como probabilidade de impor a própria vontade; dominação é a probabilidade de encontrar obediência a um mandato. V. op. cit. p. 53.

(17) RECASENS SICHES, Lecciones de Sociologia, ps. 676-677. O fato do reconhecimento das normas jurídicas, explica o fato da eficácia destas por parte dos componentes da sociedade estatal ib. p. 701. Uma convergência das convicções, no sentido de

O PROBLEMA DO OBJETO DA TEORIA GERAL DO ESTADO   157

TIMACHEFF, serve de suporte à existência do poder e funciona como substrato real de legitimação das normas em que se apoia o poder. TIMACHEFF, op. cit. p. 80.

(18) O naturalismo sociológico moderno segue o paradigma lógico da física e da matemática, e supera, por seus fundamentos gnoseológicos, o naturalismo biológico do sec. XIX. Dentro dessa orientação, há lugar para uma concepção fisicalista da ação humana, subjetiva e intersubjetiva (social). V. Julien PACOTE, Le physicalisme dans le cadre de l'empirisme intégral, ps. 21-45. A matematização de todas as ciências é um dos princípios do neo-positivismo científico. V. OTTO NEURATH, Le dévelopment du cercle de Vienne et l'avenir de l'empirisme logique, ps. 8-12, 41; dentro das tendências do monismo científico, está a obra de um G. A. LUNDBERG, Foundations of Sociology, a fundamentação gnoseológica de FELIX KAUFMANN, in Methodology of the Social Sciences; v. JOERGEN JOERGENSEN, The development of logical empiricism, ps. 76 (sobre a unidade da ciência); como visão de conjunto e crítica, D. NOBRE SANTOS, Ensaio sôbre a unidade de métodos nas ciências, ps. 197 e ss.; MÁRIO LINS, Espaço-tempo e relações sociais; PONTES DE MIRANDA, Introdução à Sociologia geral, ps. 195-151; DJACIR MENEZES, Pontes de Miranda, ps. 13-25, 51-70 e 181; L. PINTO FERREIRA, Teoria do espaço social.

(19) No que concordam SIMMEL e WIESE. Vd. RECASENS SICHES, Lecciones de Sociologia, ps. 183-185, 190-196; EVARISTO DE MORAIS FILHO, O problema de uma sociologia do direito, ps. 102-107; ERNEST STAUFFER, La méthode relationelle en psichologic sociale et en sociologie selon M. Léopold von WIESE, p. 40; WIESE, Sociologia, historia y principales problemas, ps. 60-69, 149 e ss.

(20) O formalismo, comenta GURVITCH, "limits the entire study of sociology to pure forms of interhuman relations. It bars all the cultural and spiritual contents of such forms, e.g., law, morality, religion..." Investigar, segundo o formalismo, além das formas, o conteúdo, "is to dissolve sociology in other social sciences or in history". V. op. cit. p. 18.

(21) Não há um ponto final para a série de conexões causais, como KELSEN acertadamente, explica. Vd. KELSEN-COSSIO. Problemas escolhidos de la teoria pura del Derecho, p. 23. Para a relação entre sociologia jurídica e ciência do direito, v. KELSEN, Teoria general del Estado, ps. 7-9, 24-27; General theory of law and State, ps. 162-180; La ideia del Derecho natural y otros ensaios, ps. 215-220; Reine Rechtslehre, ps. 9-11.

(22) LEGAZ Y LACAMBRA, em seu admiravel ensaio, KELSEN: Estudio crítico de la teoria pura del Derecho y del Estado de la Escuela de Viena, entre os antecedentes do pensamento kelseniano ou entre os componentes filosóficos do mesmo não alude às relações de Kelsen com a teoria filosófica dos valores. V. op. cit. ps. 139-225.

(23) Para a sociologia política, o jurídico é categoria diferencial que torna possivel a experiência sociológica do Estado. Em termos fenomenológicos, é o constituinte essencial de uma região original do mundo social. Portanto, é condição material necessária do fato político. O apriorismo categorial do jurídico-estatal fundar-se-ia, assim, num apriorismo eidético (?).

GEORGES BURDEAU, estranho doutrinàriamente ao kelsenismo e à fenomenologia, afirma essa preeminência do jurídico. Com efeito, "L'État n'est pas le monopole de la science du droit, il appartient à la fois comme réalité et comme notion à un grand nombre de disciplines. Mais ce qui appartient en propre à la science juridique, c'est la définition de l'État, car l'État est, avant tout, un phénomène juridique". V. Traité de Science politique, p. 135, t. II.

(24) Quanto à impossibilidade da sociologia jurídica (ou política) dentro dos postulados da teoria kelseniana, WILLIAM EBENSTEIN comenta: "... logically enough, from the standpoint of the Pure Theory of Law, there is no talk of a 'legal sociology', for law, since it is normative, is outside the field of a physical science like sociology, whether called 'legal sociology' or not".

O PROBLEMA DO OBJETO DA TEORIA GERAL DO ESTADO   159

EBENSTEIN, The pure theory of law, p. 51. O que KELSEN chama sociologia do direito é uma ciência explicativa que investiga relações causais entre certos fatos ou fenômenos **paralelos** à normas.

(25) V. a crítica do conceito de poder, que, a propósito de KELSEN, nos oferece MIGUEL REALE, Teoria do Direito e do Estado, ps. 66-70.

(26) Para se poder falar em lógica do dever-ser, é indispensável desprezar o princípio de que a apofantica proposicional com valor veritativo é condição de uma ciência lógica. Para uma sistemática lógica, basta que as proposições tenham valências. A lógica normativa é possivel e está conforme ao pensamento moderno de várias lógicas. V. sôbre a relatividade e o pluralismo lógico, L. ROUGIER, La relativité de la Logique, in Revue de métaphysique et de morale, ps. 305 e ss. Juillet 1940; pleno de sugestões é o ensaio de CARLOS COSSIO, Las posibilidades de la Lógica juridica según la Lógica de HUSSERL; v. também E. GARCÍA MÁYNEZ, Introducción a la Lógica juridica (especialte os capitulos primeiros, 1 a V, acêrca dos princípios lógicos).

(27) KELSEN adverte que "o ser não é, necessàriamente, o ser da 'natureza', que é pensavel un 'ser' do Estado, cuja existência ou realidade é distinta da natureza, e que a antitese ser e dever-ser não é absoluta, mas relativa; o Estado ou a ordem jurídica podem ser contrapostos, em sua autonomia normativa, ao causalismo cego da natureza como um 'dever-ser' a um 'ser' e, ao mesmo tempo, como Estado real, como ordem jurídica pode opor-se aos postulados meramente ético-subjetivos da Política", Teoria general del Estado, ps. 58-59. A dualidade ser e dever-ser tem, ao nosso ver, função meramente **lógica** (lógico-formal e gnoseológica). Sua função reside em fundamentar proposições descritivas de objetos, com valor de verdade ou de não-verdade, e proposições que estabelecem normativamente realização de valores, e que têm outras valências diferentes das proposições cognoscitivas de objetos. A dualidade em questão não exclue que existam **objetos,** um "terceiro reino de objetos", os objetos culturais, que envolvem, numa síntese, o ser e o dever-ser: assim, o Estado, o direito, etc..

(28) O dever-ser requer um poder-ser. O dever-ser, em sua autonomia significativa, tem validade independente do poder-ser, ou seja da realidade. Mas, para que um dever-ser seja positivo, é indispensavel que a realidade lhe corresponda em algum grau. Êsse poder-ser, condição da validade de uma ordem de dever-ser positiva, é a realidade humana: a conduta. Agora, poder-ser de conduta é liberdade, a "liberdade metafísica fenomenalizada" de que fala COSSIO e que constitue o pressupôsto antropológico-filosófico do direito e do Estado, tão acertadamente estimado por COSSIO e tão mal estimado por KELSEN. Cfr. KELSEN-COSSIO, Problemas escogidos de la teoria pura del Derecho, ps. 116 e ss.

O dever-ser jurídico-positivo depende do poder-ser que se manifesta objetivamente como intersubjetividade social. Difere do dever-ser da razão pura prática, como dever-ser ético. Para êste vale o que KANT diz: "Les lois doivent déterminer suffisamment la volonté en tant que volonté, avant même que je me demande si j'ai la puissance nécessaire pour produire un effet désiré, ou ce qu'il faut faire pour produire..."; a necessidade da lei moral ou sua exigibilidade objetiva absoluta "... doit être indépendante des conditions pathologiques et par conséquent des conditions attachées fortuitement à la volonté". Cfr. Critique de la raison pratique, p. 18.

(29) MAX SCHELER, Etica, ps. 263-303, t. 1. Em SCHELER encontramos a demonstração de proposições como estas: "todo dever-ser está fundado em valores", "os valores estão dados de um modo indiferente por relação à existência e não existência", "o dever-ser não é indiferente em face ao ser e não-ser possivel de seu conteúdo, do mesmo modo que o valor". Quanto ao enunciado "... em todas as proposições de dever-ser supõe-se a existência do valor ao qual remete o dever-ser", ou seja, sôbre o caráter fundante do axiológico sôbre o deontológico, v. HUSSERL, Investigaciones logicas, ps. 57-62, t. 1, que nisso se firma para estabelecer o princípio de que toda ciência normativa fundamenta-se numa ciência teórica.

O PROBLEMA DO OBJETO DA TEORIA GERAL DO ESTADO   161

(30) Para uma apreciação da tendência "fisicalista" da sociologia, como sociologia experimental e sociometria, cfr. GEORGES GURVITCH, La vocation actuelle de la Sociologie, ps. 236-268; ERNEST W. BURGESS, Research methods in Sociology, in Twentieth century Sociology, GURVITCH-MOORE, ps. 32-40; MEDINA ECHAVARRIA, Sociologia: teoría y técnica, ps. 40-42; dentro dos lineamentos básicos do naturalismo sociológico moderno, v. GEORGE A. LUNDBERG, Foundations of Sociology; ERNEST GREENWOOD, Experimental Sociology: a study in method.

(31) "Frente a la razón pura físico-matemática hay, pues, uma razón narrativa. Para compreender algo humano, personal o colectivo, es preciso contar una historia. Este hombre, esta nación hace tal cosa y es asi **porque** antes hizo tal otra y fué de tal modo. La vida sólo se vuelve un poco transparente ante la razón histórica", ORTEGA Y GASSET, Obras completas, p. 40, t. VI; v. RECASENS SICHES, Vida humana, sociedad y derecho, ps. 63-64: "a vida humana, isto é, o que um homem faz, classifica-se por ter um **porque** (motivo) e um para que (finalidade), o que constitue um sentido, possuir um sentido".

(32) É significativo que KELSEN pertença ao notável grupo neo-Positivista do Wiener Kreis, ainda que não siga, rigidamente, os princípios epistemológicos fundamentais dessa orientação filosófica. Agora, mal poderá acomodar-se dentro dos lineamentos mínimos do neo-positivismo a concepção kelseniana da ciência do direito e do Estado como "Geisteswissenschaft": tanto a epistemologia quanto a teoria dos valôres, subjacentes à genial construção lógica da teoria pura. Cfr. JOERGEN JOERGENSEN, The development of logical empiricism, p. 2 menciona, entre os "more losely affiliated" com o grupo de Viena, a H. KELSEN.

(33) O sociólogo pode dizer com C. BOUGLÉ: "Dans la société où je vis, je les constate: ce sont des faits. Les valeurs se posent devant moi comme des réalités données, comme des choses" in Leçons de sociologie sur l'évolution des valeurs, p. 14; ou,

comporta-se como o historiador que constata o fato das valorações mas renuncia discutir a validade objetiva dos conteúdos, nestes atos de valorações, postos.

(34) Essa dimensão de sentido e de valor é um obstáculo para a racionalização integral — físico-matemática, como pretende o fisicalismo sociológico — da realidade social. São válidas e oportunas estas palavras de EMILE BOUTROUX: "... la mathématique et la réalité sont deux extremes separes par un abime; et vouloir les faire coincider, on risque de rapetissement et déformé la réalité sociale ... dans la détermination de lois sociologiques, il n'est pas possible de faire abstraction de l'homme..." Cfr. De l'idée de loi naturelle dans la science et la philosophie contemporaine, ps. 132-133.

(35) KELSEN não deixa de sublinhar, frequentemente, essa distinção fundamental entre processos subjetivos e objetivos-sociais, de um lado, e, de outro, as formações ideias, por sua estrutura não conversiveis em fatos. De certo modo, enquadra-se na distinção husserliana de processos noéticos e conteúdos noemáticos, presente já nas "investigações lógicas" e ulteriormente desdobrada no sentido do idealismo transcendental fenomenológico. V. EDMUNDO HUSSERL, Ideas: general introduction to pure Phenomenology, ps. 255 e ss.

(36) Nem todo direito, diz DEL VECCHIO, é, necessàriamente, positivo. Uma proposição juridica — acrescenta — é e permanece lògicamente a mesma, antes de ser positiva e depois de deixar de sê-lo. "Sempre que uma proposição determina idealmente uma relação tal entre pessoas, pela qual uma pode pretender da outra algo a que esta se encontre obrigada, tem caráter juridico, isto é, uma tal proposição pertence lògicamente ao campo do direito. Poderá ou não alcançar reconhecimento positivo, e havendo alcançado poderá perdê-lo... Mas a juridicidade da proposição não depende dèste fato temporal e relativamente acidental, mas de sua essência lógica" V. DEL VECCHIO, Filosofia del Derecho, ps. 320-321.

CAPÍTULO VI

O Estado como objeto jurídico

O Estado é um fato histórico. Como fato histórico comporta fundamental dualidade de pontos de vista: por um lado é objeto sociológico, por outro, objeto normativo ou axiológico. Mas, êsse corte lógico separador imposto à realidade estatal, essa desarticulação feita sôbre o "contínuo heterogêneo", que é o Estado positivo, é operação conceptual, é, pois, elaboração abstrata que cifra sua validade em analisar, decompôr e separar o que, como dado, é uno e é estrutura. Já vimos a implicação material do sociológico em relação ao normativo. O fato social puro, sem diferenciação qualitativa dos conteúdos, não existe. O fato sociológico-estatal, abstração feita da referência intencional ao normativo, ao ordenamento específico que é o direito, é impossível, tanto em conceito, como objetivamente. De onde sacamos a conclusão de que a sociologia do Estado implica os conceitos jurídicos como pressupostos gnoseológicos da investigação empírica (1). Claro, tratam-se dos conceitos jurídicos fundamentais, daquêles conceitos que circunscrevem a órbita própria do jurídico e destacam-na do não-jurídico (do ético, do estético, etc.). Para o conhecimento sociológico do Estado, tais conceitos têm a função de esquemas apriori; a conversão dos mesmos, em objeto de análise, escapa à competência da sociologia.

A dualidade que encontramos no fato do Estado é a dualidade de todo objeto cultural, o que importa em dizer, de todo fato histórico. De um lado, realidade (compreensiva do físico, do biológico e do psíquico), de outro, idealidade. A idealidade toma forma normativa na órbita do ético, do religioso, dos usos e convencionalismos sociais e na órbita do direito. É discutível se ciência e estética são modalidades do normativo. Antes, parece que se trata de complexos de realidade e valores. A idealidade, nêstes dois sectôres, está dada pelos valores. No jurídico — que ora nos interessa — os valores se revestem em forma normativa. O conteúdo de uma norma o que a norma prescreve, a conduta que regula pressupõe o ato de preferir uns valores e recusar outros. Os valores estão presentes nas convicções estimativas vigentes na comunidade, no repertório de crenças e tendências espirituais, que nunca falta aos grupos e coletividades. Os valores, assim, pertencem à região da positividade histórica. Se se quer fundamentar, em critérios absolutos, a normatividade jurídica é necessário, então, regredir à "região dos valores", como últimas e objetivas instâncias ou supremos critérios de apreciação de todo o existente. Agora, tal regresso, ao domínio dos valores, só é possivel com métodos filosóficos. O problema é de caráter filosófico. Sociològicamente, apenas é possivel a investigação das valorações vigentes numa dada comunidade, o que, evidentemente, é problema empírico, cientìficamente solúvel.

A bilateralidade do fato histórico repercute na teoria da ciência. Manifesta-se inadequado alojar a sociologia dentro da classe da ciência natural, visto que o fato sociológico é, apenas, um ponto de vista sôbre o fato histórico, **cuja integridade constitutiva envolve processos e relações sociais e, ainda, va-**

lores ou normas, que, em última análise, são expressões de valores, em forma lógica de dever-ser. Sem os valores, sem as normas, sem as significações, os fatos sociais se decompõem numa série indiferente e interminável de causas e efeitos, numa trama de processos mecânicos ocorrentes dentro de um espaço social, moldado à imagem do espaço físico. Isso não equivale a recusar a legitimidade de uma determinação quantitativa do social; o social tem sua parcela não qualitativa, determinável estatisticamente, como movimento sujeito a leis probabilitárias, tanto mais importante quanto mecânico é o sistema de processos sociais. Assim, por exemplo, no campo dos fenômenos econòmicos. Mas, a importância da determinação quantificadora decresce em domínios radicalmente qualitativos, como por exemplo, o domínio do ético, do estético, do religioso.

A sociologia do Estado — esta foi a consequência anteriormente tirada — mal se ajusta à dualidade metodológica de ciência natural e ciência normativa. O objeto mesmo escapa à antítese: fato natural — idealidade normativa. Não há outro meio senão o de declarar que o objeto é uma síntese de dois aspectos, irredutíveis entre si, síntese possível no plano do objeto ou no plano ontológico. Há radical incompatibilidade lógica entre ser e dever-ser; são conceitos um dos quais exclue o outro, conceitos em reciproca e insanável exclusão. Temos dois conceitos conotativamente irredutíveis, mas que representam propriedades que, no objeto, mantêm relação, relação que KELSEN, o mais enérgico defensor da dualidade, expressamente reconhece. A incompatibilidade lógica que existe entre os dois conceitos, é a incompatibilidade resultante da não redutibilidade de notas de um a notas de outro. Assim, são incompatíveis, porque irredutíveis entre si, os conceitos de valor e realidade, os de significação e atos (conforme as análises de HUSSERL). Todavia, os dados, por êles representados, estabelecem relações, claro que não causalmente determináveis, pois a causalidade é um tipo de relação adequada à estrutura dos objetos que são fatos ou fenômenos naturais. Uma proposição não é causa de outra proposição. As relações inter-proposicionais são relações lógicas (de dependência inferencial, implicativas, etc.). Igualmente, um valor não é causa de um processo social, uma conduta não é efeito de uma norma jurídica, posta como causa.

Todavia, a inserção da normatividade na região dos fatos, por ser estranha à relação causa-efeito, nem por isso é arbitrária. Os fatos sociais não são indiferentes ao conteúdo particular das normas. Ao contrário, existe uma correspondência entre fatos e normas. É um problema sociológico determinar o quadro de possibilidades reais dentro de cujo âmbito uma norma ou um sistema de normas tem vigência. É problema legítimo determinar a probabilidade objetiva com que um sistema de normas encontra correspondência na conduta dos indivíduos por ela regulada. MAX WEBER, a êsse aspecto, consagra sua investigação sociológica. Essa correspondência, entre normas e fatos de conduta é um caso particular da relação entre conteúdos significativos e situações sociais. MANNHEIM mostrou, com base na história do pensamento ocidental, que existe uma relação de condicionamento entre problemas filosófiços, concepções do mundo, ideologias políticas e teorias sociais de uma parte, e circunstâncias sociolôgicamente dadas, de outra. Não é em qualquer complexo situacional que surge um problema de conhecimento, uma teoria ou doutrina. A inexistência de um problema ou de um conceito, e a inapreensibilidade de um novo objeto têm relação com a especial combinação dos fatos sociais de cada época. A combinação de fatores dá margem à constelações bem definidas, que demarcam o quadro de possibilidades teóricas dessas unidades que chamamos épocas, fases, séculos. Em cada época, o que vale dizer, dentro de cada situação de conjunto (ou, inclusive, dentro de cada grupo social), só certas doutrinas são possíveis, sòmente tais e tais aspectos do conhecimento são destacados, apenas êste ou aquêle segmento do universo de valores é percebido e reconhecido.

Aí reside, precisamente, mais um vasto campo de problemas sociológicos especializados. Não se trata de dissolver, sociològicamente, as significações lógicas e axiológicas, as normas e os conteúdos objetivos dentro de processos e combinações de processos sociais. A ciência, o direito, a ética, o Estado conservam intactos suas respectivas estruturas objetivas, em todos os passos que a sociologia dá, na qualidade de sociologia do saber, sociologia do direito e do Estado, sociologia da moral e sociologia da arte.

Aquí podemos, perfeitamente, estabelecer a comparação entre sociologia do conhecimento e sociologia do direito e do Estado, do que ressalta, com máxima evidência, a razão de ser de ambas, e, em geral, de tôda sociologia que ultrapassa o limite de uma simples teoria generalizadora do fato social **in genere**.

Sob qual aspecto pode o conhecimento ser problema sociológico? Sob qual ponto de vista o saber — científico ou filosófico — é objeto sociológico? É evidente, a sociologia toma o conhecimento como fato, o **factum** da ciência. Escapará ao método sociológico investigar as condições lógicas (formais e materiais) do conhecimento, como também, a possibilidade e a validade objetiva do conhecimento. Êstes são problemas lógicos (formais e transcendentais). Mas, na medida em que a validade e os limites do saber estão condicionados por fatores sociais, e não pela estrutura do objeto do conhecimento, a validade e a limitação do conhecimento se tornam problemas sociológicos, muito embora, a investigação empírica seja parcial, isto é, não exaustiva da complexidade do problema. O importante é que, assim procedendo, a sociologia do conhecimento de modo algum pretende eliminar ou substituir a ciência e a teoria da ciência (lógica, em sentido amplo). Coexiste, antes, com estas, das quais se vale, cujos conceitos fundamentais emprega como esquemas seletivos ou determinantes apriori. A sociologia do conhecimento para destacar, dentre os fatos sociais que a experiência oferece, quais os fatos cognitivos, empregará os conceitos de verdade, de ciência, de teoria, de validade, conceitos pertinentes ao domínio da ciência positiva ou ao domínio da lógica da ciência.

Rechaçar a possibilidade da sociologia do conhecimento com o argumento de que o conhecimento é relação lógica, é validade alcançada por complexos proposicionais, cuja contextura nada apresenta de relação social, importa em passar por alto que o que a sociologia investiga é a relação entre o domínio do lógico e o domínio do social, é a relação entre dois planos de objetos, ou entre dois universos, o universo lógico e o universo social (2). E a sociologia constata que, na realidade, estabelece-se intercorrência entre o lógico e o sociológico, que as teorias provocam alterações na órbita dos processos sociais, como reciprocamente, os processos sociais imprimem orientações, técnicas e problemas que atingem a esfera das relações lógicas, de tal sorte que estas, sem deixarem de ser complexos autônomos e irredutíveis aos fatos, sem perderem a legalidade que lhes é específica, deixam acesso à interferência dos condicionamentos reais.

O fato social contém algo mais que um fato natural de ordem física. Èsse **plus** é o sentido conferido ao fato pelas normas, pelos valores implícitos nas normas, pelos fins que emprestam direção intencional aos fatos sociais, fatos que são condensações de atos humanos (3). As normas jurídicas são indispensáveis para a caracterização dos fatos sociais políticos ou estatais. Uma relação social de poder, o fato social polarmente constituído de subordinação e supra-ordenação é poder estatal quando revestido em normas de direito. Sem estas, o fato ou a relação torna-se relação de causa-efeito. A sociologia do Estado, em consequência, pressupõe normas jurídicas, normas cuja análise escapa à competência da investigação sociológica. Repetidas vezes acentuámos êsse ponto. Agora, desdobramos todas as consequências.

Isolar a norma de sua relação com o fato social, operar, por separação abstrata, afim de destacar a norma de seu comprometimento com processos reais é, evidentemente, problema supra-sociológico. Pois, por definição, a sociologia está adstrita aos fatos, é uma ciência da realidade, daquilo que se dá à experiência, temporal e especialmente caracterizável. Ora, a norma jurídica, **em si mesma,** difere do dado real. A norma jurídica, como norma, não é fato. Mas, é algo, pois tem consistência objetiva, independente do arbítrio subjetivo, algo cujo ser serve de ponto de referência aos atos de conhecimento, algo cujo consistir explica que se ponha como objeto para um sujeito.

É possível operar, abstratamente, sôbre a norma ou sôbre o complexo unitário, que é o ordenamento jurídico estatal. Trata-se de separar o que, no contexto da realidade histórica, se acha unido, trata-se de desarticular o que está estruturado e solidàriamente relacionado. A possibilidade dêsse procedimento abstrato reside na circunstância de que as normas jurídicas, não obstante serem normas postas, criadas ou estabelecidas por processos reais (psicológicos e sociológicos) elas, uma vez construídas, se destacarem da realidade dentro da qual tiveram origem, adquirindo objetividade e independência, em face daquêles fatores sem os quais jamais conquistariam existência. EDMUND HUSSERL nos deu o método para proceder a essa operação de isolamento e os fundamen-

O PROBLEMA DO OBJETO DA TEORIA GERAL DO ESTADO   173

tos que garantem a validade dêsse procedimento. É assim que a lógica, como teoria formal do conhecimento, secciona, dos atos concretos de pensar, os pensamentos pensados. Entre pensar e pensamento, entre atos reais e complexos de significações existe irredutível dissemelhança. Não obstante, dá-se uma relação entre ambos. O pensar elabora relações conceptuais e proposicionais eu, então, as apreende, quando já anteriormente postas. O pensamento, por sua vez, é apreensível no ato específico de pensar, interfere no curso real do pensar e altera a sequência dos fatos subjetivos. O pensar, ato que é, discorre temporalmente, é subjetivo e variável. O conteúdo pensado, ao contrário, vale intemporalmente: é objetivo. As operações lógicas repousam, fundamentalmente, nessa separação abstrata de atos e significações. A lógica pura é a teoria da significações, abstração feita dos processos psíquicos através dos quais se formam ou se entendem tais significações (4).

É, pois, por meio de operações lógicas, e sòbre parêntesis fenomenológicos, que podemos converter normas jurídicas em objeto de análises. As normas jurídicas são pensamento, pensamento diferenciado pelo conteúdo e pela forma em que relacionam os termos sujeito-objeto, mas, lògicamente, as normas são pensamento. Se as convertemos em problema de análise, estamos fazendo lógica, ainda que uma lógica distinta da lógica que opera com os valores da verdade e da falsidade, e com o conectivo funcional da enunciação predicativa. Mas, enfim, lógica porque é análise de uma classe de significações. Analisar normas jurídicas, com suspensão metódica dos processos sociais, equivale ao procedimento de discernir, em suspensão abstrata, atos e conteúdos significativos. Se as normas jurídicas são mais complexas que as proposições científicas, o complexo de significações que as constitue requer atos mais complexos que os atos cognitivos puros. Os atos que põem normas, os atos que apreendem normas ou os atos que apreendem e observam as normas do direito são atos não só de **pensar** e de **valorar**. Mas, a complexidade dos atos não obsta para o discernimento abstrato entre a realidade dos atos e a idealidade das normas jurídicas. Em substância, é o mesmo processo: separar a "esfera do logos" do plano dos fatos.

Quando consideramos que o elemento qualitativo caracterizador do Estado é o ordenamento jurídico, de tal modo que sem o conjunto de normas jurídicas uma relação social deixa de ser estatal (podendo, contudo, ser ética, econômica, etc...) somos inclinados a pensar que a Teoria Geral do Estado talvez tenha seu objeto próprio aí nêsse domínio de normas. E como a teoria das normas, no que estas têm de pensamento, é lógica, somos levados a pensar que a Teoria Geral do Estado é a lógica do ordenamento jurídico. Talvez, sòmente assim, determinaríamos um objeto preciso à Teoria Geral do Estado, logrando, por outro lado, precisar a diferença entre Teoria Geral do Estado e Sociologia do Estado com os seguintes termos: a sociologia investiga os fatos sociais com referência às normas, não as normas mesmas; a investigação das normas é incumbência da Teoria do Estado (5).

Mas, se verificarmos o que se trata no âmbito dessa disciplina que é a Teoria Geral do Estado, quais os problemas abordados, constataremos que a Teoria geral do Estado, apresenta conteúdo demais para ser apenas uma lógica do Estado, isto é, uma análise do normativo puro. Lógica, estritamente tal, implica radical formalização ou, em outros termos, purificação total do pensamento, eliminação do conteúdo e redução do pensamento a complexos de relações entre significações. A formalização ainda pode prosseguir mais, ultrapassando o plano das significações para se reduzir a complexos de relações, como na lógica simbólica (6).

A Teoria geral do Estado com mais grau de formalização é a de KELSEN. Mas, é evidente, o formalismo kelseniano é mais jurídico que pròpriamente lógico. É verdade, KELSEN despoja o jurídico de conteúdo, quer conteúdo sociológico, quer ético e político. Reduz, exemplarmente, o dever-ser a puro nexo imputativo, abstraindo o possível dever-ser ético anexo ao dever-ser jurídico. Formal é o jurídico com relação ao ético, ao político e ao sociológico. Formal é o isolamento do jurídico puro e a generalidade do jurídico ante os conteúdos concretos, provenientes da realidade histórica. A juridicidade do Estado não reside nos fins propostos ou nos conteúdos de justiça que o Estado procura alcançar dentro da comunidade. A juridicidade reside no método de alcançar os fins, reside no modo como o direito vincula uma ação a outra ação. A juridicidade do Estado é a invariância formal ante a mutabilidade dos conteúdos possíveis.

Mas, o formal é, em rigor, relativo. O conceito de formal é conceito relativo, não absoluto. SIMMEL considerava o jurídico como conteúdo, em face das ações recíprocas. O formal residiria no processo de inter-ação, processo susceptível de abrigar qualquer conteúdo (jurídico, ético, econômico, pedagógico, científico, etc.). A formalização em KELSEN nem sempre alcança o plano da formalização lógica. É que o dado a formalizar não é proposição, mas proposição normativa. Indiscutivelmente, cabe a COSSIO o mérito de levar, com plena conciência do problema, a formalização jurídica ao grau de uma formalização lógica, postulando, ao lado da lógica clássica uma lógica da proposição, cujo nexo vinculatório entre sujeito e predicado é o conceito funcional dever-ser.

Sem dúvida, o ordenamento jurídico estatal é um objeto lògicamente constituído. O dado tem consistência lógica. O dado não é fato físico ou processo real alógico. O lógico é uma dimensão do objeto. Por isso, é possivel uma lógica do Estado, mas, deixemos expresso, no sentido de análise do complexo **normativo** que configura, como integrante **significativo**, a ordem estatal. A ordem jurídica é uma totalidade lógica. Os elementos integrantes são conceitos e proposições Êstes elementos não se dispõem em acúmulo e em juxtaposição. Formam, ao contrário, uma estrutura. Há uma articulação interna vinculando proposições, há relações de dependência, de fundamento a consequência, de derivação. Tais relações conferem à multiplicidade de proposições normativas do direito uma arquitectônica bem definida. A possibilidade dessa estrutura reside no que existe de lógico dentro do ordenamento jurídico-estatal. Leis formais puras, (compatibilidade, não contradição) fundadas na valência (bivalência ou n-valência

O PROBLEMA DO OBJETO DA TEORIA GERAL DO ESTADO   177

das proposições jurídicas) dos enunciados proposicionais garantem a unidade interna do todo normativo. A unidade do Estado, vista do lado do ordenamento, é unidade lógica, é a unidade do que é sistema. A essa unidade lógica, corresponde, uma unidade **real**, a unidade do processo social, o processo de integração a que tende o fenômeno social. Mas, essa unidade real sociológica que serve de substrato à unidade formal do ordenamento é irrelevante para o ponto de vista lógico. A irrelevância, está claro, é momentânea; por assim dizer, é enquanto dura o procedimento de análise lógica, pois a unidade real faz parte do objeto: o Estado (7).

O objeto mesmo, o Estado, contém uma capa lógica. Recolher o lógico do objeto não equivale a fazer ciência lógica. Importa em teoria do objeto, em ontologia do objeto. A lógica reside no tratamento das normas como **proposições**, abstração feita do valor ético que possa ter a proposição jurídica, a lei estatal. Abstração, ainda, da relação que as normas do direito guardam com as relações sociais, com a conduta humana que ela regula. Em suma: abstração do formal, com desprezo do material.

A Teoria geral do Estado, evidentemente, difere de u'a mera lógica do Estado, ou seja, de uma pura análise do Estado, enquanto sistema de proposições normativas. Tal análise justifica-se, mas não se justifica se ela pretende esgotar toda a problemática do Estado. De certo, os problemas do Estado são formuláveis como problemas jurídicos, visto que a juridicidade é nota essencial diferenciadora e catacterizadora do Estado. E como a juridicidade está constituída lógicamente, os problemas jurídicos são formuláveis como problemas lógicos. Assim, a relação entre Estados é relação lógica de dois sistemas; a pluralidade de sistemas estatais impõe, lògicamente, o problema da relação de coordenação entre tais sistemas e a de subordinação a um sistema mais alto. A autarquia lógica de um sistema estatal é a não-derivabilidade de um sistema de normas jurídicas. É a propriedade lógica de todo sistema autônomo: a soberania é essa autarquia de um sistema. É propriedade lógica de toda proposição, ou de todo um complexo de proposições, ter uma "esfera de validade"; para as proposições enunciativas de conhecimento, essa esfera define o valor de verdade dessas proposições. Para as proposições normativas, que aspiram, não a **conhecer** objetos — no caso, a conduta humana — mas a regular ou ordenar, a esfera de validade é o sector da conduta humana que está posto como conteúdo de tais normas (8). Como a conduta implica sujeito, tempo e espaço, a esfera de validade compreende a validade quanto ao sujeito, a validade temporal e a espacial. Essa esfera de validade é, de certo, uma qualidade lógica. Então, os problemas dos elementos do Estado podem ser formulados como problemas lógicos da validade de um sistema normativo. Igualmente, os demais problemas do Estado, suportam êsse tratamento lógico. Pôr em foco a legitimidade dêsse tratamento, é a contribuição imortal de KELSEN; agora, querer reduzir todo problema do Estado a problema formal, representa, justamente, o formalismo ou o logicismo kelseniano.

Se a Teoria geral do Estado distingue-se de uma lógica do Estado (entendido, de uma lógica do que é logificável: os sis-

O PROBLEMA DO OBJETO DA TEORIA GERAL DO ESTADO 179

temas de proposições normativas) porquanto implica dados que ultrapassam o limite da lógica, visto que o Estado contém proposições mas não se identifica com ou se esgota nisso, talvez se podesse considerar, para evitar a limitação apontada, a Teoria geral do Estado como uma teoria geral da ciência do Estado. Como teoria geral da ciência, equivaleria, sem dúvida, à lógica, pois a lógica é parte da teoria da ciência. Mas, a teoria da ciência é lógica e teoria do conhecimento, análise do pensamento e teoria da relação do pensamento com o objeto do conhecimento. Ciências do Estado seriam a história do Estado, a sociologia do Estado e uma ciência política, em caráter de doutrina empírica (não-filosófica) do Estado. Mas, a teoria da ciência não é teoria do objeto da ciência. Se o fôsse confundir-se-ia, por superposição, com a ciência mesma ou com a ontologia. A teoria geral do Estado, como teoria da ciência do Estado, viria a ser lógica, entendendo-se lógica no sentido de teoria formal e teoria material do conhecimento (9), lógica em accepção ampla. E se verificarmos o conteúdo dessa disciplina, que é a Teoria geral do Estado, comprovaremos que o conhecimento se dirige ao Estado, ao que o Estado é, seus componentes, suas formas, relações entre Estados, uniões de Estados, etc., etc.. A Teoria geral do Estado não é, pois, teoria do conhecimento do Estado: é ciência empírica do objeto específico que é o Estado positivo. Em KELSEN, a Teoria geral do Estado é tanto epistemologia, como ciência, algumas vezes, mais teoria da ciência jurídica do que ciência empírica. Essa preeminência do gnoseológico explica-se. Correspondia à urgência de fundamentar a ciência do direito e do Estado. A crítica dos métodos das ciências jurídicas, a delimitação do objeto do conhecimento jurídico, a separação do jurídico em face do não-jurídico e do supra-jurídico importam, necessàriamente, em investigações de teoria da ciência. A crise de uma ciência provoca o recrudescimento das análises lógicas e gnoseológicas. E foi à conjuntura de crise da ciência do direito, que a obra teórica de KELSEN veio dar resposta. No século dezenove, ainda vemos a ciência do direito incerta em seus limites, e, a cada passo, invadida pela psicologia social, pela sociologia de tendências biológicas; não só invadida por métodos e conceitos psicológicos e biológicos, mas substituida ou suplantada pela sociologia especial, isto é, pela sociologia do direito. E quando não eram as ciências mencionadas que comprometiam a autonomia da ciência do direito, era a doutrina política, em termos de teoria filosófica do direito e do Estado, ou as ideologias, como fôrças sociais em conflito, a penetrarem, subreptìciamente, no âmbito dos problemas de conhecimento científico. Se as ciências biológicas, psicológicas e sociológicas tiravam a substantividade ou a razão de ser de uma ciência do direito, com problemas e métodos próprios, o pensamento ético- político e as ideologias comprometiam a objetividade e a neutralidade valorativa dessa ciência do direito. É desnecessário discutir a significação da construção teórica de um KELSEN, nessa tarefa de fundamentação gnoseológica da ciência do direito e do Estado, ocupando pòsto análogo ao de um DEL VECCHIO ou de um STAMMLER (10).

———————

A Teoria geral do Estado é a ciência do Estado. Distingue-se da lógica, no sentido amplo de teoria da ciência, porque

O PROBLEMA DO OBJETO DA TEORIA GERAL DO ESTADO   181

o seu objeto é o conhecimento, o conhecimento empírico de um dado real. Seu problema gira em tôrno do Estado: são problemas do objeto, não problemas de conhecimento. O ser do Estado, os elementos constituintes da estrutura do Estado, os órgãos do Estado, as funções específicas que, mediante a organização estatal, se leva a têrmo, as formas políticas e jurídicas dessa organização, o limite entre o Estado e as demais espécies de organização social, as relações inter-estatais, etc., etc., são, está patente, problemas em tôrno de um objeto de conhecimento. Nada impede que se converta o conhecimento do Estado, na espécie de Teoria geral do Estado, em objeto de novos atos de conhecimento. Mas, êsses atos de conhecimento são atos de segundo grau, que pressupõem aquêles atos dirigidos ao conhecimento do objeto, que é o Estado. Os atos de segundo grau são pertinentes à teoria da ciência ou lógica no sentido compreensivo de teoria formal e teoria material do conhecimento. Na "Teoria Geral do Estado" de KELSEN essas duas classes de investigações não faltam, pelo que essa teoria geral é, tanto teoria da ciência do Estado, quanto ciência particular do Estado. Em KELSEN, o filosófico — na forma de epistemologia — e o científico se interpenetram intimamente. Mas êsse entrecruzamento de problemas não nos deve fazer perder de vista a fundamental diferença que entre êles existe.

A Teoria geral do Estado é ciência empírica de um dado existente, uma ciência, entre outras possíveis, acêrca dêsse ente. Ela não esgota os problemas possíveis que êsse dado oferece. É um ponto de vista que se estabelece, entre outros

possíveis pontos de vista. São pontos de vista: a história do
Estado, a sociologia do Estado e a filosofia do Estado. O ponto de visto é postulador do objeto. O dado converte-se em
tantos objetos quantos possíveis pontos de vista. Mas, essa
postulação do objeto dista de ser arbitrária. É, em última instância, o dado que funciona como têrmo de referência da
legitimidade do objeto que, sôbre êle, se delincia. O sujeito
do conhecimento põe o objeto, não como criação só dependente das condições do sujeito, mas, também, dependente da
estrutura do dado. É o Estado, com sua estrutura própria,
que legitima a construção de um objeto histórico, de um
objeto sociológico, de um objeto filosófico. A Teoria geral do
Estado é um outro ponto de vista. Marginando, de novo,
SIMMEL: a Teoria geral do Estado não estuda um novo ente,
não investigado ainda, um dado desconhecido para as ciências. Ela vem, apenas, estabelecer uma nova síntese sôbre
dados já tratados por outras ciências. Vem traçar novas linhas separadoras sôbre séries de fatos já abordados, cons-
truindo um novo objeto, com elementos distribuídos já em
outras síntese de conhecimentos. O Estado vem sendo estudado pela história, pelas ciências sociais, entre estas, notadamente, pela ciência do direito (11), pelas ciências políticas e,
enfim, pela filosofia do direito. A Teoria geral do Estado, se
não quer confundir-se com as citadas investigações, tornando-
se, **ipso facto,** supérflua, tem de encarar o Estado sob um
prisma não coincidente com o histórico, com o sociológico,
o jurídico puro ou o **filosófico-político.**

O PROBLEMA DO OBJETO DA TEORIA GERAL DO ESTADO   183

O objeto próprio da Teoria geral do Estado, o que importa afirmar, a síntese original que essa disciplina estabelece sôbre aspectos e elementos já constituintes de outras constelações objetivas — a história, a sociológica, etc. — é o Estado como objeto cultural. Mas, a história também o encara assim, visto que a história é a ciência da cultura, por excelência. Mas, se a história incide sôbre o Estado, o faz sob critério diverso. Para a história, o Estado é um sector dentro de um círculo mais amplo, que é a totalidade cultural. E o critério sob o qual o encara é o de seu discurso temporal, temporalidade que, necessàriamente, importa em individualizar o dado que transcorre. A história é conhecimento individualizador, que recolhe o temporal de seu objeto. A Teoria geral do Estado concentra-se sôbre um objeto cultural — o fato do Estado —, mas o conceptúa sob critério sistemático. A determinação dos elementos necessários do ser do Estado, os tipos de Estado, as formas de govêrno, as formas de Estado, as funções do Estado: eis problemas não-históricos, mas questões sistemáticas. A história acompanha a fenomenologia temporal do Estado, o ir-sendo do Estado e a complexa e variável morfologia que apresenta. A Teoria geral do Estado parte da experiência do Estado histórico, que é o Estado positivo. Mas, eleva-se conceptualmente, e, sôbre a variável histórica, procura estabelecer a invariância dos tipos e formas, a constância do que é necessário ante a mutabilidade do que é simplesmente acidental. Podemos dizer, com KELSEN, que a Teoria geral do Estado é a teoria do Estado possível. O Estado possível não equivale ao Estado ideal. O Estado ideal da filosofia política é uma das possibilidades axiológicas. O Estado real, o Estado históricamente dado, é outra possibilidade. A determinação do Estado possível e, em consequência, do Estado real tem de ser o problema da teoria do Estado, se essa ciência quer aspirar a generalidade com que se intitula. Se a Teoria geral do Estado pode se distinguir de outras investigações sôbre o Estado, é, precisamente, por êsse especial critério a que submete o dado, o Estado, critério ponente de mais um objeto. A limitação da universalidade a que pode aspirar a Teoria do Estado é limitação decorrente do objeto, limitação que atinge não só tal ciência, mas a todas as ciências que se dirigem para fatos históricos, seja a ciência da história, seja a sociologia, ou as ciências sociais (a filosofia, inclusivè).

A caracterização do Estado em objeto cultural traz, como consequência, a caracterização da Teoria geral do Estado. A Teoria geral do Estado acha-se fora do círculo da ciência natural. O Estado contém uma parcela de natureza. Natureza é o próprio elemento humano, com seus carecteres biológicos, suas tendências e impulsos psicológicos, suas disposições anímicas, relacionadas com o fator étnico. O componente de natureza, que entra na estrutura do Estado, justifica a investigação geográfica ou demográfica ou étnica e psicológica. Mas, nada disso é relevante para a Teoria geral do Estado, só por si mesmo. Sem a referência dêsses elementos naturais ao fenômeno de organização política, ao ordenamento jurídico, sem a inclusão do natural dentro de complexos de sentido político e jurídico, a área geográfica não se converte em "território" do Estado (12), o elemento humano não se torna em o "povo" ou "população" do Estado. Sem aquêles sentidos, o espaço é mero conceito geográfico, a população simples massa demográfica, os impulsos psicológicos de mando e obediência, puros fatos naturais de poder e fôrça, sem relevância cultural. É da conjunção do real com o sentido que surge o fato histórico de cultura. São os sentidos éticos, estético, lógico, jurídico, político que, interrelacionando-se com os fatos, dão lugar à moral, à arte, à ciência, ao direito e ao Estado.

A Teoria geral do Estado é ciência sistemática de um fragmento da cultura. É, pois, uma ciência cultural particular. Distinguindo-se da ciência natural — pelo objeto e, consequentemente, pelas técnicas (métodos) de conhecimento dêsse objeto —nem por isso se inclue na classe de ciência oposta, que é a categoria da ciência ideal. Nem ciência real-natural, nem ciência ideal. Para se enquadrar na espécie lógica de ciência ideal, seria necessário que seu objeto fôsse uma classe do domínio das significações ou sentidos. O Estado, já vimos, contém uma dimensão de sentido: o sentido jurídico, dado pelas normas do direito. Mas, se concentramos a investigação nessa dimensão significativa, não faremos Teoria do Estado: faremos lógica.

Faremos, ainda mais, Teoria do Direito ou, concretamente, Teoria do direito público, como análise das normas jurídicas que tornam possivel o Estado, abstração feita das relações dessas normas com os processos reais que lhes correspondem. A Teoria geral do Estado converte-se em Teoria do direito Público, ou, na hipótese de a diferenciação direito público — direito privado ser uma distinção técnica que se elimina em face da unidade do direito, a Teoria geral do Estado converte-se em Teoria do direito. se não puzermos em fóco que o Estado é objeto bidimensional, e não se reduz a significações normativas. A redução do Estado ao direito e a caracterização do direito como complexo de proposições, cuja validade normativa e cujo ser lógico as destaca do que é factual, acarreta a redução do Estado a um objeto ideal. As significações, sejam no específico arranjo de proposições enunciativas, seja na particular relação imputativa de proposições normativas, constituem um território de objetos ideais. Já vimos, é possivel uma lógica do ordenamento jurídico-estatal se convertemos êsse ordenamento em objeto de análise, no que êle contém de significações conceptuais e de estruturas proposicionais. Mas, a lógica, como lógica, tem de permanecer no limite do conceptual e do proposicional. Não abrange, do jurídico, senão sua arquitectura formal. Vimos que a Teoria geral do Estado distingue-se da lógica do ordenamento normativo estatal porque é conhecimento dirigido a um objeto empírico — o Estado real. Para a Teoria geral do Estado as proposições normativas são, apenas, partes integrantes dêsse objeto: no Estado encontramos relações sociais e proposições disciplinadoras dessas relações sociais.

Vimos, também, que a lógica do ordenamento jurídico é possivel mediante a separação abstrata de processo real de

O PROBLEMA DO OBJETO DA TEORIA GERAL DO ESTADO   187

formação e observância das normas, de uma parte, e o seccio-
namento das normas, de outro. Os atos lógicos são atos incidentes sôbre as significações e não sôbre processos. Mas, a
lógica não é a única ciência possível com base nêsse abstrato
discernimento. É possivel submeter a conhecimento as normas do direito, encarando-as sob o ponto de vista material.
O ponto de vista formal dá lugar à lógica. O ponto de vista
material dá lugar a ciência do direito ou a jurisprudência
dogmática. A jurisprudência dogmática, quer no direito
privado, quer no direito público, é teoria material das
normas jurídicas. O que importa, para a jurisprudência, ultrapassa o mero exame das normas como complexos de significações e como nexos formais de proposições; transcende à simples análise das leis e dos princípios
lógicos puros que garantem a unidade do sistema do direito.
O ponto de vista científico-jurisprudencial envolve a lógica,
mas a ultrapassa. Abarca, ademais do lógico, o conteúdo do
normativo (13). Concretizando: para a análise lógica, a constituição é um objeto cujas partes são as proposições; as proposições se inter-relacionam coordenativa e subordinativa-
mente; o complexo proposicional é uma unidade ou um sistema; a congruência formal (não-contraditoriedade, etc.) é
condição lógica necessária dessa arquitectônica em forma de
sistema. A validade das proposições deriva de outras proposições; visto que a referência a fatos, como fonte de validade,
quebraria a autarquia lógica do sistema, é necessário ir regre-
dindo de proposição a proposição, fazendo a validade de uma
derivar de outra supra-ordenada. Mas êsse regresso, para se
não perder no infinito, tem de se deter. Detém-se numa nor-

ma originária ou fundamental (14). Como se vê, sem sairmos da órbita do lógico, desmontamos, em conceito, a totalidade constitucional. Trata-se de análise lógica de um sistema proposicional. Não de um sistema de proposições científicas. O direito é um sistema, não um sistema científico, visto que seu propósito é diverso do de conhecer. O sistema do direito quer operar como "social control" dos fatos humanos. Agora, todo êsse procedimento lógico é usado na obra de elaboração, de interpretação e de sistematização, levado a cabo pela jurisprudência científica. A ciência do direito exige lógica. Mas, a ciência do direito é, realmente, mais que lógica. Fatores supra-lógicos são mobilizados pela ciência dogmática: os conteúdos normativos.

A dogmática pretende fixar-se nos limites do direito, como normas; não entra em contacto com fatos, com os fatos sociais e políticos: isso não significa que a lógica do sistema basta para dar integral explicação do jurídico (15). A ciência do direito é análise do conteúdo das regras de direito, é comentário da matéria por essas regras disciplinada, é exposição do conteúdo do direito civil, do conteúdo do direito público e, vê-se, o que diferencia normas é o dado material. O princípio de diferenciação das normas é o conteúdo. Normas que regulam um instituto de direito privado, difere de normas que fixam a competência dos órgãos do Estado em virtude do dado, representado pela conduta que se pretende ordenar: alí a conduta dos indivíduos em relação de coordenação, aquí a conduta do Estado.

Mas, apezar de ser mais que lógica formal, a jurisprudência detém-se nas normas. Para a ciência dogmática do Estado, o ponto de partida está representado pelas normas positivas. Essas normas são dogmas normativos, são os data que hão de ser respeitados em sua inviolabilidade essencial. Das normas postas, parte o conhecimento, e, no limite das normas, detém-se o conhecimento dogmático. A dogmática do Estado renuncia ao trabalho de julgar a legitimidade ou o conteúdo de justiça da ordem normativa estatal, pois, metòdicamente, seu propósito é conhecer, não exaltar ou rebaixar a ordem dada, mas descrever objetivamente essa ordem. Supra-positivamente, a ordem positiva estatal relaciona-se com uma região de valores, que, para o jurídico, podemos compendiar com o têrmo justiça. A ciência dogmática do Estado deixa de tomar conhecimento dêsse problema. Se o invalida, se emite qualquer declaração sôbre a existência dessa região axiológica, a ciência do Estado faz metafísica, ou, melhor, faz filosofia jurídica e, com isso, incorre em contradição com os postulados de uma verdadeira ciência positiva do Estado. Nem o axiológico, nem o revestimento do valor em normas políticas ideais são dados positivos. Por isso, são irrelevantes para uma consideração dogmática.

A renúncia ao que ultrapassa a experiência é participada pela Teoria geral do Estado. Com a ciência dogmática do direito público está, nêsse ponto, a Teoria geral do Estado. Esta elimina o axiológico e o deontológico do problema estatal, mas os elimina por determinação de método. Se é ciência do Estado positivo (atual ou històricamente dado), restringe-se, ao limite da experiência, e deixa que o problema do valor e o problema do dever-ser ideal fiquem a cargo da reflexão filosófica.

Se a dogmática tende a circunscrever-se ao círculo do normativo, essa limitação é justificável metòdicamente. Gira em tôrno das normas do direito positivo, desdobrando-se nessas três etapas: interpretação, construção e sistematização (16). As normas são proposições, na base das quais se encontram os processos reais, representados pelos atos psicológicos de pensar a norma, de querer a norma, de pretender realizar um fim através da norma. São processos **reais** os fatos sociais em cujo âmbito se originam as normas. Os grupos sociais, os interesses coletivos, as tendências e as crenças coletivas se manifestam através das normas postas e **ditadas** para regular a conduta. As normas tem origem, formação, vigor e declínio: êstes são processos reais. Processos psicológicos e sociológicos acompanham as normas. Agora, ampliando o que ficou anteriormente dito, como processos reais distinguem-se das normas. Estas destacam-se dos atos de creação, e dos atos de observância como unidades objetivas (17). No fundo, é a autonomia das **significações** em face dos atos subjetivos temporais, sem os quais genèticamente, careceriam de existência. Com apôio nas críticas, feitas por HUSSERL ao psicologismo, podemos dizer que a dependência genética das normas, em relação aos atos, deixa intacta a **validade** e a **objetividade** das normas e que as normas têm um ser que é irredutível aos atos subjetivos. Assim, uma constituição, por exemplo, deriva de fatos. São atos psicológico-individuais e sociológicos que estabelecem o teor e a forma da constituição. Mas, do ponto de vista lógico, a constituição, uma vez posta, adquire objetividade e se destaca, por sua consistência própria, dos atos que lhe deram origem. As **normas,**

O PROBLEMA DO OBJETO DA TEORIA GERAL DO ESTADO 191

que formam o sistema constitucional, foram instauradas como resultante de propósitos e fins individuais ou aspirações de grupos preponderantes, mas, depois de estabelecidas, adquirem validade e objetividade em face dos seus próprios autores. Não cabe perseguir a vontade do legislador, mas a "mens legis". Ante a multiplicidade dos sujeitos ponentes da totalidade constitucional, ante a variabilidade empírica dêsses sujeitos, e ante o fluxo das "gerações", a constituição destaca-se como uma formação autônoma e una, estável e supra-individual. Acode-nos, aqui, a imagem poderosa de SIMMEL: a vida, em sua radical fluência e em sua substancial temporalidade, vai arrojando, para fora de sua órbita, êsses conteúdos de significação, algo assim como precipitados objetivos e intemporais dessa fluência incessante, cuja síntese é a cultura objetiva. A constituição do Estado é, bem, uma dessas formações de cultura objetiva, que, se estão vinculadas ao real pela gênese, dispõe de uma legalidade imanente, de um modo de ser irredutível a fatos.

Por cobrarem objetividade ante os sujeitos empíricos que as instauraram — o legislador real, as normas jurídicas requerem a interpretação do sentido objetivo. Interpretação jurídica, pois, inconfundível com uma interpretação psicológica, que buscaria o sentido subjetivo, efetivamente pòsto nessas normas, sentido subjetivo pràticamente não determinável no Estado moderno parlamentar, onde a feitura das normas obedece à concurrência de uma pluralidade de sujeitos empíricos e aos interesses divergentes dos partidos políticos representados. A hermenêutica, entendida apenas como interpretação do sentido objetivo das normas, descança, portanto, na separabilidade entre atos de criação normativa e normas criadas, entre sentidos subjetivamente postos e sentidos objetivos adquiridos pelas proposições normativas. Para a ciência dogmática do direito, o que importa é o sentido objetivo e a autonomia das normas. O ponto de vista dogmático do Estado, em consequência, só pode ver o Estado como sistema de normas, como complexo autônomo de significações. Sob êsse ponto de vista, é legítimo o postulado de que todo direito é direito estatal (18) e o de que o Estado e o sistema normático são círculos superponíveis. O ponto de vista dogmático é legítimo dentro dessa limitação metódica. O jurista — teórico ou prático — move-se dentro da órbita estatal, que coincide com o domínio jurídico. O ponto de vista do jurista é o dogmático. Talvez a dogmática esteja condicionada por um tipo de Estado: o moderno Estado de direito. Dentro do esquema do Estado de direito, é possível a jurisprudência dogmática, pois é, justamente, tal Estado que pode planificar racionalmente a vida da comunidade, mediante regras que permitem a previsibilidade da conduta inter-individual e, mais, regras que assegurem, com probabilidade que se aproxime da necessidade susceptível de previsão exata, a conduta do Estado. A juridificação total do Estado corresponde, politicamente, ao pensamento de salvaguardar a liberdade do indivíduo contra o arbítrio do poder do Estado ou contra a imprevisibilidade do poder discricionário. Não discutimos se essa planificação jurídica chega a abranger todo o possível comportamento estatal, se, por exemplo, na discricionabilidade não se aloja uma parcela do imprevisível juridicamente (19). Basta-nos, para argumento, a consideração da estrutura do Estado de direito.

É **compreensivel** que, ali onde o Estado toma a forma de **personificação** do poder despótico, a personalização do poder manifesta-se como subjetivação das normas. As normas ditadas passam a ser consideradas como expressão da vontade empírica do legislador e a hermenêutica esforçar-se-á por determinar o sentido subjetivo das normas. A objetivação das normas está em correspondência com a despersonalização do poder estatal. A despersonalização verifica-se com a constitucionalização do Estado, favorecida pelo recurso técnico da divisão dos poderes. Com a constituição, a soberania deixa de ser uma propriedade real do sujeito do poder para se converter em qualidade objetiva do Estado (20). Igualmente, o postulado dogmático de que todo direito é direito estatal vale dentro dos limites de uma fase de evolução do Estado. Em fases em que o Estado não detém o monopólio da criação e aplicação do direito, não vale o postulado. E quando, com o Estado, concorrem outros poderes sociais de criação do direito, a pluralidade de normas estabelecidas, a incertesa e a instabilidade do direito pôsto impedem a autonomização do direito. A pesquisa de um sentido objetivo das normas de direito pressupõe universalidade do direito dentro da comunidade, superação do fracionamento em ordens jurídicas particulares — pense-se na idade média — e imposição de uma ordem única. Quando as normas do direito cobram um significado objetivo, isso exprime a preeminência do Estado e a universalidade do Estado dentro de um espaço social. Exprime, na **fase mais evoluida**, a suplantação do soberano pela soberania de uma ordem normativa, a passagem da subjetivação para a objetivação do direito.

Com isso, apontamos o condicionamento sociológico dêsse estádio em que o direito se manifesta como um sistema de proposições normativas, dotadas de sentido objetivo e o Estado coincide com êsse sistema. Aquí o condicionamento incide sôbre o problema da gênese e da formação. O condicionamento real das normas não impõe o desconhecimento da autonomia do problema da validade e objetividade significativas das normas. A independência do problema da validade ante o problema da origem é um pressupôsto da lógica e da jurisprudência dogmática. Para a ciência dogmática, o Estado começa e termina onde começam e terminam as normas. Circunscrita ao limite do normativo, a dogmática do Estado se detém ali onde se depara com fatos. Para a jurisprudência, os fatos só têm relevância enquanto são conteúdo de normas: o fato sem cobertura normativa é inapreensível pelo método jurídico. Agora, sociològicamente, as normas têm seu comêço nos fatos. O problema da origem do direito e do Estado envolve, necessàriamente, referência a fatos, fatos que são a-jurídicos ou pre-jurídicos. A origem do Estado e a origem das normas jurídicas são questões supra-dogmáticas. A visão dogmática começa na hipótese do Estado já dado. Para a consideração da ciência dogmática, a matéria, que serve de ponto de partida, é o complexo de normas dado, complexo cuja origem histórica e sociológica não importa. A consideração jurisprudencial toma o Estado, em sua estrutura normativa, como dogma. Ante o dogma normativo, detem-se para compreender e interpretar o sentido, sem discutir a relevância axiológica do dado e sem pretender suplantar ou alterar o dado. O comportamento teórico do sujeito do conhecimento

O PROBLEMA DO OBJETO DA TEORIA GERAL DO ESTADO   195

dogmático traduz-se, assim, num procedimento metódico especial. O metódico jurídico-dogmático, por fôrça dos pressupostos em que assenta, é inapto para lidar com processos reais, com os fatos sociológicos que dão origem às normas e as acompanham em todas as fases de sua existência.

É indiscutível, ante o expôsto, que a ciência dogmática do direito, com os seus problemas e métodos peculiares, representa uma disciplina legítima e indispensável. A ciência dogmática do Estado — para nos restringirmos ao aspecto que nos interessa — é a disciplina teórica que eleva ao plano do saber conceptual uma das relações possíveis do sujeito ante o Estado: a relação em que o Estado é um sistema de regras de conduta, uma ordem unitária de preceitos normativos. É a relação de que participa o jurista pròpriamente dito, como têrmo sujeito de conhecimento dessa relação, cujo objeto é o Estado.

Agora, se essa perspectiva dogmático-normativa do Estado justifica-se dentro dos limites referidos, perde validade quando transposta para o campo da Teoria geral do Estado. Vale, sim, para uma Teoria estritamente jurídica do Estado ou para a orientação que faça coincidir Teoria geral do Estado com Teoria jurídica do Estado (assim, em KELSEN). Mas, se entendemos que a Teoria Geral do Estado encara o Estado como fato de cultura, e que a cultura envolve a dualidade fundamental irredutível: ato e significação, processos reais e conteúdos ideais, então a Teoria geral do Estado é algo mais que a concepção unilateral do Estado, que o reduz a complexo sistemático de sentidos lógicos. O Estado, repetimos, é um objeto com estrutura lógica. O direito é norma e as normas são enunciados possíveis dentro do campo do sentido. Como enunciados, as normas evitam o sem-sentido e o contra-sentido. Evitam a incompatibilidade contraditória e sujeitam-se à leis de um terceiro ou n-excluso ( ). As normas ajustam-se, compatibilizam-se, coordenam-se, subordinam-se, o que só é possível dentro de conexões lógicas. Cabe, inegàvelmente, uma lógica dêsse universo de forma e de leis combinatórias. A lógica, já discernimos, é tanto um dado no objeto — o direito contém lógica — como é o tratamento científico-filosófico dêsse objeto, visto sob um aspecto. Além de ciência lógica, é possível fazer ciência dogmática do direito. A ciência dogmática transcende (ultrapassa) o mèramente lógico. É a ciência do conteúdo específico da normatividade jurídica, a ciência daquêle **concretum** diferencial que destaca o jurídico do não-jurídico. Por eliminação metódica, a ciência dogmática do direito destaca o sistema de normas de sua relação com a realidade histórico-social e de sua fundamentação supra-empírica (axiológica). É verdade, com isso, desenhámos o perfil ideal puro de uma dogmática, pois, o que, efetivamente, encontramos é uma ciência dogmática, com variantes doutrinárias, envolvendo problemas de valores e problemas reais-sociais. Isto se comprova nas teorias da interpretação. Recorde-se que além de interpretação do sentido, com recurso da lógica, apela-se para fatores reais — históricos e sociais, o que demonstra a inexistência de uma dogmática puramente lógica, e, de certo modo, a relativa vali-

O PROBLEMA DO OBJETO DA TEORIA GERAL DO ESTADO   197

dade dessa dogmática. A dogmática não impurificada por sincretismos de método é a dogmática lógica por KELSEN fundamentada. Como têrmo de argumentação do nosso problema, é mais sôbre essa dogmática, rigorosamente consequente com seus postulados, que tomamos em consideração.

A necessidade, sentida pelo jurista, de ir mais além do texto lógico-estrutural da norma, para alcançar a integral compreensão do direito, é imposta pelo fato de que as normas são destinadas a regular a conduta real dos indivíduos, regular tendo em conta a concreta situação em que se acham os indivíduos e procurando fazê-lo segundo critérios de valor. Se às normas faltasse essa destinação real, seria dispensável ir mais além delas mesmas. O jurista, na qualidade de órgão legislador ou judiciário, bem percebe a vinculação da norma aos elementos supra-lógicos, dados pela conduta que a norma pretende ordenar. O teórico do direito, como sujeito do conhecimento dogmático, investiga a natureza dessa atividade e analisa os fundamentos em que repousa. Agora, talvez como limitação decorrente do ofício, tenda sempre a ver o Estado como um sistema de preceitos, válidos por si, autônomos e substantivos em face da realidade social. DEL VECCHIO observa que corresponde à disposição mental dos juristas, em sentido estrito, considerar que todo direito é direito estatal. Ao que se poderia acrescentar que não só vêm o direito como vontade estatal; vêm o direito como o complexo de significações, expresso em fórmulas normativas, percebem o direito como coisa exclusivamente lógica. O jurista não pretende determinar o que deve ser o direito, mas o que é realmente o direito, o direito que históricamente tem vigor, o direito positivo. O jurista, estritamente tal, renuncia a fazer filosofia do direito, a fazer política do direito, a querer suplantar a ordem estatal vigente por outra ordem estimada superior, como renuncia ir aos fatos sociais, pois, vê os fatos através das normas, vê a realidade social através do enquadramento normativo que é o Estado mesmo. E, nisso, procede com plena consequência, ante os postulados de sua atividade cognoscitiva. Se ao invés de investigar o que é de direito, passa a determinar o que deve ser o direito, incorre na extrapolação de problematizar axiológicamente ou de superpor, em caráter deontológico, um dever-ser ideal ao dever-ser positivo. Se avança para a órbita dos fatos, com o fim de observar os processos efetivos que estão dando margem a novas normas, ou provocando a substituição das normas existentes, se acolhe o processo de formação do direito, então, salta, mais uma vez, fora de sua própria órbita. Alí, salto para o supra-jurídico, aquí incursão dentro do pre-jurídico. Pois, do ponto de vista dogmático, o fato social não previsto pelo ordenamento, o fato não enquadrado num esquema normativo escapa ao conhecimento jurídico. É impossível conhecer jurìdicamente algo não jurídico.

A Teoria geral do Estado ultrapassa o limite de uma pura ciência dogmática do Estado. A visão dogmática do Estado deter-se-á na estrutura jurídica do Estado. A ciência dogmática do Estado vem coincidir com a Teoria do direito público. Mas, a Teoria geral do Estado supera essa visão parcial, metòdicamente legítima, pois é teoria de um objeto constitutivamente bilateral. Se é inconcebível o Estado como fato

O PROBLEMA DO OBJETO DA TEORIA GERAL DO ESTADO   199

social, sem o ordenamento jurídico, também é inconcebível o ordenamento jurídico sem a base real do fato social. Trata-se de dois aspectos co-essenciais e materialmente co-implicados. Se, in abstracto, seccionamos a realidade estatal, teremos não mais um sector íntegro dessa realidade –– o Estado, mas a sequência de ações e reações, natureza, pois, e, de outro lado, as normas como combinações lógicas de sentidos. A consideração dogmática das normas jurídicas mostra um comum ponto de contacto com a visão lógica: prescinde do condicionamento real das normas ou da inserção das normas dentro do complexo social dentro do qual elas se originam e para o qual têm validade e vigência. Para a lógica e para a dogmática é, até certo ponto, exato o que SHREIER afirma quanto à independência do legislador. O legislador é livre ao pôr as normas, é autônomo em selecionar, dentro das possibilidades do sentido, quais os antecedentes jurídicos e quais os consequentes (21). Únicamente o quadro do possível lògicamente, ùnicamente as leis formais da combinação proposicional limitam o arbítrio do legislador ao criar as normas do direito.

A ciência dogmática do Estado pode operar com êsse postulado do legislador autônomo. Mas à Teoria geral do Estado êsse postulado é insuficiente. Para a ciência empírica do Estado o legislador é o sujeito ponente de normas, instalado dentro de uma conjuntura sociológica concreta. A vinculação imputativa que êle faz entre uma conduta e um ato de coação estatal é ditada por um ato de preferência estimativa, cuja última fonte reside na circunstância histórico-social dada. A norma posta corresponde ou tem de corresponder, para ter eficácia, ao complexo situacional que serve de substrato à nor-

ma. Do ponto de vista da realidade social, o possível sociològicamente é o limite do possível lògicamente. Da série de
possibilidades normativas só algumas são escolhidas, porque
nem todas são exequíveis. O campo do direito positivo é uma
parcela do campo do direito possível, consideràvelmente mais
vasto, desde que o direito possível contém apenas ideal validade: a **realização** da parcela do direito possível o enriquece
com novo aspecto: a positividade.

Em síntese: para os fins de uma compreensão dogmática
do Estado satisfazem os postulados de que o Estado é o ordenamento jurídico e de que o direito é um sistema de normas,
com as consequências daí decorrentes. São extra-dogmáticos
os problemas da origem das normas e os da evolução ou reforma e alteração das normas em vigor. É extra-dogmático o
conhecimento dos fatos. Os fatos importam se estão postos
como conteúdos de normas. Assim, a criação de uma norma
é fato, mas relevante jurìdicamente se êsse ato de criação es-
tiver regulado por outras normas. É factual a constatação do
que psicològicamente motiva a observância ou inobservância
das normas. O Estado não residirá, então, no fato; residirá
nas normas.

Para a compreensão dogmática do Estado vale a tese
fundamental da teoria kelseniana. A dogmática é pura teoria,
ou como diz KELSEN (22) é teoria de uma esfera autônoma
de significações. Trata-se de examinar, com pureza metódica,
êsse campo de objetos que são as significações. E para as
significações são irrelevantes as questões de origem, de evolução e de motivações. São irrelevantes o factual e o ideal de

valor. Pois, cientìficamente, o que cabe é descrever e explicar o dado, não julgá-lo pelo mérito ou desqualificá-lo pelo demérito .O Estado, para a teoria pura, reduz-se a um segmento de significações, ao sistema daquelas significações que valem e são eficazes numa esfera temporal, material e pessoal determinada.

Agora, importante é observar como a nota da positividade, acrescida às significações normativas, compelem a visão dogmática do Estado a buscar um dado que ultrapassa o plano das significações como tais. A positividade exprime a relação do significativo com os fatos. Deixa patente que a destinação das normas é serem realizados (23). Para a consideração meramente lógica, a valência dos complexos de significações normativas é propriedade **imanente** às normas. A positividade é propriedade **transcendente** à norma: advém da relação da norma com a conduta. Sem darmos um passo fora da órbita das significações normativas, o Estado se nos aparece como uma totalidade autárquica de sentido, como um complexo unitário de normas. A valência de cada norma repousa em outra norma superior. A relação de norma a norma é relação lógica, na específica forma de validade, própria do jurídico. Mas, se cada norma do sistema estatal deriva sua validade de outra norma supra-ordenada e se cabe regredir do estrato inferior ao estrato superior imediato, êsse processo de regressão é finito. Para não saltarmos fora da órbita das significações, temos de partir de uma norma fundamental, cuja validade seja postulada, ao invés de derivada. O lógico e o dogmático do Estado, dentro de suas respectivas limitações **metódicas,** apreendem assim a formação estatal como uma totalidade cujas partes são conceitos e proposições normativas. Mas, êsse todo que se pode isolar, em secção lógica, de sua implicação com o domínio dos fatos, reclama o complemento da realização. Ademais da **validade,** como propriedade lógica de cada norma e do conjunto sistemático de normas, o Estado é uma ordem efetiva, é um ordenamento em vigor, dotado não só de validade, pela congruência com as leis do sentido (por não incidir em contra-sentido, por satisfazer a não-contradição, etc.) mas, também, de eficácia. A eficácia do Estado é sua positividade. O Estado ideal, da teoria filosófico-política, é o Estado que carece de positividade, o Estado éticamente possível e o deontològicamente exigível. A Teoria geral do Estado exclue, por limitação metódica, o tratamento do Estado ideal. É teoria do Estado real ou positivo, e teoria do Estado possível. Mas, o possível é, aqui, obtido empìricamente. É determinação da estrutura do Estado com base na experiência, determinação que alcança, com a limitação imposta pelo objeto, o grau de generalidade do típico e do universal.

A positividade é, como observa KELSEN, um problema de realização de valores. Em imediato, é um problema de realização de normas; mediatamente, é realização de valores, visto que êstes é que funcionam como fundamentos daquelas. Mas se positividade é realização de normas e valores, e se a positividade é essencial ao Estado empírico como sistema de normas, bem se vê aí o problema da cultura (24). O Estado é um fato de cultura. O direito, sem o qual é impossível o Estado, é um fato de cultura. Pois, substancialmente, a cultura é essa transformação dos fatos por essas entidades originais que chamamos idéias, normas, valores. A existência do Estado comporta a dualidade fatos de conduta e preceitos normativos reguladores da conduta. O fato da cultura não se dá sem a conjunção dos dois aspectos. O fato cultural do Estado não constitue excepção.

Sòmente encarando o Estado como objeto cultural é que a Teoria geral do Estado ultrapassa o limite do ponto de vista dogmático. A dogmática do Estado encara um ângulo do fato cultura. Detém-se nas normas, cuja estrutura lógica analisa, interpreta e sistematiza. Essa consideração é parcial, mas legítima dentro de sua parcialidade metódica. A ilegitimidade verifica-se se pretende valer como o único ponto de vista. Essa pretenção leva a dogmática a tratar as normas como enunciados e a destacar como nota dominante do problema a nota da **validade**. Cortada a relação com os fatos, a validade cobra plena autarquia **lógica**. Inevitàvelmente, predominará o método lógico de isolar a norma dos atos (psicológicos e sociológicos) mediante os **quais** se realizam as normas. Agora, acrescentemos: êsse isolamento das normas em relação aos atos é permissível como proceder **fenomenológico** e dêle se valem, tàcitamente, a lógica e a dogmática. Com base nessa suspensão fenomenológica dos conteúdos objetivos, em face dos processos reais é que se erguem as ciências como sistemas de verdades. Sem os processos reais psíquicos (e sociais) não se dá a ciência. Mas, a ciência mesma é tomada como produto objetivo e autônomo em face dessa necessária dependência genética de sua origem e formação. A ciência provém dos atos concretos de pensar e representar, em si temporais e subjetivos, e está implantada dentro de um concretum situacional, sociológico intransferível. No entanto, consideramos o produto — a ciência como uma formação objetiva e supra individual, válida pela sua estrutura formal e pela correspondência com os objetos. Agora, quando assim consideramos, desarticulamos a ciência de sua conexão com os fatos condicionantes de sua existência. Detemo-nos nela como sistema de validade, constituída por uma legalidade própria e independente. Praticamos então aquêle corte fenomenológico, discernindo, como KANT, a autonomia do valor de verdade da dependência genética dessa verdade, não permitindo que a investigação dos condicionamentos (como psicologia do conhecimento e sociologia do conhecimento) venha comprometer a objetividade dos produtos (como ciência e teoria da ciência). Mas, não é êste o único modo de encarar a ciência. Cabe verificar, justamente, êsse compromisso da ciência com os processos que lhe dão origem, vêr a ciência imersa dentro do contexto histórico-sociológico em que tem lugar. Então, adquirimos a visão da ciência como fato de cultura. E dentro dessa perspectiva, o objetivo e o subjetivo, a validade e a gênese, o que é lógico e o que é fato se interpenetram e se inter-condicionam. Sob essa perspectiva, a ciência deixa de aparecer como sistema autárquico de verdades para se tornar uma faina fundamentalmente humana e dramática, cobrando aquêle fundo de, conflito e tragédia, pôsto em relêvo, na substância da cultura, pelo extraordinário GEORG SIMMEL.

O excesso da consideração dogmática na percepção do Estado reside em ver o Estado como sistema proposicional normativo, desligando a conexão de dependência entre êsse sistema e o domínio dos fatos de relação social. Procede com o sistema de normas, como é legítimo proceder com a ciência: tomar os conteúdos objetivados, abstração feita dos processos reais, no direito, constituídos pelos atos de criar normas, de aplicar normas e observar normas. Mas, para logo se percebe, o Estado é sistema de normas cujo correlato objetivo não é reproduzir objetos, mas regular uma classe de objetos: a conduta. Diferentemente do sistema de proposições científicas, o sistema de proposições normativas leva inerente a pretenção de ordenar ou regular o dado da conduta humana. As proposições científicas "reproduzem" o seu objeto. Por isso, são verdadeiras ou falsas. As proposições normativas da ordem estatal pretendem ser realizadas. Por isso serão eficazes ou ineficazes, dependendo dessa confirmação pelo dado a regular a sua **positividade**. Sem positividade, portanto sem poder de influir na conduta, perdem validade, ou retêm de validade apenas a propriedade lógica de estarem conforme às "leis do sentido" (condensadas nas leis lógicas supremas, nos axiomas lógicos e nos demais princípios lógicos). Êsse correlato intencional das proposições normativas do direito é o que impede que se trate essas proposições como é legítimo tratar as proposições científicas ou as proposições lógicas (as lógicas, vasias de conteúdos específicos, com base no conceito puro de objeto — HUSSERL).

O limite intransponível da concepção dogmática do Estado se acha no problema da positividade, que é um problema de relação entre a ordem jurídica do Estado e os fatos de relação inter-humana. A afirmação de que a positividade implica um certo quantum de eficácia (25) mostra que a análise da positividade, como escalonamento sucessivo de delegações, não pode impedir que essa análise se "impurifique" com a ingerência de um dado que é fatual.

A determinação do Estado como objeto exclusivamente jurídico é um postulado que pode convir nos problemas circunscritos da ciência dogmática do Estado. Pois essa ciência pratica a interpretação, construção e sistematização, cujo objeto sòmente pode ser o direito. Agora, o direito tem, entre outras propriedades, a propriedade de ser um complexo de normas. Normas são formações lógicas, são conceitos e proposições. É ante formações lógicas que se pode operar por interpretação, por construção sintética e por sistematização. É ante formações lógicas que tem sentido prescindir dos atos subjetivos de pensar, representar e querer e dos condicionamentos reais-sociológicos que servem de substrato a tais formações lógicas. O direito é, integralmente considerado, produto e ato. Mas, posso, por uma restrição momentânea, fixar-me no produto objetivado. Então, o direito passa a ser algo consistente por si, algo pôsto, e, uma vez pôsto, destacado da vontade de quem o pôs. O sujeito ponente dessubjetiva-se num legislador não empírico, numa vontade não psicológica. O sujeito ponente das normas e o sujeito destinatário convertem-se em construções ideais, em congruência com a idealidade do sistema jurídico. Pois a vontade real, os sujeitos reais que estabelecem ou cumprem as normas são con-

O PROBLEMA DO OBJETO DA TEORIA GERAL DO ESTADO   207

creções empíricas, não determinaveis com generalidade conceptual e com abstração objetiva. O individual, pela sua temporalidade e multiplicidade, comporta uma experiência infinita.

O fato da cultura não reside no direito como complexo de significações normativas, como não reside nos ideais absolutos ou valores puros correspondentes ao sector do jurídico. O fato da cultura reside na realização dos valores, na efetivação das normas, no cumprimento das prescrições. A cultura dá-se como realização do dever-ser (no qual se põem normativamente o cumprimeito de certos valores). Mas, realização de valores, ou realização de normas exige interrelação de atos e fatos humanos com normas e valores. Para nos restringirmos ao direito: a cultura implica que o dever-ser, de algum modo, penetre na esfera do ser. Que o dever-ser, sem perder sua especial constituição normativa, se relacione com o ser. A consequência é clara: se o Estado ou o direito é um fato de cultura, a essência do direito não reside em ser um sistema de normas, mas em ser um sistema de normas em efetividade, em progressiva realização. Importa, para uma integral compreensão científico-empírica do Estado, não só o normativo mas também o fato, não só a proposição como entidade lógica, mas a observância da prescrição proposicional por parte dos sujeitos cuja conduta se pretende regular.

A Teoria geral do Estado é a ciência empírica do Estado como fato de cultura. É a teoria sistemática dêsse objeto que, em sua individualidade e temporalidade, se dá à experiência histórica. A experiência histórica é experiência do fato da cultura, um de cujos aspectos é o Estado. Da experiência histórica recebe a Teoria geral do Estado grande parte do material para elaboração conceptual. Sôbre o variável e o concreto do Estado empírico procura elevar-se ao plano do conceito e do tipo. A Teoria geral do Estado é teoria da estrutura do Estado e teoria dos tipos e formas do Estado. É verdade, como aludimos, o fato de ser o Estado uma formação de cultura, o Estado importa pela sua individualidade. A importância da individualidade, a relevância do Estado históricamente dado gravita enèrgicamente sôbre o sujeito cognoscente, de modo que, sem o pressentir, muitas vezes, a generalidade da teoria do Estado é generalidade para um círculo de cultura, daquêle círculo de cultura no qual se acha instalado o sujeito pensante. Mas, não obstante, a pretenção de uma Teoria geral é valer como teoria possível ante o empìricamente obtido. Se estuda os fins concretos dos vários Estados, a pretenção cognitiva é determinar os fins de possível realização por parte do Estado. Aquí, no problema dos fins, a teoria do Estado não ultrapassa o ponto de vista meramente constatador e descritivo para postular, deontològicamente, quais fins devem ser realizados, com o que não mais se poderia traçar a linha demarcatória entre a ciência do Estado e a filosofia do Estado. Ante as formas de Estado e formas de govêrno, efetivamente dadas no tempo, a Teoria geral do Estado aspira delinear as formas de Estado e govêrno possiveis. Outro tanto nos demais problemas. E se a Teoria geral do Estado renuncia a determinação do possivel, empìricamente fundado, o fará por congruência a pontos de vista filosóficos. Há pressupostos filosóficos, na

Teoria geral do Estado. O relativismo histórico, por exemplo, explica a posição de HELLER, circunscrevendo a ciência do Estado a um âmbito histórico restrito.

Com JELLINEK, cremos exequível o programa de uma Teoria geral do Estado, que acima da Teoria particular e da Teoria individual se eleve a um plano de generalidade compreensivo de todo um segmento do existente (26). Sem dúvida, essa generalidade corre, a cada passo, o risco de não passar de generalização abstrata de uma particularidade concreta. Daqui a necessidade metódica de contrôle com base na experiência. Sòmente o ponto de vista filosófico sôbre o Estado pode pretender alcançar plena universalidade no saber o que é o Estado. Mas, a essência do Estado, o ser do Estado são problemas ontológicos, não problemas científicos como os da Teoria geral do Estado e das Teorias em graus de generalidade a ela subordinadas (a particular e a individual). A Teoria geral do Estado, se aspira ser ciência do Estado, circunscreve suas investigações ao campo do Estado real ou ao possível enquanto conceito, renunciando o trato com problemas filosóficos, que sòmente com métodos filosóficos cabe abordar e solucionar.

---

(1) Para o conhecimento sociológico, o jurídico funciona como "Deutungsschema", no sentido de KELSEN, visto que sem o normativo-jurídico as relações sociais são "ein Stuck Natur und als solches kausalgesetzlich bestimmt". Vd. KELSEN, Reine Rechtslehre, p. 4.

(2) Por não admitir a relação entre o factual e o normativo é que KELSEN elimina o problema sociológico-jurídico. Com efeito declara "... das solche rechtssoziologische Erkenntnis es nicht mit Rechtsnormen als spezifischen Sinnegehalten zu tun hat, sonder gewissen Vorgangen ohne Rucksicht auf deren Beziehung zu irgendwelchen als gultig erkannten oder vorausgesetzten Normen". Em consequência, o objeto do conhecimento sociológico jurídico converte-se na investigação de "gevisse Parrallelphanomene in der Natur". V. op. cit. p. 10.

(3) Dentro dos limites de uma fenomenologia do social, podemos falar em intencionalidade dos atos que constituem a trama das relações sociais. FRITZ SCHREIER nos oferece um ensaio sôbre a intencionalidade dos atos juridicos, tentando conciliar princípios kelsenianos com fundamentos husserlianos. V. Concepto y formas fundamentales del Derecho, ps. 39-88.

(4) HUSSERL, Investigacciones logicas, ps. 66-197; MARVIN FARBER, The foundation of Phenomenology, ps. 99-169.

(5) As normas, como objeto de análise, dão lugar a duas classes de teorias: a teoria lógica e a teoria dogmática. Para a compreensão dêsse breve enunciado, v. Legaz y Lacambra, Introducción a la Ciencia del Derecho, ps. 38-84; CARLOS COSSIO, La teoria egológica del Derecho y el concepto juridico de liberdad, ps. 122 e ss.

(6) A formalização é essencial à lógica, variando o grau a que chegue tal formalização, desde a lógica aristotélica à lógica simbólica. Vide JEAN PIAGET Traité de Logique, ps. 21-31. É problema se nas proposições da lógica sempre se encontra algum resíduo de conteúdo, êsse resíduo figurando como minimum na idéia pura de objeto, a idéia de "quelque chose en général", eliminado (?) quando a lógica se converte em teoria pura da operatividade inferencial. V., à margem dêsse problema, ARON GURWITSCH, Présuppositions philosophiques de la Logique, ps. 395-405, in Revue de Métaphisique et de Morale, n. 4, 1951. Mas, até certo sentido e sem acompanhar os princípios da lógica russelliana, "Logical propositions are such as can be known a

priori, without study of the actual world. We only know from a study of empirical facts that Socrates is a man, but we know the correctness of the syllogism is its abstract form i. é., when it is stated in terms, of variables, without needing any appeal to experience". B. RUSSELL, Introduction to mathematical Philosophy, p. 204. Uma lógica do Estado, ou seja uma lógica dos conceitos com que se apreende o objeto Estado, remete à uma experiência dêsse tipo de existente que é o Estado.

(7) Em rigor, é impossivel uma lógica do objeto Estado; é possível, sim, lógica da ciência do Estado, na qualidade de teoria que incide sôbre outra teoria, no caso, uma lógica da Teoria geral do Estado, como puzemos em evidência no capitulo I dêste trabalho. Por isso, não nos parece claro o texto em que COSSIO, criticando HELLER, fala em "lógica geral do Estado", "lógica geral ou Teoria geral do Estado", muito embora COSSIO observe que "cabe una Logica geral del Estado en tanto que conceptuação dogmatica de esa realidad juridica", dando a entender que a lógica se dirige para a conceptuação, e não para o objeto dessa conceptuação. Lógica de um objeto é ontologia formal ou teoria de objeto, não lógica strictu sensu. Vd. CARLOS COSSIO, op. cit. p. 174.

(8) Sôbre os vários aspectos do conceito de validade, vd. E. GARCIA MAYNEZ, El problema filosofico-juridico de la validez del Derecho, caps. I e II; para o problema da validade no pensamento kelseniano, v. LEGAZ Y LACAMBRA, KELSEN, estudio critico de la teoria pura del Derecho e del Estado... p. 51-59.

(9) O emprêgo do têrmo lógica, compreensivo de teoria formal e teoria material do conhecimento radica em KANT; v. Critique of pure reason, ps. 40-51.

(10) DEL VECCHIO, Filosofia del Derecho, ps. 21-45; sôbre a significação da obra filosófica de DEL VECCHIO, v. R. BATTINO, Les doctrines juridiques contemporaines en Italie, ps. 94-109; MIRCEA AJUVARA, La pensée de GIORGIO DEL VECCHIO ps. 214-224, in Archives de Philosophie du Dront et de Sociologie juridique, ps. 3-4, 1937; ENRICO VIDAL, La filosofia giuridica di GIORGIO DEL VECCHIO, ps. 27-47.

(11) O Estado é o comum ponto de convergência das disciplinas que integram a ciência do direito público. Entre tais disciplinas e a Teoria geral do Estado há relações que impedem rigorosa delimitação. São construções teóricas que põem em evidência êste ou aquêle aspecto, sem desprezar, radicalmente, os demais. Particularmente intimas são as relações entre Teoria geral do Estado e Ciência do direito constitucional. Para KELSEN, trata-se de um só problema, de um problema juridico, objeto de uma só ciência, a Teoria geral do Estado ou Teoria do Direito. Com efeito, fundamenta o ponto de vista de que "a Teoria geral do Estado coincide com a Teoria geral da constituição" e "a Teoria do Direito político ou constitucional é a teoria acêrca da essência e criação da ordem juridica" v. Teoria general del Estado, p. 60. Enquanto isso, M. DE LA BIGNE DE VILLENEUVE afirma: "C'est à notre sens la science de l'État qui inclut le Droit Constitutionnel et non le Droit Constitutionel qui inclut la science de l'État", considerando de acôrdo com "la tradition française" a Teoria geral do Estado uma "science mixte" uma "alliage de politique e de droit". V. Théorie général de l'État — Essai d'une théorie réaliste de droit politique, p. 20. Para CARRÉ DE MALBERG "o direito público em geral, e o direito constitucional em particular encerra e pressupõe a noção de Estado". Acrescenta que é impossivel o estudo do direito público sem a idéia do Estado e que "precisar tal idéia é o objeto próprio da Teoria geral do Estado". Agora, para evitar o apriorismo de postular a Teoria geral do Estado como **condição** do sistema do direito público, acentúa que aquela teoria representa "a conclusão e o aperfeiçoamento de dito sistema". Cfr. CARRÉ DE MELBERG. Teoria general del Estado, p. 21; PINTO FERREIRA firma a distinção entre Direito constitucional e Teoria geral do Estado nos seguintes têrmos: a primeira é a ciência positiva das constituições, a segunda a ciência positiva do Estado, não sem acentuar que se trata de "ciência afins". Vd. do autor, Princípios gerais do direito constitucional moderno, ps. 17-19. PEDRO CALMON, depois de conceituar o direito público, considera a Teoria geral do Estado como a "estrutura dessa parte da ciência juridica, exatamente a mais sociológica, a mais histórica, a mais variável das esferas reservadas à compreensão do fenômeno da

ordem coletiva". Julgamos que o acentuar os traços sociológico e histórico não significa que o prof. PEDRO CALMON conceba a Teoria geral do Estado como teoria histórica e sociológica do Estado, mas expressa a idéia de que a ciência do Estado ultrapassa o mero exame jurídico do Estado a que se entrega a ciência do direito público, especialmente a ciência do direito constitucional. Vd. sua obra, Curso de Teoria Geral do Estado, ps. 15-17. Digna de nota é a concepção do prof. MIGUEL REALE. No seu entender, a Teoria geral do Estado é o conhecimento político totalmente unificado, ao passo que o direito constitucional, o direito administrativo, a sociologia política, etc., constituem "formas de conhecimento parcialmente unificado da instituição estatal". Êste ponto de vista concorda com o nosso: o objeto de uma ciência é uma síntese conceptual, uma construção cujos elementos são fornecidos pelo dado da experiência, elementos que podem entrar em novas sínteses e constituirem novos objetos de conhecimento. O objeto da Teoria do Estado é uma síntese (empírica) delineada sôbre um dado que é ponto de confluência de várias disciplinas científicas. Para a concepção de MIGUEL REALE, v. Teoria do Direito e do Estado, ps. 106-107. Também, ao lado dessa concepção da Teoria Geral do Estado como ciência sintética, destaca-se A. GROPPALI. "La dottrina dello Stato — diz — é quella scienza generale che, mentre riassume et integra in una sintesi superiore i principi fondamentali delle varie scienze sociali, giuridiche e politiche, storici, studia lo Stato da un punto di vista unitario..." Cfr. Dottrina delli Stato, p. 8. Sobre a politicidade, como integrante da Teoria geral do Estado, pronunciar-nos-emos no cap. seguinte. No problema, objeto da presente dissertação, a teoria do direito público, em seus vários ramos, está compreendida sob o conceito da ciência dogmática do Estado ou teoria dogmática do direito público, destacando, assim, expressamente o jurídico-estatal, pois para a determinação do objeto do conhecimento sistematizado em Teoria geral do Estado era o que nos importava, em face das teorias sociológica, histórica, jurídica e filosófico-política da realidade estatal.

(12) O estudo do espaço geográfico, em relação às unidades estatais, é um problema de Geopolítica. Mas, está claro, o espaço geográfico, abstração feita da relação com o Estado, é objeto natural. É, em consequência, objeto da geografia física. A geopolítica encara um aspecto do fato cultural político. Com efeito, encara o espaço sob o ponto de vista da relação com um sujeito que exerce o **imperium** dentro de uma área, relação de poder, relação que seria incompreensível fora do jurídico. O espaço geográfico, como objeto de conhecimento geo-político, é sempre a relação entre o dado físico e o componente sócio-jurídico. Assim, p. ex., a relação entre a magnitude do espaço e o forma política, ou entre extensão territorial e descentralização e centralização administrativo-política. V. JELLINEK, L'État moderne et son droit, ps. 131-137; HERMANN HELLER, Teoria do Estado, ps. 163-169. HELLER observa que "o objeto da Geopolítica não é, como KJELLEN assinala acertadamente, a terra, mas a terra permeada por uma organização política" p. 165. Citando JELLINEK, HELLER concorda com estas palavras "Sem sujeitos humanos não há território, mas partes da superfície terrestre". JELLINEK, op. cit. p. 131 define o território como "le cadre géographique dans lequel la puissance publique s'exerce d'une façon exclusive"; igualmente, CARRÉ DE MALBERG vê no território "a condição essencial de toda potestade estatal", op. cit. p. 23. Vd. O. G. FISCHBACH, Teoria general del Estado, ps. 108-111; LEON DUGUIT, Traité de Droit Constitutionnel, ps. t. 1. Para a determinação do objeto da Geografia política e da Geopolítica, v. EVERARDO BACKEUSER, Alguns conceitos Geográficos e Geopolíticos, ps. 403-409, in Boletin Geográfico, n. 38, 1946; JOSEPH J. THORNDIKE JR., Geopolítica, ps. 14-26, in Boletin Geográfico, n. 6, 1943. É na doutrina de KELSEN onde o território perde completamente o caráter de objeto natural, para se transformar em objeto jurídico. Diz, com efeito, KELSEN: "To the territory of a State belong its colonies, from which it may be separeted by the ocean, and so-called 'enclosures' that are completely surrounded by the territory of another State. These geographically disconnected areas form a unity only insofar as one and the same legal order is valid for all of them. The unity of the State territory, and, therefore,

O PROBLEMA DO OBJETO DA TEORIA GERAL DO ESTADO   215

the territory unity of the State, is a juristic, not a geographical-natural unity. For the territory of a State is in reality but the territorial sphere of validity of the legal order called State", cfr. General theory of Law and State, ps. 207-108; também, in Teoria general del Estado, ps. 180-194.

(13) É o objeto do método jurídico. Êste, tem por fim "determinar o conteúdo das regras de direito público e deduzir todas as consequências que elas comportam". As normas que formam a contextura jurídica do Estado "nada têm de comum com as proposições relativas ao Estado como manifestação social". Vd. JELLINEK, L'État moderne et son droit, p. 82, t. I.

(14) Com o método lógico-jurídico, em plena consequência, é impossivel ir mais além de uma proposição fundamental, isto é, não derivada. Todo sistema de normas vem a se deter numa norma originária. Esta idéia é comum tanto a HUSSERL, quanto a KELSEN. Vd. HUSSERL, Investigaciones lógicas, p. 61, t. I. Do ponto de vista lógico rigoroso, KELSEN tem razão. Agora, o todo constitucional assim considerado, aproxima-se das estruturas formais hipotético-dedutivas, pelos lógicos modernos consideradas como características das ciências formais. O procedimento kelseniano é hipotético dedutivo, sendo a constituição em sentido lógico jurídico ou a grundnorm o ponto de partida e o limite superior do sistema. Sôbre a essência do método hipotético-inferencial, v. ALFRED TARSKI, Introduction to Logic, p. 117-120. Para evitar o "infinite regress" de que fala TARSKI, dizemos que a lógica jurídica kelseniana põe uma proposição primitiva, um "primitive statement". Considerada formalmente, a teoria da constituição, em KELSEN, é um universo lógico, construido admiràvelmente por uma técnica operatória que maneja relações inferenciais, procurando manter-se rigorosamente no dominio do lógico puro. Formalmente, KELSEN constroi uma axiomática no mundo do direito. A teoria pura é, assim, teoria lógica. Nessa categoria, a maior parte das objeções não a alcançam. Sociològica e históricamente, é que se pode ir buscar o fundamento extra-formal da constituição, o que é legitimo e necessário, visto que a constituição é um objeto não

apenas ideal, mas também real-histórico, uma sintese de sentidos lógicos e fatos de conduta humana. A teoria pura só encara a idealidade, que é uma parte da constituição. Mas, a Teoria do Estado dá um passo mais. Vê a constituição como fato de cultura.

(15) PAUL ROUBIER, Théorie générale du Droit, ps. 58-59. Tomados os têrmos em rigor, não concordamos com estas palavras de A. HERNANDEZ GIL: "La ciencia juridica concebida exclusiva e agotadoramente como lógica juridica: esto es la dogmatica". Mais exata, contudo, é a afirmação que temos em seguida: El método dogmático se cifra, pues, en un pensar lògicamente lo dado como juridico, hasta agotar su conocimiente, pero sin rebasar la esfera de la norma". Vd. Metodologia del Derecho, ps. 102-103. A lógica jurídica é menos que a ciência do direito. Vd. RECASENS SICHES, Los temas de la Filosofia del Derecho, cap. 1 (sentido e missão da ciência juridica); Filosofia del Derecho y Estudios de Filosofia del Derecho, ps. 29, 34-41, 368 e 472, t. 1. A delimitação da dogmática ao conhecimento das normas é, apenas, uma exigência de método. Para a ciência do direito, o dado é o direito positivo, que, como objeto de conhecimento, é descrito, objetivamente, em seus conteúdos normativos. V. E. GARCIA MAYNEZ, Inttroduccion al estudio del Derecho, ps. 120-121.

Em realidade, a determinação do objeto assinalado à ciência do direito sofre influência das situações politico-sociais, bem como de concepções filosófico-jurídicas. Problemas de política do direito, de filosofia social, de teoria sociológica, assim como regimes politicos vigentes interferem no âmbito disso que chamamos Ciência do Direito, ora restringindo, ora ampliando a esfera de conhecimento dessa disciplina.

(16) Vd. GUSTAV RADRUCH, Filosofia do Direito, ps. 158-176; Introduccion a la ciencia del Derecho.

(17) "Como diz THOL, pela sua publicação a lei desprende-se do legislador e contrapõe-se a êle como um produto novo, e por isso a lei pode ser mais previdente do que o legislador" comenta

FRANCISCO FERRARA, in Interpretação e aplicação das leis, p. 29. FERRARA alude ao processo de "objetivação da lei". Sòbre o tema, a erudita e fundamentada exposição de CARLOS MAXIMILIANO, Hermenêutica e aplicação do Direito, ps. 30-45; como crítica, vd. PHILIP HECK, Interpretação da lei e jurisprudência dos interesses, p. 44 e ss.

(18) Como postulado, é preciso frisar, pois essa proposição não é verdadeira quanto à sua congruência com o fato histórico-sociológico da formação do direito. A interdependência ou coincidência entre direito e Estado só é válida para certa fase avançada da evolução social. Vd. A. GROPPALI, Dottrina delli Stato, ps. 144-145. Para a relação entre história do direito e ciência do direito, v. EUGEN EHRLICH, Fundamental principles of the sociology of Law, cap. XX, ps. 472 e ss. O postulado de que todo direito é direito estatal não traz, como consequência necessária, o enunciado de que Estado e direito são idênticos. Sôbre as relações entre direito e Estado, v. R. KRANENBURG, Teoria politica, ps. 133-152.

(19) O Estado de direito "c'est la rationalisation de l'État et du pouvoir" comenta MIRKINE GUETZÉVITCH, Les nouvelles tendences du Droit Constitutionel, p. 46; vd. também sôbre êsse tema, M. GARCIA PELAYO, Derecho constitucional comparado, ps. 143-148. Diz PELAYO: "A teoria do Estado de direito ou, com mais precisão, do Estado liberal burguês, está, pois, dentro da linha geral da racionalização, como um meio para garantir a liberdade, a propriedade e a segurança... supõe a eliminação de todo fator irracional na organização e atividade do Estado", op. cit. p. 147; LEGAZ Y LACAMBRA, Introducción a la Teoria del Estado Nacional sindicalista, ps. 14-22.

(20) Sôbre a significação sociológica do poder, da dominação despersonalizada, v. MAX WEBER, Op. cit. ps. 224-225, t. I.

(21) FRITZ SCHREIER, Concepto y formas fundamentales del Derecho, p. 139.

(22) KELSEN, Reine Rechtslehre — Einleitung in die Rechtswissens-chaftlich Problematik, p. 11.

(23) Nada mais errôneo, diz JHERING que julgar um direito como um sistema filosófico, não considerá-lo senão do ponto de vista do mérito intelectual, da ordem lógica de seus membros e de sua unidade. E acrescenta: a função do direito é realizar-se. O que não é realizável nunca poderá ser direito. JHERING, La dogmatica juridica, ps. 40-41.

(24) J. HAESAERT, comentando o conceito de positividade em KEL-SEN declara: "il — KELSEN — introduit ainsi dans son appareillage purement logique, la notion de la réalisation du droit". Considera esta a "contradiction catastrophique" da sis-temática kelseniana. Vd. Théorie génerale du Droit, p. 50; também, LEGAZ Y LACAMBRA, in KELSEN, Estudio critico de la teoria pura... ps. 252-259.

(25) KELSEN, Teoria general del Estado. p. 25. No ensaio, La teoria pura del Derecho y la jurisprudencia analitica, KELSEN volta ao problema nestes têrmos, concordantes com a concepção ex-posta na Teoria geral do Estado: "validade e eficácia são duas qualidades completamente distintas; não obstante, há uma certa conexão entre elas". V. cit. ensaio, p. 216. A validade depende de um quantum de eficácia, que não pode ultrapassar nem um minimum nem um maximum. A positividade implica a quebra do hermetismo lógico do sistema de normas.

(26) Apesar de JELLINEK afirmar que a Teoria geral do Estado es-tuda-o em si mesmo, nos elementos que o constituem e que o método desta teoria não se restringe a um exame de um Estado particular, — v. op. cit. p. 11 — mais adeante pondera que é conveniente restringir os estudos aos Estados modernos do oci-dente, pois êles formam, por sua evolução histórica, uma cate-goria autônoma. V. op. cit. ps. 33 e 35. A generalidade da Teoria do Estado é, assim, generalidade para um âmbito de cultura, não universalidade para todos os tempos e todas as cul-turas, o que seria uma projeção utópica.

CAPÍTULO VII

Politicidade da Teoria Geral do Estado

A história da doutrina do Estado não nos oferece coisa senão u'a mescla teoria política e teoria do Estado, uma investigação sôbre o Estado em que não se estabelecem linha divisória entre a política, em sentido filosófico, e a teoria científica do Estado (1). A história do pensamento político é conhecimento do Estado no qual coexistem, também indiferenciadas, história do Estado e ciência sismtemática do Estado, filosofia do Estado e teoria social do Estado. O não discernimento entre tão diversos problemas explica-se, como se explica o caráter outrora universal da filosofia, quando esta abrigava, dentro de si, tanto os conhecimento pròpriamente filosóficos, quanto os pertinentes às ciências. A divisão do trabalho, impôsto pela especialização, e a constituição de ciências particulares eliminaram, definitivamente, o caráter enciclopédico da filosofia. Mas, antes da constituição das ciências formais-dedutivas e das ciências reais-indutivas, os conhecimentos coexistiam indiferenciados dentro de uma só disciplina. Mas, se foi relativamente facil, aos dois mencionados tipos de ciências, eliminar, de suas respectivas esferas, métodos e problemas filosóficos, êsse trabalho de depuração ainda não chegou a têrmo no tocante às ciências sociais particulares. A história da sociologia mostra quão persistente gravita, em tôrno dessa ciências, a filosofia social. Nas ciências jurídicas especiais, certos problemas científicos são tratados com métodos filosóficos. Não só de caráter metodológico é essa interferência. Não faltam problemas genuinamente filosóficos dentro do âmbito das ciências. A interferência é, assim, de forma e de conteúdo. Igualmente, torna-se impreciso o campo especialmente filosófico-jurídico, de vez que problemas e métodos científico-jurídicos penetram dentro daquêle campo. A imprecisão de fronteiras provém, em boa parte, da natureza do objeto. Entre filosofia e ciências formais-dedutivas e ciências naturais é fácil demarcar a linha que as separa. A mais exata delimitação de objetos de uma parte, e a neutralidade a valores, de outra, respondem por essa precisão e distinção, contrastando com a impureza lógica das ciências sociais, em face da filosofia.

A compenetração de filosofia e ciência, atualmente desaparecida nas ciências abstratas e nas ciências naturais, e ainda persistente nas ciências sociais, e cuja origem se encontra no objeto do conhecimento social, é que explica que a Teoria Geral do Estado não tenha alcançado o nível de uma ciência empírico-descritiva dos fenômenos políticos. Situação análoga se vê, talvez em menor grau, na sociologia. O que tem sido a história dessa disciplina senão uma confluência de investigações científicas e de investigações filosóficas? Sociologia tem sido ciência social e filosofia social, uma compenetração, portanto, de duas categorias de problemas e de duas técnicas de conhecimento. Os esforços de um DURKHEIM, de um SIMMEL, de um VON WIESE, entre outros, significam tomada de conciência da autonomia de dois sectores de investigações e ensaio de tratar o conhecimento social puramente, quer dizer, como teoria científica, não-filosófica. No domínio da Teoria Geral do Estado, a obra de um JELLINEK ou de um KELSEN correspondem, por sua significação lógica, àquela dos citados sociólogos.

A interferência da filosofia no campo da Teoria Geral do Estado manifesta-se como teoria política. Essa afirmação requer, desde logo, o esclarecimento do têrmo política.

———

Se por Política entendemos teoria científica cujo objeto é o Estado, não existe diferença lógica entre Política e Teoria Geral do Estado. A disciplina denominada, no círculo anglo-norteamericano, **Political Science** incide sôbre problemas empíricos da realidade estatal. É uma ciência no sentido em que a Teoria da Ciência (lógica) reconhece (2). É verdade, a **Political Science** contém não só ciência pura, mas também, ciência normativa, envolvendo pontos de vista teóricos com critérios técnicos para influir na realidade estatal. Essa concepção da doutrina política, como teoria e pragmática, corresponde, em última instância, a um tipo de concepção do mundo, característico da tradição científico-filosófica do espírito saxônico. Um paralelo salta à vista. Assim como o conhecimento natural serve de fundamento ao domínio do mundo natural, como base teórica de uma técnica, assim, o conhecimento político servirá de meio para o fim de orientar e dirigir o Estado. A substância do pragmatismo aí se encontra. A justificação da atividade teórica reside na sua utilidade para o contrôle dos fatos. Êsses fatos podem ser naturais, ou, então, sociais. Dominar a natureza ou dominar o mundo social não é violentar as leis, que dão ordem e estrutura a tais esferas de realidade: é servir-se das próprias leis, controlando as causas e os efeitos, o que importa em interceder, selecionando, segundo critérios de valor, — entre os quais predomina o valor útil — quais os fatores preferíveis e quais os que devem ser eliminados (3).

O pragmatismo em que repousa essa concepção do conhecimento social e político constitue um princípio de justificação do conhecimento. Só em nome de um idealismo exacerbado cabe menosprezá-lo. O pragmatismo, em conhecimento social e político, tem sua parcial razão de ser. A fonte de onde emerge o conhecimento não reside, apenas, no amor puro à teoria, mas, também, na urgência de responder a uma circunstância, com métodos adequados. A circunstância social e política em que o sujeito está envolvido é o fato real que provoca a vontade de conhecimento. Mas, tal circunstância é, consideràvelmente, uma trama de antagonismos, de interêsses, de desajustamentos e de crise. A vontade de exercer poder sôbre o contôrno politico-social, a vontade de resolver o problema que se apresenta na relação vital imediata e a conciência de que essa vontade só é eficaz quando tem conhecimento, leva o sujeito a pôr essa circunstância em têrmos de teoria. A teoria ou o conhecimento provêm da vontade de poder e se destina a servir à vontade de poder. Vontade de poder na forma de vontade de controlar, de modificar, de dar forma à realidade social, em seus vários aspectos: educacional, econômico, jurídico, etc.. Por sua origem e por sua destinação, o conhecimento, natural ou social, está vinculado à ação. Mas, isso não importa em subordinar, unilateralmente, a validade do conhecimento obtido ao elemento variável e ocasional da ação. O condicionamento pragmático do conhecimento (social e político, que nos interessam aqui) não conduz, necessàriamente, à relatividade do seu valor. Conduzir a tal consequência é o que faz o pragmatismo radical. Inegavel é que o pragmatismo, em questão social e política, tem pôsto em evidência aquilo que o idealismo ou o dogmatismo racionalistas têm ocultado: que o conhecimento puro e desinteressado, quando o objeto é o Estado ou o mundo social, é mais uma diretriz metódica a seguir, que uma conquista já consolidada.

Mas, o pragmatismo tem extraviado o pensamento científico por pretender reduzir a validade do conhecimento à sua origem e à sua finalidade utilitária (utilitária em accepção ampla, isto é, não apenas econômica, técnica ou material). A história do pensamento social o prova. Prova-o a história da sociologia, a história das ciências sociais particulares, a ciência política, inclusive. ADOLFO POSADA, (4) em análise a várias teorias sociais, destaca como, sempre, elas envolvem saber e prática, estudo descritivo da realidade social e esquemas de reforma dessa realidade. O pensamento anglo-saxônico, especialmente, não pode dissociar ciência e arte, saber e ação, juizos descritivos e prescrições normativas. O resultado é que a sociologia tem sido tanto ciência, como filosofia social, ora conhecimento empírico, ora reflexão filosófico-social, no sociólogo coexistindo o cientista e o reformador. Se denominarmos Política o têrmo compreensivo de todo conhecimento social tendente à reforma das instituições vigentes, ou apreciação valorativa do existente institucionalmente, gravitando em tôrno da instituição máxima: — o Estado, não será desacertado declarar que o conhecimento social, no mundo anglo-norteamericano, concretiza-se em ciência social e política, dualidade ali conjunta, correspondendo a um modo de sentir e encarar os problemas sociais, e, mais fundamentalmente, a uma concepção de vida.

———

Se Política é ciência, isto significa: é um sistema de conhecimentos. O objeto da Política, nessa hipótese, não pode ser outra coisa senão o Estado. A Política, então, vem a ser ciência do Estado. Como ciência, **strictu sensu,** propor-se-á conhecer o Estado. É nessa accepção que geralmente se chama Ciência Política. Agora, entendida a Política como uma ciência, surge a questão sôbre se se trata de uma ciência positiva ou de uma ciência filosófica. Na denominação Ciência Política parece estar implícito que se trata de uma ciência empírica, de uma ciência positiva. Vejamos, antes, êsse ponto. Como ciência positiva do Estado, sob qual aspecto encara a realidade estatal? É do ponto de vista histórico? Por muito que a história da política tenha importância para a Ciência Política é facil verificar que o objeto dessa ciência não é historiar o Estado como realidade política. A história do Estado, parte da História Geral, não oferece mais que o material empírico: a instituição estatal em sua variação temporal, ou em sua individuação através dos ciclos culturais — sôbre o qual

O PROBLEMA DO OBJETO DA TEORIA GERAL DO ESTADO 227

a Ciência Política constroi seus conceitos. O propósito dessa Ciência Política é o saber sistemático sôbre o Estado. A sociologia, também, constitue conhecimento sistemático sôbre o Estado. Mas, quem examine o conteúdo da Ciência Política constatará que contém mais do que sociologia dos fatos políticos. O tema da Ciência Política não se reduz à análise das relações sociais, dos processos sociais, das leis sociais que se acham na base da realidade política. A Ciência Política opera sôbre o conteúdo diferencial do fato político, sôbre as idéias e doutrinas, sôbre formas políticas e tipos de Estado, relacionando essa morfologia e tipologia do Estado com fatores jurídicos, ideológicos, econômicos; em suma, a Ciência Política ultrapassa a formalização que o conhecimento sociológico leva a cabo sôbre o fato do Estado. Por formalização do conhecimento sociológico, entendendo-se o procedimento metódico pelo qual se despreza o conteúdo significativo, ideológico ou axiológico, em seu caráter qualitativo e individualizado, para fazer ressaltar o aspecto relacional e constante dos fenômenos histórico-sociais.

Se a Ciência Política tem por objeto o Estado e se o seu problema não coincide com o problema sociológico do Estado ou com o problema histórico do Estado, o que lhe sobra na investigação do Estado? A questão da estrutura, das formas e tipos que a estrutura do Estado toma no curso de sua evolução, a questão dos componentes do ser do Estado, etc... Se o problema da Ciência Política é o problema do Estado sob tais aspectos, então o objeto da Ciência Política é o mesmo objeto tratado pela Teoria Geral do Estado. E, com efeito, a

Politics ou a **Political Science** vem a ser uma denominação que serve de cobertura à problemática da doutrina geral do Estado. A Política, **como ciência empírica,** como ciência real do Estado não poderá considerar o objeto Estado sob outros ângulos.

Considerando-se a Política uma ciência, isto importa em caracterizá-la como descrição e explicação do fenômeno Estado. Sendo ciência, a Política reveste a forma de um sistema de conhecimento descritivo de objeto. Quer dizer, não toma posição estimativa ante o objeto. Declara o que é, e como é. Suas proposições têm de ser vinculações predicativas, de caráter enunciativo, sôbre o Estado. Mas, é fácil comprovar que a isso não se limita a denominada Ciência Política. Seus enunciados não são, apenas, declarativos do ser do Estado. Incidem sôbre o modo de ser do Estado, e fixam, ademais, o dever-ser do Estado. Dir-se-ia que se trata de uma ciência também normativa. A Ciência Política seria ciência de normas, para julgar o valor do Estado e estabelecer o que deve fazer o Estado. Mas, concedendo-se à Ciência Política a natureza de ciência normativa, suprime-se, automàticamente, o caráter de ciência positiva. A ciência positiva depende dos fatos. Todas as proposições científico-positivas têm sua validade condicionada pela verificabilidade empírica. Se os fatos confirmam, as proposições são portadoras do valor verdade. A falta de correspondência entre proposições e fatos redunda em não-verdade. Uma ciência normativa é um sistema de proposições que não declara o que é ou existe, mas o que deve ser ou existir. Em consequência, a validade de tais proposições não é função da correspondência com os fatos. Assim, se o Estado, históricamente considerado, não tem sido como devia ser, segundo uma proposição político-normativa, a validade dessa proposição continua a mesma. A não correspondência do Estado real, ante um Estado ideal pôsto pela norma política, não compromete a fôrça normativa, nem a validade do sistema político. De onde concluímos que a Ciência Política, para ser ciência positiva, isto é, conhecimento sistematizado, que se propõe descrever e explicar um sector da realidade social, tem de adotar a forma de ciência descritiva ou teórica, evitando o sincretismo lógico de ciência teórica e ciência normativa. Mas, em tal hipótese, a Ciência Política vem coincidir com a Teoria Geral do Estado, com o que estaríamos ante uma questão simplesmente terminológica.

Por política, ora entendemos uma categoria especial de atos ou fatos, ora o tratamento científico dêsses fatos. O têrmo denota ora o objeto, ora a ciência dêsse objeto. Essa dualidade significativa tem sua importância.

Política, na função de objeto, é a arte de conduzir o Estado, é o saber de direção da coisa pública. A arte de dirigir o Estado concentra-se no estadista. No entanto, os atos políticos não são privativos do homem de Estado. Assim, o órgão legislativo, na feitura das leis, deixa-se guiar tanto pelos princípios éticos da justiça, quanto pelas razões de oportunidade e conveniência, em atenção às situações concretas para as quais as leis são destinadas, ou segundo tendências ideológicas estreitamente ligadas à posições de grupos e classes. A juridicidade é posta, e o móvel dêsse propositura das normas é, consideràvelmente, politico. Também, os chamados partidos perseguem finalidades políticas. Nas democracias, representam concentração de fôrças destinadas à eleição dos órgãos executivo e legislativo do Estado. Mas, não constituem **órgãos** do Estado; sem embargo, exercem atividades políticas. O partido é o grupo, cujo princípio espiritual de unidade é uma ideologia, e cujo fim é a luta pelo poder. Exercida pelos órgãos do Estado ou pelos partidos, a ação política tem como centro o Estado. Por isso, política, quer substantiva, quer adjetiva, quer adjetivamente se tome o vocábulo, concerne ao Estado (5).

A política, como arte tem sido, muitas vezes, concebida a título de simples técnica, válida pela eficácia dos métodos, sem consideração aos fins perseguidos. A política estaria para os objetivos visados numa relação de meio para fim. A compreensão da política como técnica pura exprime o relativismo dos fins, o qual se apoia na experiência histórica, que mostra fins diversos, às vezes antagônicas, valendo, já dentro de uma circunstância social, já em diferentes fases da história do Estado, A variedade dos fins, a relatividade e a condicionalidade do valor dêsses fins, em função de grupos e situações histórico-sociais, é o que inclina o político ou o pensador a conceberem a política por si mesma, justificável pela eficácia e pelo êxito com que se manifesta. Por outra parte, a concepção da política, como pura técnica de dirigir homens e Estados, significa, como no caso de MACHIAVELLI, um processo de secularização do Estado, o realçar a soberania do Estado em face de critérios supra-estatais — éticos, religiosos — . A valorização da política, independentemente do valor ético dos fins, pode ser interpretada sob vários aspectos. Entre êstes, ressalta o de exprimir a concepção imanente do Estado, em correspondência com as tendências espirituais do Renascimento, isto é, a tendência a interpretar o mundo físico e o mundo social sem apelar para fatores transcendentes, já teológicos, já metafísicos. O caráter do Estado moderno encontra-se, virtualmente, como observou ERNST CASSIRER, na concepção maquiavélica da política.

Não só o relativismo dos fins esvazia a arte política de todo conteúdo. Também o formalismo jurídico vem incidir no mesmo, considerando-a como uma arte que envolve sua técnica própria. KELSEN denomina-a técnica social (6). A política vale, então, como instrumental da ação ou da conduta dos órgãos ou, melhor, dos indivíduos que, nos órgãos estatais, estão investidos. Mas, a política, entendida como técnica, ou mesmo como doutrina dessa técnica social, não coincide com o problema da Teoria Geral do Estado. Esta não visa capacitar o estadista ou o político para melhor e mais eficazmente exercer o poder. Como teoria, seu propósito é o conhecimento sôbre o Estado. As consequências pragmáticas que a verdade sôbre o Estado possa trazer, ainda que a vontade dessas consequências resida como infra-estrutura psicológica e sociológica no teórico do Estado, não pertencem ao âmbito da teoria. A direção intencional da teoria é o conhecimento. A aplicação do conhecimento, como técnica de domínio e contrôle, quer sôbre o mundo natural, quer sôbre o mundo social, se representa o subsolo do conhecimento, expressivo da relação entre o conhecimento e a vida, em abstrato, é irrelevante para a teoria mesma. A teoria é um momento, obtido por um corte no vínculo entre o homem como sujeito racional puro e o homem como sujeito prático, imerso dentro de uma circunstância social concreta. Com isso, tornamos possível a confluência de duas ordens de comportamento dentro de um só homem. A experiência política, obtida do trato com os problemas do Estado, pode, indiscutivelmente, servir de base à elaboração da teoria. Mas, em conceito, separam-se o comportamento como teoria ante o Estado, e a conduta como política prática.

Eliminada a possibilidade de confusão da história política, da política como técnica social e da political como ciência aplicada com a Teoria Geral do Estado, porque os problemas são diversos entre si, falta, apenas, examinar a relação da filosofia política com a Teoria Geral do Estado. Já vimos que a **Political Science**, na parte em que trata do Estado sob critérios meramente descritivos e explicativos, vem a coincidir com o problema da Teoria Geral do Estado.

A Teoria Geral do Estado deixa de coincidir com a **Political Science** naquilo que a "Ciência Política" contém de filosofia política (7).

A Teoria Geral do Estado é uma ciência política, se entendemos política toda investigação que tenha por objeto o Estado, não importando sob qual ponto de vista. A politicidade da teoria do Estado decorre do seu objeto. É sob essa concepção que temos de empregar o têrmo política em função adjetiva. E é também com igual sentido que predicamos da realidade estatal o caráter de realidade política. Assim, dizemos que os problemas da teoria geral são problemas políticos, como os fatos, que constituem seu objeto, são fatos políticos. Se, como adjetivo, política é termo predicável de teoria do Estado, como substantivo a plurivalência de sentido impede a confluência unívoca do têrmo para um só objeto. Desde ARISTÓTELES, uma conotação lógica do vocábulo, em accepção substantiva, vem sendo mantida (8). Política não é só saber o que é, e como é o Estado. É, também, e sobretudo, doutrina do que deve ser o Estado. Dentro da Política compaginam-se, pois, duas problemáticas, que, se bem confluentes no dado real, são separáveis conceptualmente. São dois aspectos conjuntos e inseparáveis na realidade, mas discerníveis quando essa realidade é submetida a conhecimento.

Conferindo-se ao vocábulo Política a significação filosófica de uma ética do Estado, temos de afirmar que a Teoria Geral do Estado não é Política. A Política, equivalente à doutrina do dever ser do Estado, não é ciência em sentido estrito, ou seja, nem ciência formal, nem ciência natural, nem ciência social particular. Ciência social particular não o é, pois esta é ciência empírica, ciência real que envolve seu objeto em têrmos de descrição e de explicação. Não cabe verificar sua possível inclusão no grupo das ciências formais, ou das ciências naturais, pois, está claro que o objeto da Política, e seus métodos são estranhos às disciplinas que operam com relações abstratas ou com processos puramente naturais.

A Teoria Geral do Estado é ciência empírica, ou uma ciência positiva do Estado. Como tal, difere de uma ciência, cujo conhecimento se obtenha por derivação dedutiva, a partir de um mínimo de proposições básicas. É uma ciência que parte da experiência do seu objeto. O objeto é um dado empírico, real na espécie de história. Quasi não mais existe discrepância no caracterizar o Estado como realidade social-histórica (desacreditadas que estão as teorias naturalistas sôbre o ser do Estado). A forma lógica que toma o conhecimento teórico-estatal é a de uma descrição do seu objeto. Descrição, entende-se, é o processo metódico de fixar o objeto mediante proposições enunciativas. Descrição assim, não se opõe à explicação, ou seja, sendo a descrição o relato individualizado, e a explicação o conhecimento generalizado, pela recorrência às leis. Descrever o objeto é fixá-lo enunciativamente, declarar com está constituido de fato, quais seus caracteres e quais as suas leis. A Teoria Geral do Estado cifra seu propósito em assim proceder ante o objeto Estado. A Política filosófica, para dizer brevemente, reduz todos os seus problemas à questão de como deve ser o Estado.

Para a análise lógica, temos, em consequência, duas ordens de sistemas. Num sistema, as proposições são enunciativas ou descritivas de seu objeto. Noutro, as proposições estabelecem um dever-ser. As proposições da Política são pro-

O PROBLEMA DO OBJETO DA TEORIA GERAL DO ESTADO 235

posições normativas — supra-positivas. Perguntamos, agora, se é possível reunir essas duas mencionadas espécies de proposições dentro de um só sistema, convertendo a Teoria Geral do Estado numa ciência do ser e numa ciência do dever-ser do Estado. A Política, em ARISTÓTELES, abrigava essa dualidade sistemática, sem que isso representasse problema para a reflexão crítica do seu tempo. Já sabemos porque. A inseparabilidade do Estado ante a moral e ante a relião, o fato de a **polis** grêga constituir uma entidade ético-política e politico-religiosa servia de fundamento real para a doutrina do Estado de ARISTÓTELES. Por outra, não existia, em rigor, um limite determinado onde separavam-se ciência e filosofia; a filosofia sendo, em boa parte, ciência indiferenciada e total, é compreensível aquela junção de ciência do Estado e filosofia do Estado.

A dissociação entre o problema filosófico e o problema científico do Estado está vinculada ao desenvolvimento das ciências particulares e sua repercussão na filosofia, dando margem ao positivismo. O positivismo, aparte o fundo teórico, é o reflexo de uma situação; é a elaboração filosófica da teoria compatível com o notável progresso verificado nas ciências especializadas. Mas já antes, destacam-se, com perfis próprios, a investigação positiva do Estado e a doutrina valorativa do Estado. Verifica-se em forma de secularização da doutrina política, na tendência a tratar os problemas políticos sem implicação de categorias teológicas. Durante a idade média, o ético penetra na teoria do Estado pelo vínculo da teologia. A regressão final de todos os conceitos políticos aos princípios teológicos é a característica marcante do espírito medieval. O término dêsse método de pensamento político está relacionado com os fatos seguintes: quebra do império universal da igreja e afirmação do Estado como poder mais alto (9), o fenômeno da reforma, aparecimento dos Estados autônomos, fortalecidos com as monarquias absolutas que secularizam o poder; no fundo, são fatos políticos, fatos econômicos e transformações sociais que alteram o sistema de vida outrora vigente, fatos êstes que se revestem, ideològicamente, em lutas pela liberdade de conciência, pela independência do monarca ante o papado, no exterior, e pela liberdade individual no interior. Ideològicamente, em correspondência com os fatos, surgem o pensamento político temporalizado, a política por si mesma, a doutrina do livre exame dos textos sagrados, a idéia baconiana de tratar os temos políticos com os métodos empírico-indutivos, e não segundo processos dogmáticos dedutivos, a partir de últimos princípios metafísicos de natureza ética e política, e, por fim, a secularização total da doutrina do Estado, surgindo como tratamento sociológico das instituições politicas. O tratamento sociológico é o fruto científico mais amadurecido e que não deixa de estar estreitamente vinculado, em sua origem, ao positivismo, sabendo-se que, a investigação positiva dos fatos sociais, os fatos políticos inclusive, é o que serviu de ponto de partida à ciência sociológica.

Deixando, à margem, o aspecto histórico da questão, fixámos o lado sistemático, que interessava à lógica, solucio-

O PROBLEMA DO OBJETO DA TEORIA GERAL DO ESTADO 237

nando o problema nos seguintes têrmos: é impossível compaginar, dentro de uma só teoria, o problema do ser e o problema do dever-ser, ou seja, é impossível, a um só tempo lógico, investigar como é o Estado e prescrever como dever-ser. Da propositura dêsse problema, para logo, se vê que a Política está conceptuada como doutrina normativa do Estado. E perguntámos sôbre a possibilidade de tratar, conjuntamente, ambos problemas, conferindo à Teoria Geral do Estado o caráter de ciência empírico-descritiva e de ciência normativa. Vários teóricos do direito público não recusam a viabilidade disso. Assim, por exemplo, JEAN DABIN, para quem uma doutrina geral do Estado é necessária e exclusivamente uma doutrina filosófica-política, não obstante o conceito de política algumas vezes ser tomado em accepção positiva, não metafísica. Quando DABIN declara que o problema político é determinar o que é o Estado, o têrmo está tomado restritamente. Todavia, consoante com sua posição doutrinária, o grande professor da Universidade de Louvaina, compreende, no conceito de política, "a noção ideal", os primeiros princípios, "la politique sainement conçue" (10), com o que se verifica a conotação normativo-filosófica da Política. HERMANN HELLER, situado em posição jurídico-filosófica diferente da de DABIN, advoga a tese de que a teoria do Estado é uma Ciência Política. Mas, bem é de ver, HELLER não incorre na direção de uma metafísica política, visto que o seu pensamento conserva, em todos os passos, a relação com o plano existencial, dado em forma de realidade histórico-social. A sua tese da politicidade da Teoria do Estado só se compreende se se toma em consideração que é uma tese anti-kelseniana, ou seja, naquilo em que KELSEN repudia o tratamento político, por extra-sistemático e supra-jurídico. Contra a posição teórico-política de HERMANN HELLER não cabe a crítica pertinente à filosofia política que pretende confundir o problema filosófico com o problema científico do Estado (11).

A exclusão da política do campo da Teoria Geral do Estado está clara em JELLINEK. A conceptuação normativa está expressa nêstes termos: "La 'politique' ou science politique, est la science de l'État appliquée, et passant dans la pratique. Elle étudie comment l'État peut réaliser certains fins" (12). Enquanto a Política caracteriza-se pela normatividade, a doutrina científica do Estado define-se pela teoricidade. Não obstante a separação conceptual, JELLINEK reconhece que é difícil traçar uma linha de demarcação entre Política e Teoria Geral do Estado, pelo que encontra-se, em sua grande obra, a implicação de um mínimo de politicidade." ... nous exclurons de notre étude la politique", declara; Mas, em seguida, evita o radical apoliticismo, acrescentando: "Nous entendons seulement dire que nous ne nous engagerons sur le terrain politique que dans la mesure où cela sera nécessaire pour éclairer nos recherches théoriques" (13). O limite em que se compenetram Teoria Geral do Estado e Política, a zona comum das duas problemáticas reside na questão relativa aos fins do Estado e na questão da justificação do Estado. Só assim, compreende-se que JELLINEK inclua, dentro da investigação teórica, essas duas questões, que, em rigor, são aspectos

O PROBLEMA DO OBJETO DA TEORIA GERAL DO ESTADO 239

de um só problema, o problema axiológico do Estado, porque, a política, em sentido filosófico, termina em teoria axiológica do Estado.

A eliminação total do mínimo de politicidade, persistente na doutrina de JELLINEK, verifica-se na obra de KELSEN. A supressão do componente político é a consequência da juridificação radical de todos os problemas da teoria do Estado. Se os problemas da Teoria do Estado são problemas jurídicos, se o que confere estatalidade a um dado é o fator jurídico, os aspectos social e político do Estado são irrelevantes como tais. Só o dado jurídico se enquadra dentro de métodos jurídicos. Além disso, a juridicidade é inseparável da positividade. As normas políticas não são normas positivas. A política é um sistema de normas supra-positivas, quer dizer, ideais. E se, ao invés de tomarmos a política nêsse sentido ideal, consideramos a política como prática efetiva, a política como fato, então, a política ainda não pode ser investigada por métodos jurídicos, pois que é fator extra-jurídico. O fato da política concretiza-se em lutas pelo poder, em ideários sôbre reforma das instituições, em ideologias que cobrem interêsses de grupos; são, portanto, fatos cuja realidade não cabe discutir. Porém, enquanto tais não são objeto jurídico. KELSEN deixa de tomar em conta a relação genética que se estabelece entre a política, como fato, e a juridicidade, como sistema de normas reguladoras da comunidade. Pois essa relação é trans-sistemática, do estrito ponto de vista jurídico. Do ponto de vista sociológico, o que põe e o que reforma, o que estabelece e o que suprime uma ordem jurídica é o fato político. Êle serve de infra-estrutura à super-estrutura jurídica.

Mas, dentro dos postulados lógicos da teoria pura, KELSEN mantém plena consequência. O processo genético de uma ordem jurídica é problema meta-jurídico (14). Chega a ser tautológico, mas é necessário dizê-lo expressamente, que, do ponto de vista jurídico-puro, só a conduta que é conteúdo de normas jurídicas, é conduta jurídica, portanto, só essa conduta interessa à ciência do direito. A conduta política move-se dentro de uma órbita própria, dentro do permissivel juridicamente, ou contra o permissível pela ordem jurídica, mas dentro de uma órbita não de todo prefixada por normas jurídicas, pois a conduta política visa justamente, entre outras coisas, criar uma nova juridicidade, ou reformar a existente, ou decidir-se segundo princípios supra-positivos e supra-jurídicos. Marginando um pensamento de MANNHEIM: se a vida total da comunidade estivesse regulada juridicamente, de sorte que todas as relações de conduta correspondessem a normas, se a vida estivesse racionalizada ou planificada juridicamente, sem espaços vacantes de normas, então a política não seria possivel, salvo sob caráter de ato revolucionário, mas não como processo normal (15).

Nisso reside, ao nosso ver, uma explicação do apoliticismo da Teoria Geral do Estado em KELSEN. A outra está explícita na "Teoria pura do Direito". É que a Política é ideologia, tendente não a conhecer mas a exaltar ou rebaixar o valor do Estado. O conhecimento tem sua fonte na razão, enquanto a ideologia procede da vontade, dos interesses que afetam o sujeito prático, portador da ideologia política.

O PROBLEMA DO OBJETO DA TEORIA GERAL DO ESTADO   241

Há perfeito paralelo entre o que se estabelece na Teoria
Pura do Direito e o que se afirma na Teoria Geral do Estado.
Assim como o objeto da Teoria pura é expor o Direito, tal
como é, sem o legitimar pela justiça e sem o desqualificar
pela injustiça, conhecer o Direito real ou possível, assim o
objeto da Teoria Geral do Estado é investigar o Estado como
é, independentemente de se é justo ou injusto. Não o Estado
justo, mas o Estado real ou possível: a isso se limita o conhecimento positivo do Estado (16).

O conhecimento de um objeto se exprime em **juizos de
realidade** e não em **juizos de valor**. As proposições científicas
limitam-se a ser declarativas do objeto, não estimativas do valor que a êsse objeto esteja aderido. Se a Teoria Geral do Estado é saber científico do objeto Estado, a formulação lógica,
que êsse saber apresenta, é a de proposições simplesmente
enunciativas. Isso não impede a possibilidade da construção
de uma teoria normativa sôbre êsse mesmo objeto. É o objeto que, intrìnsecamente, o exige, não bastando o conhecimento descritivo e explicativo. Os objetos naturais não o requerem, pois com declarar o que são e como são se procede
exaustivamente. Mas, o Estado difere de uma realidade que
se esgota apenas com estabelecer sua existência. Ante o Estado, é necessário prosseguir a investigação, que não termina
com a investigação científica. O Estado não é simplesmente.
O Estado é justo ou injusto, contém valor positivo ou valor
negativo, realiza um ideal ou do mesmo se afasta. Todavia,

tanto um Estado justo, quanto um Estado eivado de injustiça são Estados, com o mesmo grau de ser. O ser do Estado não aumenta ou diminue pela direção do valor que êle toma.. A realidade do Estado é uma propriedade, por assim dizer, que se mantém intacta ante as variantes axiológicas do Estado concreto. A Teoria Geral do Estado, como conhecimento expositivo, não pode exaltar ou atacar, elevar ou rebaixar um Estado dado, pois, fazendo-o não praticará ato puro de conhecimento. Com efeito, o conhecimento implica relação de conceito a objeto. Essa vinculação do pensamento ao objeto é o que confere ao conhecimento sua transcendência **gnoseológica**. Relação distinta é o estimar o objeto. O ato estimativo estabelece uma relação entre o objeto e um critério suprapositivo, entre o dado e uma pauta valorativa, que se estima absoluta em sua validade. Firmar o conteúdo de justiça de uma dada forma de Estado não é possível senão retrocedendo a valores, os quais se mantêm, em face do objeto, **metafisicamente** transcendente. Retroceder aos valores, como critérios estimativos do existente, deixa de ser ciência positiva. Não cabe negar legitimidade a êsse regresso a valores. E KELSEN, não obstante o seu positivismo jurídico, não pode negá-lo.

A Teoria Geral do Estado investiga qualquer Estado e, pelo menos **idealiter,** suspende a apreciação estimativa, fim de que dignos de estudo sejam tanto o Estado despótico — monárquico-absoluto no passado, ou ditatorial no Estado corporativo dêste século — quanto o Estado democrático, tanto a democracia parlamentar quando o Estado monopartidário característico do bolchevismo. É exato, jamais se excluirá um fundo supra-teórico de preferibilidade ante os Estados positivos, uma espécie de equação valorativa e ideológica que persiste, como resíduo incontrolável, na conciência do investigador, equação essa de que nem o próprio KELSEN se livra, porque o homem é demasiado humano para contemplar as realidades humanas, sem tomar posição, sem decidir-se positiva ou negativamente, num estado de adiáfora purificação e neutralidade ante o dever-ser de um dado ser que é inseparável do próprio homem.

A exigência de uma Teoria Geral do Estado sem Política, ou com um mínimo possível de postulados filosófico-politicos — se êsse mínimo é exigido pela natureza mesma do fato político real, que é o Estado — corresponde à idéia de conferir, áquela disciplina, o caráter de ciência. Um dos cânones lógicos aqui aceitos é o de que ciência é sistema de proposições enunciativas, ou segundo uma outra terminologia, sistema de juizos de realidade. Os juizos de valor não pertencem à esfera da ciência pròpriamente dita (17). Um sistema pede congruência material das verdades, postulação de princípios e unidade. Não reduzimos a idéia de sistema ao sistema das ciências formais, pois os sistemas formais mal se ajustam à complexidade da realidade histórico-social, onde as proposições não se obtêm por derivação inferencial dedutiva, mas por sínteses aposteriori, por consulta aos objetos da experiência.

O Estado tem valores a realizar. Tem seus valores, como os têm a pessoa individual e as associações não estatais. A região dêsses valores realizáveis pelo Estado representa um domínio coberto, teòricamente, pela **axiologia política**. São êsses valores que **fundamentam** as normas políticas. O homem vai além do mero conferir validade ao Estado real, não se limita a relacionar o real com o ideal dos valores. Não só contempla, mas quer modificar o real, implantando o valor que estima positivo, eliminando o que se lhe parece negativo. As normas são, justamente, a formulação proposicional dêsses valôres. Por isso, entendendo-se a Política como sistema de normas, a fundamentação última da Política não está num retôrno aos fatos. A fundamentação reside nos valores. Essa tese firma-se naquela passagem das "Investigações lógicas" em que HUSSERL declara que toda proposição normativa implica, como fundamento teórico, uma proposição enunciativa, na qual se põe o valor. Se se estabele que "**A** deve ser **B**" é porque, implìcitamente, se admite que "Só um **A** que é **B** é uma verdadeiro **A**" (um **A** positivamente valioso). A proposição normativa, portanto, remete à uma proposição declarativa, de conteúdo axiológico.

Podemos agora, por mais um caminho, fundar nossa tese, anteriormente posta. As proposições normativo-filosóficas da Política não derivam sua validade dos fatos políticos (18). Por isso, não são verdadeiras nem falsas, (conceptuando a verdade e falsidade em sentido lógico). Se derivassem dos fatos, seriam generalizações indutivas, mas, na hipótese, seriam declarativas, pois limitar-se-iam a exprimir o curso regular dos fatos políticos. A conversão, de declarativas para normativas, implica um salto que se extrapola para além do que permite o processo indutivo generalizador. A determinação de um promédio de regularidade nos fatos políticos, ou seja, a normalidade nos fatos políticos não fundamenta a normatividade ideal da Política. Pois a normalidade é algo puramente factual e, por si, não indica valor positivo. Tomar a normalidade, como valor positivo, já indica que algo foi acrescentado ao fato puro da normalidade. Foi conferido um valor, por um ato que não é indutivo; houve um ato de valoração. Por outro lado, o normal não deixa de exprimir uma certa estática, uma relativa estática no processo social. A Política é concepção do social em devenir, a política tem dimensão prospectiva, no que reside o sentido de ser tido como arte do possível.

A Política, no sentido de uma teoria filosófica do Estado, é, pois, um complexo de proposições normativas. Fundamento último da normatividade política é o postulado de uma axiologia política pura, ou seja, um domínio específico de valores a serem realizados pelo Estado, como mais elevada forma de vida comunitária.

A Teoria Geral do Estado como teoria científica cifra seu propósito em conhecer. Por isso, suas proposições não formulam prescrições a serem cumpridas pelo Estado. Elas fixam o fato do Estado, a **existência** — e não o **valor** — do qual é bastante para a necessidade do conhecimento. Como as proposições científicas aspiram manter com o objeto uma relação de correspondência, de sorte que o objeto seja apreendido como é, e não como deve ser, tais proposições **necessàriamente** contém verdade ou falsidade (19). As proposições filosófico-políticas, ao contrário, não estão condicionadas pelo objeto. O desacôrdo do Estado positivo ante a teoria política não destrói a validade da teoria. A não-conformidade que decide o valor da teoria política é a que se estabelece entre a teoria política e os postulados axiológicos que a fundamenta. Assim, uma filosofia política que firma uma norma para que o Estado juridique e absorva a vida da comunidade, alcançando a esfera interior do homem, é uma filosofia política em desacôrdo com um valor, se admitimos o postulado ético da liberdade interior, como domínio intransponível de cada sujeito. Também, estabelece-se uma relação entre a teoria filosófico-política e a realidade, decidindo sôbre a **viabilidade** daquela. Quando a teoria ultrapassa o limite da viabilidade, quando não está dentro das possibilidades sociológicas e históricas, a teoria declina para a utopia. Mas, ainda essa relação com a realidade social, nem sequer chega a ser **um grau debilitado** da relação de conhecimento. Só as proposições científicas permanecem no plano da relação de conhecimento. Daí decorre a possibilidade de verdade e a possibilidade de falsidade.

Agora, do ponto de vista lógico, resulta claro ser impossível reunir proposições descritivas e proposições normativas, ordenar, dentro de um só sistema, enunciações que declaram como é o Estado, com enunciações que prescrevem como deve ser o Estado. As proposições científicas da teoria do Estado incidem sôbre o Estado real e não sôbre o Estado ideal. O Estado ideal é o Estado justo, o Estado que realiza os fins mais altos na hierarquia dos fins possíveis de realização pela comunidade política.

O PROBLEMA DO OBJETO DA TEORIA GERAL DO ESTADO   247

Um sistema, acrescentamos ainda, requer **unicidade de critério** para decidir a validade das proposições que o constituem. Essa unicidade se desfaz se compaginamos proposições teóricas com proposições normativas, juízos de realidade com juízos de valor. Para as proposições teóricas, descritivas de objetos, verificamos sua razão de ser com a experiência dos objetos. Elas repousam num **princípio de razão suficiente de conhecimento** (20). Podem ser verdadeiras ou falsas, não apenas pela compatibilidade ou incompatibilidade internas de sua estrutura conceptual, mas também pela conformidade ou não conformidade com os objetos aos quais se referem. Diferentemente, as proposições normativas da teoria filosófico-política carecem dessa referência a objetos como condição de sua validade, como já observámos. O conhecimento científico do Estado depende da experiência; a teoria filosófica do Estado ideal vale mesmo que o Estado històricamente dado a ela se contraponha. Até podemos dizer que o contraste vivido entre o que o Estado muitas vezes tem sido e a idéia do que o Estado deveria ser representa a experiência pessoal mais intensa que leva os indivíduos à especulação política.

A filosofia política nutre-se nessa tensão e contraposição entre o dado e o axiològicamente possível, entre a positividade concreta do Estado e a idealidade do Estado justo. A intensidade e a amplitude da especulação política não são ocasionais. Não é em qualquer época que surge (21). Se passamos em revista os pensadores da política, constataremos que estão vinculados a especiais circunstâncias históricas e sociais. Com base na **teoria sociológica do conhecimento**, é possível afirmar que a especulação filosófico-política adquire particular intensidade em virtude de certos processos de relação social. Essa especulação é quasi inexistente na sociedade em períodos de estabilidade, ali onde os grupos distribuem o poder em relação de equilíbrio e a estratificação social está consolidade. O **status** repousa na convicção de legitimidade por parte dos que detêm o poder, e no reconhecimento dos que são objeto do poder. A doutrina política adquirirá o estilo de uma legitimação do poder, e como não se discute tal legitimidade, a polêmica e o conflito de idéias, no campo da doutrina política, adquirem pouca relevância. Mas, se a sociedade se acha em período de instabilidade, se os grupos se deslocam de suas respectivas posições sociais, se novos processos impelem à revisão da distribuição do poder, então os que aspiram ao poder, os que são objeto e não sujeito do poder, conferem às idéias e às doutrinas a função de vanguardas de suas pretenções. Os que aspiram o poder criticam o poder, e suplantam, ideològicamente, o poder existente por um poder ideal mais justo. Antes de se proceder à nova distribuição do poder, fermentam a polêmica e a controvérsia de ideários e doutrinas. O poder existente, para legitimar-se e perpetuar-se, resvala para o conservadorismo, para a atitude de reação e, não raro, volta-se, retrospèctivamente, para o passado, com o que se dá a revaloração da tradição, da história, e a valoração negativa do futuro. A dimensão mais favorável ao desdobramento da especulação política reside no futuro. E para o futuro é que lutam os que são objeto do poder. Dai o prospectivismo, inherente à política e à especulação política, talvez menos intenso na política no sentido de técnica de direção e organização do Estado — a arte política — mas, potenciada na política, em accepção filosófico-normativa, antes definida.

Vejamos, agora, o problema da justificação do Estado no quadro das considerações acima feitas.

Se, pois, por Política entendemos Filosofia política, teremos de manter a apoliticidade da Teoria Geral do Estado. Reunir, em uma só doutrina, a Teoria Geral do Estado e a Política significa o mesmo que conjugar, numa só sistemática, ciência e filosofia. Ainda que ciência, **strictu sensu,** e filosofia sejam ciências, **lactu sensu,** pois ambas contêm propriedade formais comuns, não se confundem a ponto de serem tratadas simultaneamente. Ciências, para dizê-lo em plural, e filosofia são sistemas de conhecimentos: aí reside o comum denominador lógico. Mas, distinguem-se pelos procedimentos metódicos empregados e pelo grau de generalização que alcançam. Justamente a diferenciação entre ciências e filosofia veio consagrar essa separação (22). O discernimento entre duas ordens de investigação não impede, de modo algum, a existência de relações entre ambas. É certo, como anotámos, foi relativamente fácil circunscrever o domínio do conhecimento abstrato-formal e o do conhecimento real-natural. Mas, ainda persiste a interpenetração do conhecimento filosófico com o conhecimento social. Essa interpenetração, que torna a linha lógica divisória um limite flexível e incerto, pode ser tida por atraso do conhecimento social, se tomamos por paradigma o crescente progresso das ciências naturais. Mas, por outro lado, essa imbricação de duas problemáticas revela algo que suplanta o aspecto mèramente lógico, qual é a conjuntura situacional do homem em face de si mesmo, a posição do homem que mal alcança purificar-se de tal modo que se comporte como sujeito ante um objeto, ante um objeto no qual o ser, o dever-ser e o valor se interpenetram e se confundem. É o que acontece ante o Estado. A ciência aspira conhecer o Estado, o que é possível porque o Estado é algo, é uma forma de existir, é ser. Mas, não é ser como ser natural. É ser na espécie de dever-ser. Por isso, a teoria natural organicista do Estado não pôde, como teoria natural, alcançar o aspecto de dever-ser, sem anular-se como teoria natural. Agora, dever-ser implica a ideia de multiplas maneiras de ser, uma das quais se isolou e se fixou. Porque, dentre as múltiplas maneiras de ser, opta-se por uma? Essa opção só tem sentido no pressupòsto de um valor. Ante as maneiras diversas de ser, uma é preferida, porque corresponde a um valor positivo, ou a um valor mais alto na escala dos valores. Tratar, cognoscitivamente, um objeto como o Estado é lidar com um objeto multilateral. Operações lógicas nos permitem separar o composto uno. Por abstração, ora tratamos o Estado como ser, conceptuando-o o que é como é. Mas, essa forma lógica de envolver o objeto não o condiciona ontològicamente. O "que é" e o "como é" são problemas de conhecimento. Os objetos bem podem estar na classe do dever-ser. Assim, o Estado. Dizer o que é o Estado é descrever, também, o seu específico dever-ser, fixando, proposicionalmente, tal dever-ser, sem se pronunciar sôbre o valor transcendente que o fundamenta. Regredir até êsse valor "fundante" não é mais ciência positiva: é teoria de valores ou axiologia. Mas, a renúncia a retroceder até o valor que fundamenta o dever-ser, o fazer alto ante o dever-ser dado do Estado, sem prequirir seus "últimos princípios" representa uma parada momentânea e a título metódico. Os instrumentos de investigação científica não se aplicam além daquêle limite, o limite da experiência. O Estado é um dado para uma experiência peculiar, isto é, distinta da experiência psicológica, da experiência natural, da experiência moral ou estética. O conhecimento positivo do Estado **não** ultrapassa a experiência. A experiência nos oferece Estados, ou seja, diversas ordens de dever-ser, variáveis em seu conteúdo e individualizados pelo qualitativo que a história imprime a cada uma. A Teoria Geral do Estado toma os Estados como são e como se oferecem à experiência. O título de justificação de cada ordem estatal é o seu existir, a sua realização no tempo. Para a Teoria Geral do Estado, essa **justificação** é dada com o existir (23). Mas é evidente, que a descrição da existência dos Estados, se é limite para o conhecimento científico-positivo, não representa, para o objeto, sua última dimensão. Cabe pedir a justificação, agora em sentido ético-político, quando a existência já está determinada. Em outros têrmos, o Estado que é, em seu dever-ser imanente, limite para o conhecimento científico, subordina-se a um dever-ser supra-positivo (24). E assim, ante o dever-ser empírico que é o Estado dado, superpõe-se o dever-ser supra-empírico. A Teoria Política, como filosofia do Estado, constitue êsse último tipo de dever-ser. Ante o Estado concreto, que é dever-ser, postula o dever-ser ideal. A teoria filosófico-política não encara o ser do dever ser empírico, não visa o ser do Estado, mas estabelece como deve ser o Estado. É um dever-ser sôbre outro dever-se, é uma norma sôbre algo que é, constitutivamente, normativo. E só é possivel uma norma sôbre um dado que é, por sua vez, normativo se se pressupõe a supra-ordenação daquela. Mas, é visível, essa relação de sub e supra-ordenação não se dá dentro de um só sistema; dá-se entre sistemas diversos, entre o sistema positivo, que é o Estado, e outro sistema ideal, que se denomina filosofia política.

Os métodos de conhecimento científico do Estado são inaplicáveis no domínio filosófico-político. Êsses métodos permitem decidir se um dado Estado é uma ordem jurídica **eficaz,** pois a verificabilidade é possível de constatar dentro da experiência do objeto. Mas, se uma ordem estatal é justa, se ela corresponde ao Estado ideal, já não mais se controlam essas determinações pela verificação empírica. O Estado ideal-justo não é conceito: é uma idéia metafísica. Não se quer com isso afirmar que, como idéia, é ineficaz. As idéias, em sentido kantiano, têm função regulativa para a história, aquí para a história do Estado. Elas tanto valem a título de critérios estimativos do existente, quanto exercem função reitora no acontecer político dos povos. Através dos indivíduos e das comunidades, convertem-se em "idéias-fôrças", interferindo e modificando a sequência dos fatos. Quem negaria a eficácia da **filosofia política,** dos ideais absolutos de justiça, de liberdade, por exemplo, no processo revolucionário, nêsse método excepcional para revisar o poder, modificar a forma do Estado e propor novos fins?

Vejamos, agora, dentro do que ficou estabelecido, em qual sentido a **teoria dos fins do Estado** é problema filosófico-político. A Política tem a estrutura formal de uma teoria normativa. Não é um complexo de juizos de realidade; é um sistema de formulações normativas cujo destinatário é o Estado. O Estado é a comunidade unificada, sob a forma de coordenação entre indivíduos e subordinação de indivíduos e grupos a um poder que, para a comunidade, é o mais alto. Na qualidade de comunidade, integrada por indivíduos e grupos, o Estado realiza tarefas, o Estado põe fins. O sentido dos atos, individuais ou coletivos, reside no fato de serem atos que perseguem fins. A teleologia é imanente aos atos. Assim, o Estado tem seu **telos** intrínseco (25).. As normas por que se regem os atos, sejam jurídicas ou normas convencionais, condensam fins. As normas políticas, a isso, não fazem exceção. As normos políticas prescrevem um dever-ser para o Estado, e, enquanto tais normas são objeto para a vontade estatal, tais normas postulam fins. A política estabelece quais fins devem ser realizados pelo Estado. Por isso, o **problema dos fins** supremos é problema **político**. Dizemos fins supremos, o que quer significar, **fins ideais**. Fins sempre o Estado converte, de virtualidades que eram, para realidades efetivas. Não se trata, pròpriamente, dos fins empíricos que o Estado efetiva, através das funções que exerce. Carece de sentido postular fins que o Estado necessàriamente realiza, fins concretos que são rotina na existência do Estado, qualquer que seja a forma ou o tipo de Estado. Um Estado, qualquer que seja, dispõe de órgãos para funções específicas, para as funções legislativa, judiciária, administrativa, e, nestas funções, vão sendo, progressivamente, implantados os fins na realidade social. Êstes fins concretos, variáveis porque correspondem às variáveis condições históricas de cada Estado, são **fatos**. Como fatos podem ser descritos e explicados, constatados pela experiência. A constatação é descritiva, isenta de valoração. Os fins positivos, isto é, dados històricamente, entram na investigação teórica do Estado. A Teoria Geral do Estado pode investigar êsses fins sem desvirtuar seu caráter de teoria avalorativa do Estado. O que está fora de seu alcance, como doutrina positiva do Estado, é a especulação dos fins ideais que o Estado deve cumprir. Pois que, a determinação dos fins ideais não é processo constatativo. É valoração, importa pronunciamento sòbre o valor absoluto que, em última instância, fundamenta os fins ideais propostos (26). Os fins ideais não são os fins que o Estado, de fato e necessàriamente, realiza. São os fins que o Estado deve realizar. Talvez se pudesse objetar que também as normas jurídicas realizam fins, são ordenações da conduta visando realizar certos fins, postulados como bons, úteis, convenientes, necessários, etc. e, como normas jurídicas, são objeto de conhecimento científico. Mas, as normas jurídicas são normas dotadas de poder coeicitivo, são normas positivas, ao passo que as normas políticas são puramente ideais. JELLINEK adverte,

O PROBLEMA DO OBJETO DA TEORIA GERAL DO ESTADO 255

claramente, a diferença em questão. Falta, às normas políticas, fôrça coativa. As normas políticas equiparam-se às normas jurídicas do direito natural: estão no plano da idealidade. A conotação comum às normas políticas e às normas jurídicas encontramos no conceito de normatividade. Diferença: as normas políticas carecem da coatividade específica das normas jurídico-positivas.

Talvez se pudesse evitar o caráter supra-positivo da teoria dos fins com elaborar-se uma doutrina dos fins sacada, indutivamente, da experiência. A experiência histórica e a experiência sociológica do Estado permitiriam verificar os fins que os povos, polìticamente organizados, realmente têm procurado realizar através da ordenação em Estados. Daí, mediante a análise e a comparação, sacar-se-ia o conhecimento dos vários fins, da relação dos fins com as situações histórico-sociais, da conveniência de cada fim. Contudo, a experiência só oferece a pluralidade dos fins, o condicionamento dos fins deante dos fatores sociais e econômicos, em face da história e da cultura. São intransferíveis os fins da cidade-Estado dos gregos para o Estado moderno, ou os fins do Estado oriental para o Estado medieval. A doutrina filosófico-política dos fins pretende superar a instabilidade e a pluralidade dos fins políticos, històricamente dados, pela constância e universalidade dos fins ideais. Em rigor, a doutrina política dos fins requer, como última instância, uma **antropologia filosófica** A doutrina filosófico-política implica uma teoria do ser do homem, uma metafísica do homem. Pois depende da concepção da essência do homem, os fins individuais ou coletivos que se lhe propõe. Em toda filosofia política se descobre o pressuposto de uma ontologia do homem. Mas, essa antropologia filosófica pressuposta é variada. A de ARISTÓTELES não coincide com a de HOBBES, a de MACHIAVELLI não é a mesma da de KANT (27).

Assim, uma teoria política dos fins, empìricamente fundade, para pretender universalidade, vai remontar até o plano supra-empírico de uma filosofia política, a qual envolve não só uma teoria dos valores, como uma teoria do ser do homem. Com o que, evidentemente, a teoria empírica converte-se em filosofia.

A exclusão da teoria dos fins do âmbito da Teoria Geral do Estado caracteriza bem o sentido da politicidade da ciência do Estado. A exclusão é imposta pela natureza do problema. São dois problemas diversos, o da ciência do Estado e o da filosofia do Estado, para cuja solução exigem-se dois métodos diferentes.

A politicidade da doutrina científica do Estado provém do seguinte: o objeto do conhecimento — o Estado — envolve o dado político. Entendemos que a ciência do Estado não pode eliminar, do seu objeto, êsse dado. O conhecimento do Estado toma a politicidade do Estado como **fato,** ante o qual regista, constata e o põe em termos de relação com os demais componentes do objeto. Assim procedendo, não emite juizos de valor. O problema da justificação, sim, envolve um problema de valor, porque como justificar o dado sem pô-lo em relação com um valor? O problema da justificação é **problema filosófico-político,** e como tal, está fora do campo da inves-

O PROBLEMA DO OBJETO DA TEORIA GERAL DO ESTADO   257

tigação positiva. O problema da justificação do Estado e o problema dos fins, são intimamente conexos, ainda que naquêle se mede o dado por uma pauta valorativa, e nêste se estabeleça normas ideais como dever-ser. Se tomar a politicidade como dado no objeto do conhecimento confere, à ciência dêsse objeto, caráter político, a Teoria Geral do Estado é uma política. Mas, justamente, sendo **ciência,** ficam excluídos os problemas políticos de indole filosófica. Na medida em que, da Teoria Geral do Estado, se excluem os problemas filosófico-políticos, tal teoria é ciência apolítica.

Concluimos, em consequência, pela eliminação da filosofia do campo da ciência do Estado. Eliminamos a política como norma ideal para o Estado, sem desconhecer que o Estado é um fato, um de cujos aspectos é a politica. O objeto mesmo contém a politicidade como integrante de sua natureza. A política é um dado. Pode a ciência do Estado eliminar o fato da política? A eliminação se imporia, necessàriamente, se o único modo de falar sôbre política fôsse o normativo. Mas, é possível enunciar, descritivamente, o **factum** político A não inclusão da política, como dado do objeto do conhecimento cientí-fcio, é de decorrência de toda teoria que estabeleça que o essencial e determinante no Estado é sua juridicidade. Mas, pensamos, não há uma decorrência, lògicamente necessária, entre a primeira eliminação e a segunda, ou seja: a eliminação do problema político-normativo importando na eliminação do problema político-constatativo. Pois, se aquêle é problema filosófico, êste é, estritamente, científico. A exclusão do dado político, como objeto de conhecimento pertinente à **Teoria Ge-**

ral do Estado, impõe-se, forçosamente, na hipótese de êsse conhecimento ser conhecimento jurídico, se a Teoria Geral do Estado for ciência jurídica do objeto Estado. A concepção jurídica da Teoria Geral do Estado leva, automàticamente, a suspender, por irrelevante, a politicidade constituinte do objeto. O pressuposto fundamental é o de que o que define o objeto é a juridicidade. O conhecimento dêsse objeto será conhecimento jurídico, tendo-se em conta que o jurídico manifesta-se como complexo de normas, e que o objeto Estado chega até onde chegam as normas jurídicas (28). O espaço não coberto por normas jurídicas escapará ao conhecimento por parte da Teoria Geral do Estado, que é um sistema de proposições, cujo conteúdo é o direito. O único elemento que eleva uma realidade à categoria de realidade jurídica é algo transcendente a essa realidade mesma: o complexo de normas que ordena e regula tal realidade. O que converte uma comunidade em comunidade estatal é o fato de tal comunidade estar ordenada jurìdicamente. O Estado se esgota nessa ordenação específica, ou seja, no método de ordenar coativamente, vinculando sanções para certas condutas, postas como condição de atos coativos. O Estado não é uma magnitude maior ou menor que o ordenamento jurídico: Estado e ordenamento são conceitos co-extensivos, superponíveis porque têm o mesmo correlato objetivo. Estabelecido que o Estado nunca está aquém ou além do jurídico, porque coincide, materialmente, com êste, ontològicamente, carece de sentido estabelecer que o Estado deve ser Estado de Direito. Pois, na hipótese, o Estado não pode deixar de ser Estado jurídico, visto que o juridico é o constitutivo essencial e único do ser do Estado. Não só essencial mas, também, o essencial específico, que confere a uma pluralidade de indivíduos e grupos o caráter de comunidade política (estatal).

A substituição da proposição declarativa de que todo Estado é Estado de Direito, pela proposição político-normativa de que o Estado deve ser Estado de Direito, só é possível sob dois pressupostos: primeiro, o de que o Estado contém algo mais que o jurídico; segundo, se o conceito de Direito se emprega não só para denotar a juridicidade formal, inerente à todo ordenamento dotado de poder supremo coativo, mas também, sob um ponto de vista material, entendendo-se por Direito não só o ·formal, como, ademais, o conteúdo valorativo, consagrado normativamente pelo Direito, Direito, então, não seria qualquer ordenamento que reunisse as propriedades formais de valer coercitivamente, garantidor da ordem, mas um Direito de certo conteúdo, o Direito que protegesse os postulados fundamentais da liberdade, da propriedade, da igualdade, etc.. A proposição de que todo Estado é jurídico é proposição científica; a outra, de que o Estado deve ser de Direito é uma proposição política. E, com efeito, foi a tese da filosofia política do liberalismo.

A redução do conhecimento teórico-estatal a conhecimento jurídico é proposta pela doutrina kelseniana. Dentro dos lineamentos lógicos dessa doutrina, a despolitização da Teoria Geral do Estado se impõe com radical consequência. Mas, KELSEN leva a têrmo a purificação da ciência do Estado, tendo em conta a política como ideologia e a política como filosofia normativa do Estado. Quanto à política como dado do objeto, sua supressão é decorrência de uma teoria do objeto. O objeto mesmo, como vimos, define-se pela juridicidade. Mas, observamos: a política real, a política como fato, constitue uma série de atos cujo sujeito ou cuja direção intencional é o Estado. Em que sistema tomar o fato da política como objeto de conhecimento. Não no sistema da Teoria Geral do Estado, segundo KELSEN, pelos fundamentos gnoseológicos e ontológicos apontados. O fato da política seria objeto de ciências, como a história ou a sociologia, mas não da Teoria Geral do Estado, que é teoria jurídica do Estado.

Agora, se recusarmos essa teoria do ser do Estado, a teoria que identifica juridicidade e estatalidade, se estabelecermos a teoria de que o Estado é uma realidade com vários aspectos, revela-se injustificável o tratamento unilateral proposto pela doutrina kelseniana, a não ser em função de mera etapa metódica, como fenomenologia descritiva do integrante significativo que se encontra no ser do Estado.

O Estado é uma integração de processos e relações sociais; é, também, luta de grupos que mantêm o poder, ante outros grupos que se propõem conseguir o poder, e, finalmente, é ordenamento de relações sociais, é sistema de ordem, imposto normativamente por técnicas específicas de coerção sôbre a comunidade. A juridicidade, em que se desdobra a vida comunitária, só formalmente equipara indivíduos e grupos, estabelecendo relações igualitárias. Do ponto de vista jurídico-formal um regime estatal converte governante e governados em têrmos iguais, subordinados à ordem jurídica positiva. A ordem jurídica se impõe, universalmente, dentro de uma esfera espacial dada, supra-ordenando-se a todos, que ficam, assim, postos em relação de coordenação e de paridade. Mas, não obstante, todo Estado implica, de fato, essa diferenciação entre grupos que detêm o poder e grupos que lutam por conseguir o poder. Essa dualidade é essencial, e só é possivel eliminá-la na hipotése do anarquismo, mas o anarquismo significa, justamente, a supressão do Estado. A desigual distribuição de poder, entre os grupos que coexistem espacialmente, não é supressa com a paridade formal conferida pelo ordenamento juridico. O Estado repousa nessa dualidade dos que mandam e dos que obedecem, ainda que o mando esteja circunscrito, jurìdicamente, pelo processo democrático de limitação do poder. Sociològicamente, essa dualidade é um processo dialético de luta e tensão. Para conservar o poder, como para conseguir o poder, entre em jôgo uma técnica especial, a técnica política. A política não é um fenômeno extra-estatal, que se desdobra em âmbito marginal, além, portanto, do conhecimento do Estado. Se o fôsse, os atos políticos seriam atos indiferentes ao Estado, atos irrelevantes para o objeto do conhecimento. Mas ainda: o Estado real procede polìticamente, o Estado pratica atos políticos, atos imputáveis não aos indivíduos, mas aos órgãos do Estado. E essa prática de atos politicos é tanto maior quanto maior seja a margem de decisão livre deixada ao Estado. Ressalta aqui a consideração, já antes referida, de MANNHEIM: se se pudesse planificar, exaustivamente, em quadros jurídicos os atos do Estado, de tal modo todo ato estatal fluisse, rigorosamente, dentro de canais jurídicos sem espaço que não estivesse coberto de norma jurídica, então todo ato estatal seria ato jurídico e o Estado não se comportaria politicamente. O Estado apolítico seria o resultado prático da racionalização jurídica integral do Estado. A planificação jurídica total do Estado faria com que os atos estatais percorressem vias prefixadas, dentro de uma regularidade previsível, comparável à que se encontra no domínio da natureza. É verdade, sem o ordenamento jurídico, a vida comunitária estaria entregue aos seus próprios impulsos, irracionalmente compelida a seguir orientações não susceptíveis de previsão; sem o ordenamento jurídico o Estado cobraria o caráter de mero poder, de poder de fato, irregular e arbitrário, inconstante e sem estrutura. A garantia das relações mútuas, entre os indivíduos, a ordem e a constância nas relações, sem as quais nenhuma vida social é possível, é conferida pelo direito, e, num grau elevado de diferenciação social, pelo direito estatal. Se é possível o direito sem o Estado, possibilidade confirmada pela história, não é, todavia, possível o Estado sem um quantum de direito. Pode existir o direito sem o Estado — o direito pre-estatal, o direito internacional — mas onde existe Estado, aí existe o direito, não só por exigência éticopolítica, mas por necessidade real sociológica (o que não impede a fundamentação ética dessa implicação objetiva). Mas, é discutível se o Estado se move, rigorosamente, dentro da órbita jurídica, dentro de um sistema prefixado de normas, de tal modo que se torne impossível a conduta supra-jurídica do Estado, porque a extra-juridicidade do Estado seria uma impossibilidade ontológica, quer dizer, contradita pela constituição do objeto (29). No Estado absoluto, não encontramos, apenas, atos que correspondem à normas. Encontramos, também, u'a margem de atos que escapam ao enquadramento em normas, atos que alteram, substituem ou inovam, atos não previstos normativamente, atos que procedem do órgão mais elevado do Estado e que se imputam não ao monarca, como indivíduo, mas ao órgão, dentro do qual se acha investido o indivíduo. No Estado absoluto, seja o de tipo monárquico, ou o ditatorial do século presente, o poder se faz valer dentro de uma ampla esfera de livres possibilidades, o poder é, consideràvelmente, poder político. Dentro dessa esfera de possibilidades, é que se instala o decisionismo do poder; dentro dela cabe a livre decisão da conduta, porque a conduta não está prefixada e circunscrita por normas jurídicas. É essa "uma zona inorganizada e impossível de medir, a qual é pròpriamente a esfera da política" (30), como arte do possível. KELSEN procede com incomparável rigor quando procura, numa norma fundamental, o supremo critério para juridificar os atos arbitrários do poder absoluto, pois, do contrário tais atos não seriam objetos de **conhecimento jurídico**. Contudo, se, lògicamente, o postulado da norma fundamental se impõe, como condição do conhecimento jurídico, todavia, de fato, o que se nos dá à experiência são atos não juridicamente previstos ou regulados.

Se entendemos por jurídico a forma de relacionar uma conduta, como condição, a um ato de coação, como consequência, o postulado não é norma jurídica: em lugar de duas proposições vinculadas normativamente, na forma lógica de proposição hipotética, a norma básica é uma proposição simples e categòricamente formulada (proposição incondicionada). Assim, os atos, não juridicamente previstos, do poder absoluto, não previstos pela ordem jurídica positiva, não se juridificam senão pela referência gnoseológica à uma norma fundamental supra-positiva. Contudo, não adquirem, por isso, caráter de atos jurídicos, do ponto de vista empírico-sociológicos: são atos políticos. A norma que manda obedecer ao legislador originário é um comando não condicionado, o têrmo limite, para a jurisprudência dogmática, afim de que o conhecimento permaneça no domínio do dever-ser. Um passo mais e cairemos dentro da esfera do ser, dentro da esfera dos fatos, aos quais pertence os fatos políticos (31). Se damos êsse passo, penetramos na região em que um fato estabeleceu o poder, no fato primeiro que instituiu o mando. Há um hiato **lógico** entre êsse fato institucional do poder e a norma fundamental que prescreve obediência ao poder que se apresenta capaz de legislar, mas êsse hiato não impede uma relação **genética** — psicológica e sociológica — entre ambos. É a relação entre ser e dever-ser, na forma particular de uma relação entre atos de criação normativa e significações normativas, objetivamente postas por tais atos. Só reduzindo o conhecimento, levado a têrmo pela Teoria Geral do Estado, a uma espécie de fenomenologia das significações normativas, é que será impossível vincular atos e significações, relacionando a juridicidade com a politicidade real, que é a infra-estrutura daquela super-estrutura de significados lógicos.

O Estado em que o poder se racionaliza e a conduta estatal mais se despolitiza, porque discorre sôbre vias, normativamente, pre-estabelecidas, é o chamado "Estado de Direito". O precipitado objetivo dessa juridificação é a constituição.

Quanto mais planificado, em normas jurídicas, está o poder, menor é a atuação política dêsse poder. A idéia de envolver os movimentos do Estado, dentro de formas jurídicas, corresponde a uma ideologia política já bem estudada pelos modernos sociólogos e historiadores da cultura. É a ideologia de uma classe que tem seu conceito fundamental no conceito de liberdade. Essa classe, como se sabe, é a burguesia, promotora de todo movimento constitucional do Estado moderno (32). Para que a liberdade seja assegurada — no domínio religioso, na ciência, e, sôbretudo, na economia — é necessário circunscrever, juridicamente, o Estado. O Estado começa e termina ali onde começa e termina o Direito. MAX WEBER observou a correspondência que existe entre o racionalismo, no conhecimento, a contabilidade ou o cálculo na economia, e a segurança, decorrente da possibilidade de prever, em têrmos jurídicos, os atos a serem realizados pelo Estado. A burguesia pôs, em primeiro plano, a razão, o que o fazia menos por amor ao conhecimento, que pelo efeito social do conhecimento sôbre a estrutura do velho regime social e político. Racionalista foi a doutrina do direito natural revolucionário, racionalista foi a matriz da constitucionalização do Estado, como racionalista foi a economia abstrata do dinheiro, e do grande capital. Foi o racionalismo que destruiu a tradição, substituindo-a pela idéia do progresso, que destruiu o regime de privilégios — resíduo de uma fase estamental da nobreza — e instituiu o sistema da liberdade e da igualdade. A racionalização do Estado alcança seu grau mais expressivo na divisão dos poderes, no princípio da soberania, objetivamente posta no povo, e na feitura constitucional escrita do Estado. Um Estado constitucional representativo torna-se, então, um Estado rigorosamente dentro do direito. Um Estado dentro do Direito chegará a ser, consequentemente, um Estado apolítico. Essa apoliticidade está em correspondência com a liberdade de comércio, com o progresso econômico privado, com a segurança experimentada de que o Estado fizer o fará dentro de vias jurídicas. Todavia, se se tira quanto possível de política ao Estado, nem por isso o Estado se converte em apolítico garantidor da ordem jurídica. A política persegue atuando, agora em boa parte, mas não completamente dentro de canais jurídicos. O conflito inter-partidário e a controvérsia parlamentar discorrem politicamente. O órgão legislativo que, em teoria, cifra sua função em criar normas, no subsolo dessa função, procede politicamente. A controvérsia política é o fundo originário da legislação (33). O ato mesmo de pôr a constituição, é um ato político; o poder constituinte é um legislador que firma as normas básicas do Estado, compelido por tendências e objetivos políticos. A racionalização jurídica não pode evitar que a política seja a matriz do direito, que a política continue envolvendo o Estado, e se essa política, em tempos normais, segue ritmo e forma não de todo estranhos ao direito, em fases anormais, suplanta e aniquila o direito existen e torna-se ponente de novo direito. É o que se verifica no fato da revolução. A revolução é um fenômeno político. (Com isso, não excluímos as várias **causas** do fenômeno revolucionário; apenas, anotamos um de seus **aspectos**, o aspecto que interessa para o nosso tema). A revolução não está prevista normativamente. O chamado direito à revolução tem sido mais um direito natural que um direito positivo (34). As normas,

O PROBLEMA DO OBJETO DA TEORIA GERAL DO ESTADO 267

componentes de um ordenamento positivo, deixam de outorgar ao fato revolucionário o carater de método legítimo de produção do direito, porque a revolução é o fato contrário à validade do ordenamento, é o fato que determina a substituição do ordenamento por outro, de modo imprevisto normativamente. Mas, a revolução é um fenômeno cujo objeto intencional é o Estado. E o que dizer da guerra, que também é ato político? Não é a precariedade do direito internacional, não é a circunstância de o direito internacional regular tão imperfeitamente que leva o Estado, em suas relações com outros Estados, a se portar politicamente, mais do que juridicamente? A insufiência do direito internacional deixa vacante, de normas jurídicas, uma ampla esfera, dentro da qual o Estado procede por iniciativa própria, com unilateralidade e poder decisório, livre da subordinação a qualquer instância superior. As relações interestatais são mais relações políticas que relações jurídicas. A não-coatividade do direito internacional — segundo AUSTIN, não direito, mas moralidade positiva internacional — concorre, por outro lado, para isso.

Quer do ponto de vista interno, quer do ponto de vista externo, o Estado atúa politicamente. Nem todos os seus atos são atos que fluem dentro de vias jurídicas. O ordenamento jurídico não chega a cobrir o campo do possível, de modo exaustivo, e é nêsse campo do possível que tem lugar a conduta política do Estado. A função do ordenamento jurídico é dar estrutura e estabilidade, constância e previsibilidade a série, empìricamente infinita, de relações inter-individuais, canalizando o processo social dentro de formas que convertem a multiplicidade de atos individuais na unidade de um sistema que é a sociedade ou a comunidade. Nada obstante, por muito extensa que se manifeste a racionalização jurídica do Estado, persiste o fato político, que não é contingência estranha, mas inherente ao próprio Estado. Êsse fato político varia em amplitude e intensidade, em correspondência com as formas de govêrno e com as formas de Estado, em função de situações estáveis ou de transformações, oscilando de um mínimo de política a um máximo de política, mas nunca desaparece, porque é coessencial ao ser do Estado.

Descrever objetivamente a dimensão de politicidade real do Estado está na esfera de competência cognoscitiva da Teoria Geral do Estado. Esta disciplina, pois, apolítica no sentido filosófico, é, essencialmente, dotada de politicidade, no sentido de ciência empírica do fato político **par excellence** que é o Estado.

---

(1) "A Filosofia política e a ciência política nem sequer têm história aparte, mas uma história comum, ainda que o acento, às vezes, recaia em uma, às vezes em outra..." G. D. COLE, Doctrinas y formas de la Organización Política, ps. 8-9; vd., também, RAYMOND G. GETTEL, History of political thought, ps. 488 e ss:; JELLINEK, L'État moderne et son Droit, ps. 93-121, t. I. São "conflitos de jurisdição entre disciplinas limítrofes, como chama GILBERTO FREIRE, a que não escapa a ciência política. Vd. GILBERTO FREIRE, Sociologia, p. 230, t. I.

O PROBLEMA DO OBJETO DA TEORIA GERAL DO ESTADO   269

(2) "A ciência política é, segundo ORBAN, o que os alemães chamam a **Teoria geral do Estado**, e os ingleses **Politics** ou **Political Science**, e que PAUL JANET define dizendo que é a ciência do Estado, em geral, considerado em sua natureza, em suas leis, em suas principais formas". Vd. P. LUIS IZAGA, Elementos de Derecho Politico p. 22, t. I; WESTEL W. WILLOUGHBY, assim conceptua: "Political Science, using the term in its broadest sense, has for its purpose to ascertainment of political facts and the arrangement of them in systematic order as determined by logical and causal relations which exist between them", vd. The fundamental concepts of Public Law, p. 3. Uma concepção científico-positiva é, de certo modo, esta de TH. FUNCK BRENTANO: "Elle consiste simplement dans l'étude des conditions et des formes de l'existence des États, tout comme la physique et la chimie consistent dans l'étude des forces et des formes de la nature..." in La Politique, p. 47. Também, no círculo latino, é frequente a denominação ciência política. Assim, um exemplo entre outros, GEORGE BURDEAU, em sua obra, Traité de Science Politique, inclue as investigações, objeto da Teoria geral do Estado, especialmente no II vol. da cit. obra. Sôbre o problema, v. MIGUEL REALE, Teoria do direito e do Estado, ps. 106-107. Sob a denominação "teoria política" é que R. KRANENBURG identifica com a ciência do Estado, sendo sua função "investigar e determinar a origem, natureza e as formas do Estado"; a teoria política concentra, segundo KRANENBURG, seu interesse sôbre o gênero Estado, determinando suas características gerais. V. Teoria política (tradução espanhola) ou a Political theory (tradução inglesa). Como teoria equivale, lògicamente, a ciência, teoria política é, nada mais, que ciência do Estado. Assim, "science politique", "political science" ou "Politics", "Allgemeine Staatslehre" são denominações com um núcleo, conceptual comum: conhecimento científico do Estado. Agora, o aspecto deontológico é, singularmente, pronunciado na "Politics".

Para uma concepção normativa da ciencia politica, v. TRIS-TÃO DE ATAIDE, Politica, ps.   Dentro do ponto de vista objetivo e empírico, vd. PONTES DE MIRANDA, Ôs fundamentos atuais do Direito Constitucional, p. 29, sem falar em sua obra, Introdução à Política científica.

Sôbre Teoria Geral do Estado e Política, v. DARCY AZAMBUJA, Teoria Geral do Estado, p. 17.

(3) Para uma crítica exata do alcance do pragmatismo, v. G. E. MOORE, Philosophical Studies, ps. 97-146. Vd. também, FRANCISCO LARROYO, Historia de la Filosofia en Norte-America, caps. IV e V.

(4) ADOLFO POSADA, Principios de Sociologia, ps. 266 e ss. t. II.

(5) Um fato ou um acontecimento, uma conduta individual do homem ou de um grupo, uma idéia ou um plano de reforma, um partido ou uma função têm carater político porque se referem ao Estado, concernem ao Estado, põem o Estado como têrmo final de referência. Diz com precisão WESTEL W. WILLOUGHBY, "... political facts are those related to the State". Assim, denomina-se direito político a parte do direito que tem por objeto o Estado. Vd. à proposito, ADOLFO POSADA, Tratado de Derecho Político, cap. 1, t. I.

(6) KELSEN, Teoria general del Estado, p. 35.

(7) Um exemplo da bivalência do têrmo política, significando tanto ciência como filosofia, encontra-se nestas palavras de LINDSAY ROGERS: "The term covers the entire field of political life and behaviour. It embraces the relations between the State and the individual and in this sense is pratically synonymous with political philosophy", in Politics, Encyclopaedia of the Social Sciences, p. 224, t. XI-XII.

(8) Em ARISTÓTELES, o carater a um tempo científico e filosófico da Política decorre da natureza do objeto do conhecimento. O Estado, declara no livro primeiro, é a comunidade política mais elevada de todas as comunidades, que visa o bem no mais alto grau. (Nessa ideia do bem vai expressa a concepção ética da associação política). Vd. Politics, p. 1127, in The basic works of ARISTOTLE. Ao lado dos problemas da estrutura do Estado, da classificação das constituições, das formas de govêrno, das

O PROBLEMA DO OBJETO DA TEORIA GERAL DO ESTADO   271

causas e fins das revoluções, problemas de teoria científica do
Estado, encontramos a teoria filosófica do Estado, como ética
e doutrina do Estado ideal, doutrina das virtudes morais do cidadão e doutrina do melhor Estado, teoria do Estado ético.

(9) Todavia, convém ter em conta a ponderação de GIERKE quando
diz: "... already in the Middle Age the idea of the State arrived
at theoretical completion and the attribute of external sove-
reignty became the distinguishing mark of the State. The
Imperium mundi... had evaporated into an unsubstantial
shadow", para evitar a firmação de que o Estado, como entidade soberana, seja totalmente desconhecida, pelo menos no fim
da idade média. Vd. GIERKE, Political theories of the Middle
Age, p. 97.

(10) JEAN DABIN, Doctrine géneral de l'État, p. 8.

(11) Acentua HELLER que "A Ciência Política somente pode ter função de ciência se se admite que é capaz de nos oferecer uma
descrição, interpretação e crítica dos fenômenos políticos que
sejam verdadeiras e obrigatórias", in Teoria del Estado, p. 22.

(12) JELLINEK, L'État moderne et son Droit, p. 17. Quando JELLI-
NEK argumenta que a política busca fins absolutos que "não
podem ser determinados senão pela especulação metafísica", e
que essa disciplina "ne se présent comme une science de ce qui
est", mas busca "ce qui devrait être", exclue a política, como
filosofia do Estado, da teoria científica do Estado, por incompatibilidade **lógica** de dois sistemas.

(13) JELLINEK, op. cit. p. 35.

(14) Está dentro das linhas definidas da concepção lógico-jurídica o
seguinte enunciado: "Les éléments de la genèse et de la finalité
sont étrangers (vu leur caractère explicatif) à l'aspect de la
normativité pure: l'étude de la structure normative ne peut guére
s'interesser à ce probleme, à savoir: par quelles causes un
contenu déterminé a été élevé à la dignité normative", SIMONS

RUNDSTEIN, Observations sur la structure du "juridique", p. 18, in Archives de Philosophie du Droit et de Sociologie juridique, ns. 3-4, 1937.

(15) MANNHEIM, Ideologia y Utopia, ps. 100-104.

(16) Vd. KELSEN, La méthode et la notion fondamentale de la Théorie pure du Droit, ps. 183-204 (ensaio que é fragmento da Reine Rechtslehre) in Revue de Métaphisique et de Morale, 1934.

(17) Parece-nos exato o que diz G. GURVITCH, comentando LÉVY-BRUHL: "Vouloir connaître et prescrire en même temps, c'est vouloir prononcer à la fois des jugements de réalité et des jugements de valeur, tâche absolument impossible et contraditoire. Une théorie de **devoir être** est absolument impossible, toute théorie ne pouvant avoir pour objet que l'être", in Morale théorique et science des Moeurs, p. 10.

(18) As proposições normativas filosófico-politicas não representam sequer conversões, em forma imperativa, de proposições declarativas da ciência positiva dos fatos politicos. Não é, conforme estabelece GOBLOT, pela substituição do indicativo pelo imperativo que se obtém um sistema normativo. Num certo sentido, é certo que "todas as ciências são normativas, porque é sempre possivel utilizar estas verdades para a direção da ação". Agora, tal ciência normativa é, pròpriamente, ciência aplicada ou arte. Vd. EDMOND GOBLOT, Traité de Logique, ps. 1-13. Também é de observar que a verdade dos "jugements d'existence" é anterior a essa utilização "pour la direction de l'action"; La Logique des jugements de valeur, cap. I.

(19) A verdade e a falsidade residem no **logos apofantico**, cujo esquema formal puro exprime-se na formula "S é P", já pôsto com toda evidência por ARISTÓTELES. Da possibilidade de referir todos os enunciados proposicionais a um único gênero e a proposições fundamentais é que advém a unidade de uma ciência. ARISTOTLE'S Prior and Posterior Analytics, p. 597.

(20) Segundo a teoria de PFAENDER, as proposições enunciativas contêm. inerentes, a pretenção de verdade, a qual encontra seu

O PROBLEMA DO OBJETO DA TEORIA GERAL DO ESTADO 273

cumprimento na confirmação do objeto; o princípio de razão suficiente enuncia a condição dêsse cumprimento da verdade. Vd. PFAENDER, Logica, ps. 264-271. As proposições normativas, podemos dizer, não apresentam essa "pretenção de verdade", e sim uma pretenção de validade, pois condensam valores, e a intencionalidade de serem realizadas, conforme nos ensina MAX SCHELER. Validade e, ademais, eficácia encontramos nas proposições normativas do direito positivo. As proposições do direito natural, carecendo dessa efetividade, são como as normas filosófico-políticas: meramente ideais.

(21) É oportuna essa observação de MIRKINE-GUETZÉVITCH: La Méthode historico-empirique nous fait reconnaitre que le progrès de la conscience juridique s'exprime en ce fait que toute idée juridique apparait d'abord sous une forme philosophique, doctrinal. C'est le plus souvent une période de lutte, une période de révolution, une période de bouleversement. Mais si cette idée doctrinale entre dans la conscience juridique du peuple, elle doit nécessairement, au bout d'un certain laps de temps, perdre son caractère philosophique et prendre figure de problème tecnique", in Les nouvelles tendences du Droit Constitutionnel, p. 197.

Muitos princípios jusnaturalistas sôbre o direito e o Estado convertem-se em juridicidade positiva, depois da Revolução francesa de 89, com o que tais princípios perdem o aspecto especulativo e revolucionário que antes apresentavam. Para a formação e a transformação dialética das concepções filosófico-políticas, penetrantes observações colhemos no ensáio de ALOIS DEMPF, Filosofia de la Cultura, ps. 72-113. JELLINEK adverte que "é sobretudo no curso das revoluções políticas que se manifesta o processo segundo o qual o direito natural adquire o carater de direito positivo". Vd. op. cit. p. 522, t. 1.

(22) C. J. DUCASSE — Philosophy as a Science, ps. 113 e ss.

(23) Em rigor, teoria como a da força ou do poder não representa teoria justificativa do Estado. Lògicamente, constitue princípio explicativo do fato do Estado. Explicar não é justificar. Explicar é incluir um dado dentro de um complexo de lei, é mostrar

que o dado é decorrência causalmente determinada. As teorias justificativas a que fazemos referência são a teoria ética, a teoria jusnaturalista, a teoria metafísico-religiosa, teorias estas que, partindo do dado, procuram legitimá-lo pela recorrência a valores ou a princípios supra-empíricos. Vd. KELSEN, Teoria general del Estado, ps. 35-51.

(24) O dever-ser imanente e o dever-ser transcendente correspondem à distinção entre ideia e categoria, exposta por KELSEN. Vd. Reine Rechtslehre, ps. 20-24.

(25) Diz DABIN que "L'Etat étant une enterprise, une institution humaine, ne saurait pas ne pas avoir de fin. Il est impossible, sous prétexte de science positive, de méthode historico-empirique, de vouloir faire abstraction ici de tout finalisme. À peine le sociologue a-t-il le droit d'adopter ce point de vue et d'étuder l'Etat comme une 'chose', sans se demander à quelle fin il est ordonné ou même s'il est ordonné à une fín". Cf. Doctrine générale de l'Etat, p. 34.

É de notar que o sociólogo do Estado ou o que teoriza em forma de Teoria geral do Estado, na qualidade de saber **científico,** têm de recolher o aspecto finalista do dado, porque é um integrante dêste. Mas, o procedimento é simplesmente constatativo, descritivo, não valorativo ou crítico. Qualquer fim perseguido por um Estado concreto, individualista, supra-individualista ou transpersonalista (para tomar a classificação de RADBRUCH, in Filosofia do Direito, ps. 74-85) tem, para o sociólogo e o teórico do Estado, o mesmo grau de ser e consistir. Cientificamente, dentro dos limites da experiência, não há nenhum critério que permita preferir um a outro, desqualificar ou exaltar. Estes são atos preferenciais, fundados em tomadas de posição ante valores. Cientificamente, o Estado deve ser tratado como uma "coisa", procedimento metódico que DURKHEIM, em Les Règles de la méthode sociologique, estabelecia como indispensável no estudo de qualquer fato social. Para a Teoria geral do Estado vale o que KELSEN diz da Ciência do Direito: "Rechtfertigung bedeutet Wertung; und Wertung — stets subjekiven Charakters — sind Sache der Ethik und Politik, nicht aber der objektiven Erkenntnis. Nur ihr hat auch die Rechtswissenschaft zu dienen, wenn sie Wissenschaft sein will und nicht Politik", KELSEN, Reine Rechtslehre, p. 128. Apenas o formalismo radical de KELSEN não permite sequer recolher descritiva e objetivamente os fins dados históricamente, ou o fato do fins, pois o jurídico reside na forma e não nos diversos conteúdos (entre os quais, os políticos) recolhidos pela forma.

(26) A ideia de fim requer a categoria da vontade (vd. STAMMLER, Filosofia del Derecho, ps. 73-84. Mas, também a ideia de fins implica a de valores. As normas filosófico-políticas dirigem-se à vontade individual ou coletiva estatal, condensando, em forma prescritiva, os fins a serem realizados. Toda concepção do direito e do Estado contém um fundo filosófico de valores, implícita na teoria dos fins que o direito e o Estado devem implantar na realidade social.

Sistemàticamente, distinguimos (com MAX SCHELER, in Etica, ps. 263-271 t. 1, e com N. HARTMANN, in Ethics, ps. 232 e ss. t. I) os valores, "indifferent to real Being and Non-Being", e o dever-ser (que HARTMANN reparte em ideal e positivo, op. cit. p. 249) que "includes the tendency towards the reality" e se reveste lògicamente em normas. Aqui distinguimos as normas positivas, assim as do direito históricamente existente, e as normas supra-positivas, assim as normas filosófico-políticas, ou, aplicando conceptualmente o têrmo ética como compreensiva de todo o campo da filosofia prática, podemos denominá-las, como o faz KELSEN, normas ético-políticas. Vd. Teoria general del Estado, p. 52.

(27) A teoria do ser do homem sôbre a qual ARISTÓTELES desenvolve a Ética a Nicomaco está presente na Política (o final da Ética a Nicomaco transita para a Política; vd. NICOMACHEAN ETHICS, ps. 1109-1112, in The basic works of ARISTOTLE). Vd. KELSEN, La politique gréco-macédonienne et la Politique d'Aristóte, in Archives de Philosophie du Droit et de Sociologie juridique, ns. 1-2, 1934.

Assim, também, a concepção filosófica do homem que KANT, na analítica da razão pura prática, estabelece, concentrada na ideia fundamental do sujeito portador de liberdade e razão, e expressa de modo incomparável nas palavras: "duas coisas en-

chem o coração de uma admiração e de uma veneração sempre
novas e crescentes... o ceu estrelado sôbre mim e a lei moral
em mim" (vd. Critique de la raison pratique, p. 173) é o pressuposto da teoria politica kantiana que se encontra seja em Zum
ewigen Frieden, seja na Metaphysische Anfangsgrunde der
Rechtslehre.

(28) Valem aqui as palavras de JELLINEK: "Les juristes, persuadés
à tort qu'un système juridique doit être un tout fermé, ne re-
marquent pas, en général, que l'histoire du Droit est en même
temps une histoire des transgressions du Dront et des périodes
ajuridiques". Op. cit. p. 531.

(29) Vd. HERMANN HELLER, Teoria del Estado, p. 297; LEGAZ Y
LACAMBRA, KELSEN, Estudio critico de la teoria pura del Derecho... ps. 280-285. Diz LACAMBRA que "Estado e Direito
coincidem no Estado de Direito e no Direito do Estado", op.
cit. p. 282.

(30) MANNHEIM, Ideologia y Utopia, p. 106.

(31) R. CAPITANT critica a teoria da norma fundamental nêstes tèr-
mos: "Mais au sommet de cette pyramide se trouve non pas une
norme fundamentale, mais un legislateur suprême, qui est la
masse social", e continua, "C'est en réalité la masse sociale qui
constitue ce que M. KELSEN appelle le premier organe consti-
tuant". Vd. CAPITANT, L'Illicite, ps. 165-166, t. I. Apenas,
pouco feliz é a expressão de "masse sociale". Igualmente, RE-
CASENS SICHES faz retroceder a norma fundamental a um fato
ponente dessa norma: "a norma fundamental é um reflexo ou
expressão normativa da vontade coletiva triunfante. O edifício
jurídico positivo descança sôbre uma vontade social, funda-se,
em definitiva, sôbre uma instância suprema de decisão coletiva".
Vd. Filosofia del Derecho y Estudios de Filosofia jurídica, p.
479. Vd. também, CARL SCHMITT, Teoria de la Constitucion,
ps. 8-12. Em SCHMITT, encontramos a ideia de que a constituição decorre da decisão política do titular do poder constituinte (op. cit. ps. 26-27). O sentido da norma fundamental
kelseniana é a de ser a proposição que instaurou a competência

O PROBLEMA DO OBJETO DA TEORIA GERAL DO ESTADO 277

dêsse primeiro poder constituinte. Tal norma é uma postulação gnoseológica, para conferir autarquia lógica ao sistema de normas jurídicas estatais.

(32) La organizacion sistematica del Estado moderno y la previsibilidad del orden economico capitalista se condicionam reciprocamente. Ambas se hacen posibles tecnicamente por una racionalizacion formal del derecho..." HERMANN HELLER, op. cit. p. 301. Dessa correspondência, sacou MARX a concepção de que o Estado e o seu sistema jurídico funcionam como instrumento assecuratório da classe dominante. Sôbre a doutrina do Estado em MARX, v. RUDOLF SCHLESINGER, Marx, his time and ours, ps. 233-249. Para a compreensão do Estado moderno de direito como formação sociológica. CARLOS CAMPOS, Sociologia e Filosofia do Direito, ps. 131-140: Como ensáio de interpretação, com apreciavel quota de contribuição, vd. ARTURO ENRIQUE SAMPAY, La crisis del Estado de Derecho liberal-burgues, ps. 50.100. Igualmente valioso é o trabalho do Prof. SILVIO FRONDIZZI, El Estado moderno, ps. 19-155

(33) Muitos órgãos do Estado, comenta RECASENS SICHES, — o legislativo especialmente — desfrutam de ampla capacidade discricional ou arbitral para o estabelecimento das normas, cuja elaboração lhes compete. Porque entre todas as soluções, lògicamente possiveis, prefira o órgão estatal uma a outra é um problema que sòmente pode ser compreendido por um estudo dos "fatores vitais concretos que condicionam a decisão e sôbre as ideias políticas que a inspiram". Vd. op. cit. p. 481.

(34) A Teoria geral do Estado não se satisfaz com o ponto de vista jurídico puro sôbre a revolução. É este um fenômeno que ocorre tendo como referência intencional o Estado. É um fato politico (além de jurídico) e sociológico, que envolve uma dimensão de ideologia e uma filosofia de valores.

Sôbre o aspecto juridico da revolução, v. GEORGES BUR-DEAU, Traité de science Politique, cap. II, e ps. 541-547, t. I; CARLOS COSSIO, El concepto puro de Revolucion; PINTO FER-REIRA, Da Constituição, ps. 109-122 (compreensivo, ademais, do aspecto sociológico do problema da revolução). Para a crítica do problema da revolução, dentro dos principios da teoria pura do direito, vd. LEGAZ Y LACAMBRA, Kelsen — estudio critico de la teoria pura del Derecho... ps. 295-305; WILLIAM EBENSTEIN, The pure theory of Law, ps. 117-118.

O problema da revolução, do ponto de vista da teoria pura, v. KELSEN, General theory of law and State, ps. 117-118, 371-372: "From the juristic point of view, the decisive criterion of a revolution is that the order in force is overthrown and replaced by a new order in a way which the former had not itself anticipated". O fato da revolução se torna fato juridico por remissão lógica ao direito internacional, cuja anterioridade ao direito estatal é um "epistemological postulate".

A consagração, em lei, do direito de resistência à opressão confere à revolução o carater de objeto juridico. Dentro da própria ordem estatal o conhecimento dogmático encontra os pressupostos do conhecimento juridico da revolução. Assim, na legislação constitucional francesa de 89, o direito à revolução, de mero direito natural, converteu-se em direito positivo.

Sôbre a revolução como fenômeno sociológico, v. L. L. BERNARD, Social Control, ps. 337-372. É sociológico esse conceito de BERNARD: "Revolution is normally an acute application of force to a major problem in social control, either to counteract a previous application of force or to overcome the effects of exploitation, deception, and the other form of manipulation and indirection on a wide scale" p. 337.

Para a concepção jusnaturalista do direito de resistência, v. EUSTAQUIO GALAN Y GUTIERREZ, La Filosofia politica de Sto. Tomas de Aquino, ps. 199 e ss

Sobre a "continuidade do Estado" em face do fato revolucionário, vd. MIGUEL REALE, Teoria do Direito e do Estado, ps. 124-130.

A possibilidade permanente da revolução reside na polaridade, inerente à relação política, ou seja na estrutura do Estado mesmo, que HERMES LIMA (como DUGUIT) põe em evidência. Vd. HERMES LIMA, Introdução à Ciencia do Direito, p. 269.

CAPÍTULO VIII

O objeto da Teoria Geral do Estado em face do
problema filosófico

A filosofia do Estado é a última perspectiva sôbre o Estado, é o último e, ao mesmo tempo, o mais radical ponto de vista sôbre o fenômeno do Estado. Mas, precisamente, porque é filosofia, distingue-se da ciência **strictu sensu**. Se a Teoria geral do Estado pretende fixar-se nos limites de uma ciência empírica do fato político, tem de manter bem clara a linha divisória entre o problema filosófico e o problema científico acêrca do Estado.

Mantivemos a concepção do caráter não-filosófico da Teoria geral do Estado, com base na fundamental diferença **lógica** entre duas classes de problemas. E, visto que um problema decorre daquêle aspecto do dado sôbre o qual o sujeito do conhecimento interroga, a propositura de um problema equivale à propositura de um objeto. Consequentemente, mantivemos a idéia de que o objéto da Teoria geral do Estado distingue-se do objeto da Teoria filosófica do Estado. São duas teorias possíveis, incidentes sôbre um dado, são duas construções conceptuais delineadas sôbre uma mesma matéria a conhecer.

A concepção ora em fóco, afasta-se daquelas posições doutrinárias que sustentam a natureza filosófica da teoria do Estado. Afasta-se, assim, da orientação de um JEAN DABIN e aproxima-se da tendência de um KELSEN. Expressivo em DABIN é que sua "doctrine générale de l'État" acompanha-se do sub-titulo de "éléments de philosophie politique". Isto está, de resto, perfeitamente em consonância com a orientação filosófico-geral do grande professor da universidade de Louvaina.

A Teoria geral do Estado é possível, como construção científica, se o Estado contém os elementos que autorizem a formação de uma nova síntese, sôbre as sinteses já estabelecidas pela história, pela sociologia e pela jurisprudência teórica; em outros têrmos, é possível se, com os elementos dados, construimos mais um objeto. Êsse objeto é o Estado como fato de cultura, pôsto como base de um sistema de proposições. Se a sociologia destaca, nêsse fato de cultura, a trama de relações, de formas e de processos, verificando os conteúdos de significações — normas, valores, fins, idéias — em função de tais relações e processos sociais, não em si mesmos, e se, em contrapartida, a jurisprudência dogmática se detém nêsses conteúdos significativos e vê a inter-relação social através dos quadros lógicos das normas, falta um ponto de vista complementar e integralizador, um ponto de vista científico que recomponha a síntese real, existente no dado e só decomposta por artifício de método. O objeto é construção do sujeito, ainda que o material o tome o sujeito do dado a conhecer. A Teoria geral do Estado representa, justamente, esse ponto de vista. Da convergência de tantas disciplinas sôbre um mesmo dado, desde a sociologia, a história e as ciências que integram a jurisprudência teórica, decorrem as estreitas relações que as une. Em rigor, tem-se teorias que são framentos de uma teoria a espera de unificação. Falta uma teoria total do fato político, supra-ordenada às teorias científicas parciais. Essa teoria total não pode ser alcançada pelas ciências. As ciências são verdades parcialmente unificadas, são teorias parciais. Uma teoria integral últrapassa o limite de uma ciência a mais, de uma ciência ao lado das outras.

———————

Essa teoria integral, a teoria unificada, que suplanta a unilateralidade metódica das teorias científicas parciais, é a teoria filosófica do Estado. Vejamos.

A filosofia do Estado é um aspecto da filosofia do direito. Em rigor, são duas faces de um problema fundamental. Essa conexão de problemas é a versão lógica da conexão material direito e Estado. Se se parte do problema do Estado, incidir-se-á no problema do direito, e, recìprocamente. A co-implicação material impõe a co-implicação epistemológica. A co-implicação, todavia, não exprime identidade. O Estado não é idêntico ao direito. Os têrmos direito e Estado levam significações que têm correlatos objetivos diversos. Se fosse o mesmo correlato, teriamos dois têrmos com a mesma significação. O direito é constituinte do Estado, mas não é o único. Se fosse o único, teriamos superposição total entre direito e Estado, de sorte que onde faltasse norma de direito cessava o fato do Estado. Também, na hipótese da superposição total, faltaria sentido o princípio deontológico de que o Estado deve ser, por exigência ética, Estado jurídico. A história do Estado nos mostra que nem sempre o Estado se move numa órbita jurídica. KELSEN, que sempre é agudo no descobrir o resíduo ideológico que se disfarça em problemas jurídicos e políticos, quando, com máxima pureza científica, declara que Estado e direito são idênticos, formula uma proposição rigorosamente declarativa ou descritiva de objeto? Não existe um fundo inadvertido de valoração, por debaixo dessa enunciação logicamente pura? Não existe uma tomada de posição política, uma opção por uma dada forma de Estado e de concepção do mundo? Para afastar essa pergunta não basta com observar que, dentro dos lineamentos lógico-formais, qualquer método de produção de normas, quer o autocrático, quer o democrático, satisfaz o enunciado da identidade necessária entre direito e Estado.

Mas, nosso propósito, aqui, é delinear o tema da filosofia do Estado. Voltemo-nos, pois, para êle. A filosofia do Estado abriga, em realidade, varias questões, uma delas já abordada, ou seja, a da filosofia política. Mas, o problema filosófico-político, no sentido de deontologia do Estado, é um entre outros. A filosofia, ainda que materialmente especializada, como filosofia do direito e do Estado, é ciência **crítica**. A filosofia é crítica do saber científico, é crítica do conhecimento. E à filosofia do direito e do Estado não falta esse substancial caráter (1). É como crítica, que a filosofia do direito e Estado toma a Teoria geral do Estado, que é ciência empírica do Estado positivo ou históricamente dado. Do ponto de vista filosófico de estrita crítica do conhecimento, a Teoria geral do Estado é objeto de uma série de atos lógicos (2). Não é o objeto mesmo da Teoria geral do Estado que interessa sob êsse ângulo. É a Teoria geral do Estado, no que isso implica de cientificidade, de pesquisa sistemática da verdade sôbre o fato político. A Teoria geral do Estado é o **factum** da ciência, que serve de ponto de partida da reflexão crítica, como o **factum** da física newtoniana foi o ponto de partida da crítica transcendental kantiana. E o fato da ciência do Estado é um fato em periódica crise. Crise situacional que repercute em têrmos de crítica do conhecimento político. A razão dessa crise está apontada nestas palavras de HAROLD J. LASKI, logo no início de sua obra, **A grammar of Politics:** "**No theory of the state is ever intelligible save in the context of its time. What men think about the state is the outcome always of the experience in which they are immersed**" (3).

A filosofia do Estado, enquanto crítica do conhecimento, incide sôbre a Teoria geral do Estado. São os conceitos fundamentais dessa teoria, são os princípios formais e os pressupostos que garantem a construção dessa teoria que entram em discussão. Com isso, compreendem-se as íntimas relações que entre ambas existem. A filosofia do direito e do Estado, no que contém de filosofia, é lógica das ciências jurídicas e lógica das ciências políticas. É algo mais. Mas, é, antes de tudo, teoria formal e teoria material do conhecimento jurídico e político. É, como já aludimos, a crise sociológica do direito e do Estado, que comunica a situação de crise às ciências da realidade jurídico-política, crise, que toma a última expressão nessa "crise de fundamentos", fórmula lógica que, de certo modo, oculta a última matriz dessa situação de crise, que é a crise do homem e da cultura.

A este aspecto especulativo e puramente teórico, acresce, dentro da filosofia do Estado, o lado prático ou deontológico. A filosofia do Estado, na qualidade de deontologia do Estado, é justamente o que puzemos em relêvo, ao focalizar o problema da filosofia política. Se naquele primeiro aspecto, temos razão pura jurídica, neste segundo, temos razão prática ou ética política. Às ciências formais e às ciências naturais basta a razão pura teórica. Mas, as ciências sociais, particularmente as ciências jurídicas e políticas, requerem mais. Requerem o deontológico, ademais do meramente lógico. O deontológico sòmente cobra sentido em relação com o ser do homem (4). É, em última instância, o ser do homem que impõe, ao lado da visão teórica, a consideração prática ou normativa, a ética no sentido compreensivo de todo o normativo. A filosofia política é um sector do ético, é o campo da normatividade, cujo sujeito que serve de têrmo referencial é o Estado. Por ser um sector do ético é que vemos como, em ARISTÓTELES, da ética, em sentido restrito, sai a teoria política. Sòmente a política como arte ou pragmática da ação pode abstrair do fundamento supra-positivo de carater ético. Com dizer que pode, nada está dito quanto à legitimidade daquilo, que geralmente se chama "realismo político", da política por si mesma, como técnica do exito e do poder, cuja expressão filosófica atual mais acabada é a spengleriana, como outrora o foi a maquiavélica (5).

Não se esgota a filosofia do Estado com a deontologia. Dever-ser, quer o jurídico-positivo, quer o jurídico supra-positivo, implicam o complemento de uma região de valores (6). É um fato que a comunidade realiza valores, que reconhece valores, que mantém uma tábua de valores, que distribue os valores numa relação vertical, onde uns valem mais que outros. Êsse fato é constatável pela psicologia, pela sociologia e pela história da cultura, cada uma destas três disciplinas considerando os valores sob um ponto de vista. Mas, se, cientìficamente, não cabe ir mais além da positividade dos valores, dos valores dados, já vigentes ou em vigência, filosòficamente é possível regredir e chegar, pelo menos, a esse "postulado da cultura", que é a região dos valores. A existência dessa região, e para evitar a extrapolação metafísica, é dada como um postulado indispensável. Sem êsse postulado, é impossível uma crítica dos valores, uma valoração dos valores positivamente dados. Se não postulamos que há valores objetivamente válidos, cairemos na justificação total de qualquer valor dado, cairemos no relativismo axiológico, que, se em teoria é inócuo, na prática, no domínio da vida política e da ação real do Estado, é de funestas consequências. Em verdade, em qualquer ação concreta do homem público, em qualquer decisão do estadista, ou, então, nas ações individuais ou nos movimentos revolucionários, na crítica ao poder constituido e no pensamento de revisão da forma política de existência, vai, em tudo isso, implicado o postulado de que há valores que valem mais que outros, valores que valem objetivamente, ou a convicção de que os valores não se dispõem horizontalmente, com igual relevância. A ação política ou a teoria política envolvem, sempre, o pressuposto dos valores.

A filosofia política, como ética do Estado, é doutrina do dever-ser. É deontologia estatal. O complemento, ou melhor, o fundamento dessa exigibilidade normativa, em face do Estado positivo, reside num postulado axiológico. A deontologia funda-se na axiologia. A deontologia política é a expressão normativa de certos valores, daqueles valores não realizáveis pelo indivíduo, ou por simples grupos e associações, mas realizáveis pela comunidade, como comunidade estatal. Valores para os quais tende a vocação do Estado. Há valores ante os quais o Estado experimenta êsse especial chamamento, essa **vocatio**. Assim os valores de justiça, de ordem, de legalidade, de segurança, de paz. Dentro de certas condições sociológico-históricas, só o Estado pode implantar, na realidade, tais valores, pois que são valores cuja efetivação ultrapassa o indivíduo, quer pela dimensão temporal, quer pela mesma natureza do valor a realizar. São valores supra-individuais, e que implicam uma coesão, estrutura e origanização não satisfeitas pelas menores formações supra-individuais, como os grupos, as classes e as associações. Logo no livro primeiro de sua **Política**, ARISTÓTELES afirma que o Estado ou a comunidade política é a associação mais elevada de todas, que envolve todas as demais (no texto da tradução: "... the state or political community, which is the highest of all, and which embraces all the rest..." op. cit. p. 1127), com isso pondo em evidência a originalidade essencial e a magnitude do Estado. Se o Estado é algo com essência própria, o Estado tem seus valores próprios, como os tem a personalidade individual (7). Assim, a caridade ou a misericórdia não são valores susceptíveis de realização pelo Estado: são valores para a personalidade individual. É por isso que, para dizê-lo com NIETZSCHE, "Dort, wo der Staat aufhört, da beginnt erst der Mensch, der nicht uberflussig is..."

A teoria filosófico-política, fundo ideológico de toda verdadeira revolução, sempre pretende determinar o que deve ser e como deve ser o Estado, seja sua própria estrutura fundamental, seja simplesmente a forma política de govêrno, a distribuição do poder, os direitos individuais, etc. e tem sua última base numa opção de valores. Quando se põe limites ao Estado, quando se determina até onde pode ir o Estado, quais os fins e as tarefas que lhe competem e quais as linhas intransponíveis para a ação estatal, necessàriamente, quer advertida, quer inadvertidamente, distribue-se o campo dos valores, em valores reservados aos indivíduos, e valores reservados à comunidade estatal. Empìricamente, a esfera do Estado é u'a magnitude variável, uma grandeza em função de condições histórico-sociológicas. Determinar o que deve ser extra-estatal só é possível fazê-lo apriori, com base em uma teoria dos valores e, radicalmente, em uma teoria do ser homem, em uma ontologia do homem (8).

O último aspecto da teoria filosófica do Estado é a teoria do ser do Estado. Essa teoria representa o ensaio de superar a unilateralidade das teorias científicas dentro de uma concepção onicompreensiva do Estado.

Uma teoria do ser do Estado ultrapassa o limite de u'a mera síntese do saber das ciências empíricas, a maneira de um quadro sinótico do conhecimento distribuido nas distintas regiões científicas. Uma simples síntese ou sinopse não confere a um sistema de conhecimentos o grau abstrato de saber filosófico. Continuará, nada obstante a maior generalidade a que chegue, continua tal síntese no plano lógico das ciências.

A ontologia do Estado é a última possibilidade filosófica sôbre o ser estatal. Representa a tentativa de superar a pluralidade de objetos que o sujeito, ao encontro do existente que é o Estado, delineia e constroi. Mas, uma ontologia do Estado, se não quer perder-se no vasio, tem de ser uma continuação das ciências: tem de partir do saber científico, **saber que recolhe a título de dados** para alcançar o existente que é o Estado (9). É, pois, ensaio provisório, tentativa de conciliar a multiplicidade de aspectos que cada ciência expõe. História do Estado, sociologia do Estado, ciências dogmáticas do Estado, Teoria geral do Estado são postulações de objetos em face de uma realidade, cuja totalidade integra requer, lògicamente, uma teoria unitária, uma teoria integral (10). Só uma teoria do ser do Estado, a título de metafísica dogmática racionalista, sem contacto com as ciências estará condenada a esterilidade e à **falta de crédito.**

Com a brevidade de um esquema, temos exposto o campo de problemas que compete à filosofia do Estado. A filosofia do Estado compreende, em primeiro lugar, teoria das ciências empíricas que convergem para o Estado, ou seja, filosofia das ciências políticas. É, pròpriamente, a lógica ou a teoria das ciências políticas. Sob êsse aspecto, a Teoria geral do Estado cai dentro da esfera das investigações filosóficas. A Teoria geral do Estado é objeto de análises lógicas, análises que incidem sôbre sua estrutura formal, quanto sôbre seus pressupostos gnoseológicos. Todas as reflexões sôbre o que é a Teoria geral do Estado, sôbre seus conceitos fundamentais, sôbre as condições de sua validade, sôbre o tipo de ciência que é, são de caráter filosófico-científico e representam os "fundamentos lógicos" indispensáveis e sempre presentes nos trata-

dos científicos de Teoria geral do Estado. A presença aí, todavia, não nos deve fazer perder de vista que são, justamente,
pressupostos filosóficos.

Além disso, a filosofia do Estado é filosofia normativa
ideal. Razão pura, naquele primeiro aspecto, agora, é razão
prática. É, pròpriamente, a filosofia política ou concepção
ético-política do Estado. Podemos denominá-la de deontologia
política. É a teoria do que deve ser o Estado, a teoria do Estado justo, ou ideal. Aqui, o que sobreleva é o Estado mesmo,
o como deve ser o Estado, ao passo que, no aspecto teórico
anterior, a filosofia incidia sôbre o fato da ciência política, em
seu conjunto, um de cujos membros é a Teoria geral do Estado.

Mas, a deontologia política remete aos últimos fundamentos de suas normas ideais. Se exige idealmente do Estado, é
porque quer implantar os valores que se apresentam mais altos na escala dos valores. O fundamento da deontologia é a
axiologia, i.é., o segmento do universo de valores que seja
susceptível de realização pelo Estado.

Finalmente, temos a teoria do ser do Estado, dentro de
cujos lineamentos se ensaia a solução das controvérsias científicas especializadas. São controvérsias que surgem da ponên-
cia de vários objetos ante um só existente, são discrepâncias e
discordâncias que existem entre as concepções do Estado e entre os sistemas científicos que convergem para o Estado. Discordâncias entre sociologia e jurisprudência dogmática, entre
história e sociologia, entre a temporalidade do histórico e a
idealidade do **logos** normativo, entre a validade jurídica e a

condicionalidade do valer ante os fatos histórico-sociológicos, entre o ponto de vista do ser e o ponto de vista do dever-ser, entre o dever-ser imanente do direito positivo estatal e o dever-ser transcendente da deontologia política, entre o Estado real e o Estado ideal. São conflitos de pontos de vista entre as ciências empíricas, e entre estas ciências e a deontologia política. A teoria do Estado, como teoria onicompreensiva do Estado, não pode fazer caso omisso dessas antinomias e contraposições. Sua missão começa aí, recolhendo o pluralismo das soluções e a controvérsia dos problemas, para chegar a estabelecer a teoria de uma região, em sentido husserliano, a teoria da região ou dêsse sector do existente que é o Estado. Ainda peso das críticas kantianas à investigação metafísica, nos inclina a conceber essa eidética material do Estado, como esquema provisório e aberto, em contacto com as ciências, e nos faz scépticos da possibilidade de uma aprioística regional do fato do Estado, com validade absoluta e definitiva.

O problema do objeto da Teoria geral do Estado é o problema da determinação de um campo de investigações que lhe seja próprio. O conceito de campo bem patenteia que a determinação de um objeto equivale à circunscrição de uma esfera não coincidente com outras esferas delineadas por outras ciências. O objeto da Teoria geral do Estado obtém-se mediante uma linha que se traça dentro da realidade multilateral e complexa que é a realidade estatal. E não se pode obter essa circunscrição de um território autônomo, sôbre uma realidade que corporta várias outras delimitações segmentais, sem proceder sob forma positiva e negativa, ou seja, determinando qual é o círculo de problemas próprio do conhecimento teórico-estatal, e o que não é, o que fica, automàticamente, excluido. Delinear o objeto da Teoria geral do Estado importa, forçosamente, num procedimento de inclusão e de simultânea exclusão. Dai ser necessário verificar como se limitam e se excluem, ao mesmo tempo como se complementam, num ponto de vista superior, o problema histórico do Estado, o problema sociológico do Estado, o problema jurisprudencial-dogmático do Estado, o problema filosófico-histórico do Estado inclusivè, finalmente, o problema filosófico-sistemático do Estado.

Não basta com especificar que a Teoria geral do Estado dirige o conhecimento para a soberania, para os elementos constituintes do Estado, para os órgãos e as funções estatais, para o poder estatal, para a dualidade governante e governados, para as formas do Estado e as formas de govêrno, para a investigação do regime representativo ou a natureza dos fatos administrativos, para a constituição ou o problema do direito e do Estado. Pois que, para estes problemas e fatos, não só a Teoria geral do Estado se dirige. Também a história política e a sociologia política, a filosofia da história e a filosofia política têm estes problemas e fatos como foco convergente de suas respectivas investigações. Não basta, pois, discriminar e apontar para se obter um campo, lògicamente autònomo, que sirva de suporte a um sistema de conhecimentos. É mister pôr em evidência sob qual ponto de vista a Teoria geral do Estado elabora, conceptualmente, estes dados, o que significa, qual, precisamente, o objeto pôsto, sob qual forma o sujeito do conhecimento recolhe linhas e elementos distribuidos em outras constelações objetais para constituir mais uma forma de intersecção e de confluência, da qual resulte o objeto do conhecimento da Teoria geral do Estado. Se a constituição não permitir mais que um estudo dogmático-jurídico, p. ex., só é possível pôr a constituição como objeto jurídico; se o poder não corportar mais que investigação sociológica, só será possível o poder como objeto sociológico, e, assim, para os demais problemas. Da possibilidade de examinar, os mencionados problemas, sob perspectiva não coincidente com a perspectiva histórica, sociológica, jurídico-dogmática, depende a possibilidade de um objeto para mais uma ciência empírica, que é a Teoria geral do Estado. Mas, precisamente porque o objeto é uma construção simplicadora e unilateral sôbre algo multilateral e constituido de aspectos em "multiplicidade de interpenetração" — para tomar uma expressão bergsoniana —, precisamente por isso, para traçar o perfil lógico de um objeto, entre vários outros objetos, faz-se necessário, ao lado do trabalho de seccionar um cámpo operacional de conhecimento, tomar conhecimento, ainda que para excluir, das zonas marginais e das adjacências, do espaço restante em o qual as demais ciências recortam, mediante seus conceitos fundamentais (categorias), seus próprios territórios de problemas.

Assim, explicamos porque foi inevitável, para dar expressão **lógica** ao problema da Teoria geral do Estado, i. é., o problema do seu objeto, a incursão em várias ordens de problemas. A congruência formal da investigação e a unidade do tema pôsto foram, rigorosamente, mantidas. Em todos os passos, o problema fundamental foi o problema do objeto, a possibilidade de mais um objeto além de outros objetos, já conceptualmente construídos sôbre a realidade do Estado. Julgamos que o caminho seguido nos conduziu a legitimar a existência da doutrina geral do Estado e que, sem a percepção clara do que é, e do que não é pertinência dessa disciplina, incorremos no desacêrto de envolver problemas diferentes, e, consequentemente, de amalgamar objetos diversos, conferido a esse sincretismo, formalmente impuro, a denominação unitária de Teoria do Estado. Isso não importa, é certo, em converter a Teoria geral do Estado numa ciência sem contactos com as demais ciências que fazem do Estado diferentes objetos de conhecimento. Sòmente uma lógificação que envolva a ciência e converta o próprio objeto em algo lógico pode se manter em hermético isolamento. Por mais irredutíveis que sejam os objetos, todos êles são perspectivas de uma mesma realidade. A realidade impõe a necessidade de relações entre as ciências empíricas e requer, porque é uma, a visão integral e onicompreensiva de sua plena constituição. Essa última compreensão total, ainda que o ponto de partida esteja nos resultados das investigações científicas especializadas, só recebe cumprimento na etapa lógica de uma teoria do ser do Estado, teoria, como dissemos, aberta e hipotética, porque tem uma grande parte dos seus **data** no conhecimento científico positivo, não sendo, pois indiferente ante o "estado atual" das ciências políticas. Não sem excesso, se pode dizer, sem resvalar para o relativismo radical, que cada etapa da histórias das ciências políticas tem seu acabamento super-estrutural numa teoria do ser do Estado (em sua última raiz vinculada à concepção do homem e à concepção do mundo).

O método seguido para pôr, em primeiro plano, o problema do objeto da Teoria geral do Estado foi o de uma análise de conceitos e problemas fundamentais. O método de análise é lento em seu discorrer progressivo, iterativo em seu desdobramento, pais cada fase alcançada exige o retroceder a enunciados já estabelecidos. É procedimento que impõe o retomar o já demonstrado, para que se possa enriquecer o já pôsto com uma nova determinação. O método analítico é, para dizer com N. HARTMANN, um dar voltas em tôrno do objeto. Diremos: é um traçar círculos diversos em volta do problema, cada círculo envolvendo o anterior e ultrapassando-o. Êsse método tira, naturalmente, muito a elegância da forma, a fluência do discorrer, o caráter fluente e progressivo do discurso do pensamento. Essa perda do elemento estético da prosa científica é o preço que se paga pelo manêjo do instrumental lógico. Mas, o esforço em busca da verdade, justifica satisfatòriamente esse sacrifício da forma.

---

(1) De certo modo, pode dizer-se da filosofia do direito e do Estado, em geral, estas palavras de ROSCOE-POUND: "...modes of rationalizing the juristic desires of the time..." in An introduction to the Philosophy of Law, p. 49.

(2) No esquema estabelecido por DEL VECCHIO, não encontramos, como tema filosófico-jurídico, a filosofia das ciências jurídicas, cifrando-se a indagação lógica no problema do conceito do direito. Cremos que uma filosofia do direito e do Estado tem de

abranger essa lógica das ciências jurídicas e políticas. É justamente a lógica formal e a lógica transcendental (teoria do conhecimento) do conhecimento jurídico e político. Vd. DEL
VECCHIO, sobre o que mencionámos, Filosofia del Derecho,
ps. 21-28. Estamos, no assunto em tela, com COSSIO. Vd. La
Teoria egológica del Derecho, ps. 131 e ss.; La plenitud del
ordenamiento jurídico ps. 273 e ss.

(3) H. J. LASKI, A grammar of Politics, p. I.

(4) O lógico e o deontológico fundamentam-se naquela dualidade
expressa por KANT, nestes têrmos: "The understanding can
know in nature only what is present, past or future. It is
impossible that anything in it **ought to be** different from what
it is in reality, in all these relations of time. Nay, if we only
look at the course of nature, the ought has no meaning whatever.
... This ought expresses a possible action..." Critique of pure
Reason, p. 443.

(5) É exato o que diz KUNG CHUAN HSIAO: "The history of Western
political thought may be viewed, in a general way, as a con-
tinuous reaction between two opposite conceptions of the state,
that is, between the state as supreme ethical ideal, absolute and
all-embracing in its complete meaning, and the state as a mere
social instrument designed for a limited purpose." Vd. Political
pluralism, p. 209. A concepção aristotélica e a concepção maquiavélica, em suas várias nuances, compendiam essa polaridade
do pensamento político ocidental.

A deontologia política é uma parte da filosofia prática, ainda
que o têrmo "prático", na jurisprudência e na teoria política
tenha algo de diferente do sentido que tem na ética. A propósito,
N. HARTMANN. Vd. Ehics, ps. 32-34, t. I. Vd. DEL VECCHIO
Filosofia dél Derecho, p. 21.

(6) Esse universo de valores não é aqui entendido metafìsicamente.
A ciência desse mundo é a axiologia. "Philosophers — nos diz
BENJAMIN N. CARDOSO — have given the name of axiology,
or science of values, to the study that busies with estimate of
comparative values in ethical, social or aesthetic problems." V.
The growth of the Law, p. 94. Sobre os valôres, do ponto de
vista filosófico, ALFRED STERN, La philosophie des valeurs;

WARD L. RICHARD, Philosophy of value; N. HARTMANN, Ethics, p. 183 e ss., t. I (não obstante mais circunscrito ao campo dos valores éticos); PAUL ROUBIER, Théorie générale du Droit, p. 267 e ss.; R. LE SENNE, Le problème en axiologie, ps. 7-31 (em rigor, uma metafísica dos valores) in Publications de l'Institute internationale de Philosophie, n. 1078; Les valeurs, in Actes du IIIe. Congrés des Societés de Philosophie de la Langue Française, especialmente os trabalhos de E. BREHIER, E. DUPRÉEL, F. GONSETH, entre outros; SEBASTIAN SOLER, Los valores juridicos, ps. 12 e ss., circunscreve-se a uma teoria dos valores juridicos; também dentro do campo da axiologia juridica, MARC RÉGLADE, Valeur sociale et concepts juridiques, ps. 57-66; CARLOS COSSIO, La teoria egologica del Derecho, ps. 266-269; WILHELM SAUER, Filosofia juridica y social, ps. 123-124; MAX ERNEST MAYER, Filosofia del Derecho, ps. 147-191; F. LARROYO, Filosofia de los valores, ps. 183 e ss.; G. E. MOORE, Philosophical studies, ps. 253-275; ORTEGA Y GASSET, Obras completas, ps. 317-337, t. VI; FRANCESCO ORESTANO, Los valores humanos, ps. 43-228; G. RADBRUCH, Filosofia do Direito, ps. 7-13. Contra a hipótese metafisica do universo de valores, vd. a concepção ficcionista de H. VAIHINGER, The philosophy of "as if". Diz VAIHINGER que "a true critical **philosophy of values**... will have to take the form of a Philosophy of As if. Op. cit. p. 337.

(7) Estes valores constituem a esfera do ético, pròpriamente dito. Observa R. M. MacIVER: "The sphere of morality can never therefore be coincident with the sphere of political law. Morality is always individual... It is very confusing to speak, as some do, of **state-morality** and to contrast it with **individual morality.**" Vd.Vd. The modern State, p. 156.

(8) Para uma teoria do homem, uma teoria da cultura e teoria dos valores, vd. o excelente trabalho de FRANCISCO ROMERO, Teoria del hombre, especialmente caps. III e VII.

(9) Concebemos a ontologia do Estado como a última etapa possivel de conhecimento. É a ontologia regional do sector juridico-estatal. O caminho para alcançar esse plano é o fenomenoló-gico. Tomamos a fenomenologia como método e, naquela teoria

O PROBLEMA DO OBJETO DA TEORIA GERAL DO ESTADO 301

regional, nos detemos; não prosseguimos, pois, até o domínio da fenomenologia pura. Para a compreensão do que fica estabelecido, com inevitável brevidade, vd. E. PARL WELCH, The Philosophy of EDMUND HUSSERL, ps. 111-204. Bastante instrutivo é o cap. III do livro de RENATO TREVES, Sociologia y Filosofia Social, ps. 65-86. Para uma fenomenologia do social, vd. ALFRED SCHUTZ, Phenomenology an Social Sciences, in Philosophical essays in memory of E. HUSSERL. SCHUTZ vê o social como "an intersubjective world of culture", op. cit. p. 180, cuja estrutura obtém pela descrição fenomenológica.

Sob orientação diversa da seguida na presente dissertação, ARTURO ENRIQUE SAMPAY, em seu ensáio, Ontologia del Estado, na revista Ortodoxia, ps. 409-429.

(10) A unilateralidade metódica das ciências empíricas dá margem a contraposições que precisam ser recolhidas e integradas numa concepção de conjunto. Vimos contraposições entre o ponto de vista genético da sociologia e o ponto de vista da validade da jurisprudência e da teoria logica do direito e do Estado; entre o ser e o dever-ser, entre realidade e idealidade, entre a prioridade histórico-sociológica do direito ante o Estado e a simultaneidade lógica, por assim dizer, entre direito e Estado, entre o Estado positivo e o Estado ideal, entre os vários conceitos do Estado, cada um recortando, segundo uma perspectiva, a realidade total do Estado, pluralizando essa única realidade em diversos objetos. Uma ciência particular qualquer é incapaz de solucionar tais conflitos, visto que ultrapassam a órbita especializada de cada ciência. O tópico do problema e o ensaio de solução, não indiferente, deixámos expresso, às investigações cientificas de carater juridico e politico, acha-se na teoria do ser do Estado. Até que ponto aquelas contraposições são **aporias,** vd. LEGAZ Y LACAMBRA, Kelsen: estudio critico de la teoria pura del Derecho, ps. 306 e ss. Repleto de sugestões é o ensaio de JUAN LLAMBIAS DE AZEVEDO, Eidetica y Aporetica del Derecho. LLAMBIAS DE AZEVEDO vê o problema da filosofia jurídica no tratamento e solução das aporias que o direito positivo apresenta. V. op. cit. p. 132. Para a idéia de aporia, v. N. HARTMANN, Les principes d'une Métaphysique de la connaissance, ps. 79 e ss., t. I.

BIBLIOGRAFIA

Azambuja, D. — Teoria Geral do Estado — Rio — 1953

Athayde, T. de — Política — Rio — 1932

Aron, R. — La Sociologie allemande contemporaine — Paris — 1950

Ayala, F. — Sistema de la Sociologia — Buenos Aires — 1947

Aristotle — Politics — in The Basic Works of Aristotle — New York — 1941

Prior and Posterior Analytics — Oxford — 1949

Nicomachean Ethics — in The Basic Works of Aristotle — New York

Azevedo, J. L. — Eidetica y aporetica del Derecho — Buenos Aires — 1940

Azevedo, F. de — Principios de Sociologia — S. Paulo — 1935

Bauer, G. — Introducción al estudio de la Historia — Barcelona — 1952

Battino, R. — Les doctrines juridiques contemporaines en Italie — Paris — 1939

Backeuser, E. — Alguns conceitos geográficos e geopoliticos — Boletim Geografica n. 38 — 1946

Brentano, Th. Funck — La Politique — Paris — 1892.

Burgess, W. — Research methods in Sociology — in Twentieth Century Sociology, Edited by G. Gurvitch and W. E. Moore — New York — 1945

Bouglé, C. — Leçons de Sociologie sur l'évolution des valeurs —
Paris — 1929

Boutroux, E. — De l'idée de Loi naturelle dans la science et la philosophie contemporaines — Paris — 1950

Bernard, L. L. — Social Control — New York — 1939

Burckhardt, J. — Historia de la cultura griega — Madrid — 1935

Burgess, J. W. — The foundations of political science — New York
— 1933
— Political Science and comparative Constitutional Law, 2 vols.
— New York — 1913

Burdeau, G. — Traité de Science politique, 4 tomos — Paris — 1949

Bluntschli, M. — Théorie générale de l'État — Paris — 1881

Calmon, P. — Curso de Teoria geral do Estado — Rio 1949
Historia das ideias politicas — Rio — 1952

Capitant, R. — Lillicite, t. I, L'impératif juridique — Paris — 1929

Cossio, C. — La teoria egológica del Derecho y el concepto jurídico
de Liberdad — Buenos Aires — 1944.
El Concepto puro de Revolución — Barcelona — 1936
La plenitud del ordenamiento juridico — Buenos Aires — 1947
Las posibilidades de la Logica juridica según la Logica de Husserl
— Instituto de Filosofia del Derecho y Sociologia n. 23 — 1951

Cossio—Kelsen — Problemas escogidos de la Teoria pura del Derecho
— Buenos Aires — 1952

Campos, C. — Sociologia e Filosofia do Direito — Rio — 1943

Carnap, R. — Le problème de la Logique de la Science — Paris — 1935

Cassirer, E. — The myth of the State — New Haven — 1946

Cardozo, B. N. — The growth of the Law — New Haven — 1948

Del Vecchio, G. — Filosofia del Derecho — Barcelona — 1942
— Justice, Droit, État — Paris — 1938

O PROBLEMA DO OBJETO DA TEORIA GERAL DO ESTADO 305

Duguit, L. — Traité de Droit Constitutionnel — Paris — 1921

Dabin, J. — Doctrine Générale de l'État — Belgique — 1939

Ducasse, C. J. — Philosophy as a Science — New York — 1941

Ducassé, P. — Méthode et intuition chez Auguste Comte — Paris — 1939

Dilthey, W. — Introduction à l'étude des sciences humaines — Paris — 1942

Dupreel, E. — Sociologie générale — Paris — 1948

Durkheim — Les Règles de la méthode sociologique — Paris — 1927

Dempf, A. — Filosofia de la cultura — Madrid — 1933

Djuvara, M. — La pensée de Giorgio del Vecchio, in Archives de Philosophie du Droit et de Sociologie juridique, ns. 3-4 — 1937.

Ehrlich, E. — Fundamental Principles of the Sociology of Law — Cambridge, Mass. 1936

Ebenstein, W. — The pure Theory of Law — Univ. of Wisconsin — 1945

Echavarria, M. — Sociologia: teoría y técnica — Mexico — 1946

Ferreira, P. — Da Constituição — Recife — 1946
Teoria do espaço social — Rio — 1936
Principios do Direito constitucional moderno — Recife — 1948

Ferrara, F. — Interpretação e aplicação das leis — S. Paulo — 1937

Freyre, G. — Sociologia, 2 tomos — Rio — 1945

Farber, M. — The foundation of phenomenology — Harvard Univ. Press. — 1943

Frondizi, S. — El Estado moderno — Buenos Aires — 1945

Freyer, H. — La sociologia, ciencia de la realidad — Buenos Aires — 1944

Fischbach, O. G. — Teoria general del Estado — Barcelona — 1934
Derecho politico general y Constitucional comparado — Barcelona — 1934

Gettell, R. G. — History of political thought — London — 1951

Groppali, A. — Dottrina delli Stato — Milano — 1945

Gurwitsch, A. — Présupositions philosophiques de la logique, Revue de Métaphysique et de Morale, n. 4 — 1951.

Gurvitch, G. — Sociology of Law — New York — 1942
La vocation actuelle de la Sociologie — Paris — 1950
Morale théorique et Sciences des Moeurs — Paris — 1948

Gutiérrez, E. G. — La Filosofia politica de Sto. Tomas de Aquino — Madrid — 1945

Greenwood, E. — Experimental Sociology: a study in method — 1945

Greco, C. N. — Sociologia juridica — Buenos Aires — 1949

Goblot, E. — Traité de Logique — Paris — 1947
La logique des jugéments de valeur — Paris — 1927

Gierke, O. — Political theories of the Middle Age — London — 1951

Husserl, E. — Investigacciones logicas, 4 tomos — Madrid — 1929
Ideas: general introduction to pure phenomenology — London — 1931

Hegel — Principes de la philosophie du Droit — Paris — 1940
Filosofia de la Historia universal, 2 tomos — Madrid — 1928

Heller, H. — Teoria del Estado — Mexico — 1942
Political Science, in Encyclopaedia of the social Sciences, vols. XI-XII

Holstein, G. — Historia de la Filosofia politica — Madrid — 1950

Hartmann, N. — Les principes d'une métaphysique de la connaissance, 2 vols. — Aubier — Paris.
Ethics, 3 vols. — New York — 1950

Hubert, R. — Science du Droit, Sociologie juridique et Philosophie du Droit, in Archives de Philosophie du Droit et de Sociologie juridique, ns. 1-2 — 1931

Heck, Ph. — Interpretação da lei e jurisprudencia de interesses — São Paulo — 1948.

Haesaert, J. — Théorie générale du Droit — Paris — 1948

Horváth, B. — Sociologie juridique et théorie processuelle du Droit, in Archives de Philosophie du Droit et de Sociologie juridique — 1935

Hodges, H. A. — The philosophy of Wilhelm Dilthey — London — 1952

Hernandez Gil, A. — Metodologia del Derecho — Madrid — 1945

Hsiao, K. C. — Political pluralism — London — 1927

Izaga, S. J. — Elementos de Derecho Politico, 2 tomos — Barcelona — 1952

Jellinek, G. — L'État moderne et son Droit, 2 vols — Paris — 1911

Jhering, R. von — La dogmática jurídica — Buenos Aires — 1946

Joergensen, J. — The development of Logical Empiricism — Chicago — 1951.

Kranenburg, R. — Teoria politica — Mexico — 1941

Korkounov, N. M. — Cours de théorie générale du Droit — Paris — 1903

Kahn, P. — Idéologie et sociologie de la connaissance dans l'oeuvre de Karl Mannheim, in Cahiers Internationaux de Sociologie, vol. VIII — 1950

Kelsen, H. — La méthode et la notion fondamentale de la théorie pure du Droit in Revue de métaphysique et de Morale — 1934.
Teoria general del Estado — Madrid — 1934
General theory of Law and State — Cambridge, Mass. 1945.

Kelsen, H. — La politique greco-macédonnienne et la **Politique** d'Aristote, in Archives de Philosophie du droit et de Sociologie juridique, ns. 1-2- — 1934

La idea del Derecho natural y otros ensayos — Buenos Aires — 1946

Reine Rechtslehre — Leipzig — 1934

Teoria geral do Estado — S. Paulo — 1938

Kant — Critique of pure reason — London — 1949

Critique de la raison pratique — Paris — 1949

Kaufmann, F. — Methodology of the Social Sciences — New York — 1944

Lacambra, L. L. y — Kelsen, estudio critico de la teoria pura del Derecho y del Estado de la Escuela de Viena — Barcelona — 1933

Introducción a la Ciencia del Derecho — Barcelona — 1943

Introducción a la Teoria del Estado nacional sindicalista — Barcelona — 1940

Larroyo, F. — Historia de la Filosofia en Norte-America — Mexico — 1946

La Filosofia de los valores — Mexico — 1936

Lundberg, G. A. — Foundations of Sociology — New York — 1939

Laski, H. J. — A grammar of Politics — London — 1951.

Lima, H. — Introdução à Ciência do Direito — Rio — 1952

Lima, E. Q. — Teoria do Estado — Rio — 1951

Lagorgette, J. — El porque de la guerra — Buenos Aires — 1944

Lowie, R. — Traité de sociologie primitive — Paris — 1935

Lima, E. Q. — Sociologia juridica — Rio — 1936

Miranda, P. de — Introdução à Sociologia geral — Rio — 1926

Os fundamentos atuais do Direito Constitucional — Rio — 1932

Introdução à Politica científica — Rio — 1924

Menezes, D. — Pontes de Miranda — Mexico — 1946

Introdução à Ciência do Direito — Rio — 1952

O PROBLEMA DO OBJETO DA TEORIA GERAL DO ESTADO 309

MacIver, R. M. — The modern State — London — 1950

Moore, G. E. — Philosophical Studies — London — 1951

Maximiliano, C. — Hermeneutica e aplicação do Direito — Rio — 1933

Michelis, E. de — El problema de las Ciencias historicas — Buenos Aires — Editorial Nova

Mamelet, A. — Le relativisme philosophique chez Georg Simmel — Paris — 1914

Merton, R. K. — The sociology of knowledge — in Twentieth Century Sociology, Gurvitch-Moore — New York — 1945

Morais Filho, E. — O problema de uma Sociologia do Direito — Rio — 1950

Máynez, E. G. — Introduccion a la Logica juridica — Mexico — 1951
— El problema filosofico-juridico de la validez del Derecho — Mexico — 1935
Introducción al Estudio del Derecho — Mexico — 1951

Mayer, M. E. — Filosofia del Derecho — Barcelona — 1937

Malberg, C. de — Teoria General del Estado — Mexico — 1948

Neurath, O. — Le dévelopment du cercle de Vienne et l'avenir de l'empirisme logique — Paris — 1935
Foundations of the Social Sciences — Chicago — 1952

Naef, W. — La idea del Estado en la edad moderna — Madrid — 1947

Northrop, F. S. C. — The Logic of the Sciences and the humanities — New York — 1949

Ortega y Gasset — Obras Completas, 6 tomos — Madrid — 1946

Orestano, F. — Los valores humanos — Buenos Aires — 1947

Pfaender, A. — Logica — Madrid — 1933

Pacote, J. — Le physicalisme dans le cadre de l'empirisme integral — Paris — 1936

Pound, R. — An introduction to the Philosophy of Law — New Haven — 1950

Piaget, J. — Traité de Logique — Paris — 1949
Introduction a l'Epistémologie génétique, 3 tomos — Paris — 1950

Pelayo, M. G. — Derecho Constitucional Comparado — Madrid — 1951

Radbruch, G. — Introducción a la Ciencia del Derecho — Madrid — 1930
— Filosofia do Direito — S. Paulo — 1934

Rickert, H. — Ciencia cultural y Ciencia natural — Madrid — 1922

Reale, M. — Teoria do Direito e do Estado — S. Paulo — 1940

Ranke, L. v. — Pueblos y Estados — Mexico — 1948

Russell, B. — Introduction to mathematical philosophy — London — 1950
A History of Western Philosophy — New York — 1945

Roubier, P. — Théorie générale du Droit — Paris — 1946

Rogers, L. — Politics — in Encyclopaedia of the Social Sciences t. XI-XII.

Rundstein, S. — Observations sur la structure du juridique — in Archives de Philosophie du Droit et de Sociologie juridique, 3/4 — 1937

Richard, W. L. — Philosophy of value — New York — 1930

Réglade, M. — Valeur sociale et Concepts juridique — Paris — 1950

Romero, F. — Teoria del Hombre — Buenos Aires — 1952

Rougier, L. — La rélativité de la Logique — In Revue de Métaphysique et de Morale — n. 3 — 1940

Spranger, E. — Formas de vida — Buenos Aires — 1948

O PROBLEMA DO OBJETO DA TEORIA GERAL DO ESTADO 311

Schreier, F. — Concepto y formas fundamentales del Derecho — Buenos Aires — 1942

Siches, L. R. — Los temas de la Filosofia del Derecho — Barcelona — 1934
— Vida humana, sociedad y derecho — Mexico — 1945
— Estudios de Filosofia del Derecho — Barcelona — 1936
— Estudios de Filosofia del Derecho, 2 tomos — Mexico — 1946
— Wiese — Mexico — 1943

Stauffer, E. — La méthode relationnelle en psychologie sociale et en sociologie selon M. Léopold von Wiese — Suisse — 1950

Scheler, M. — Ética, 2 tomos — Madrid — 1941
Sociologia del saber — Madrid — 1935

Stammler, R. — Tratado de Filosofia del Derecho — Madrid — 1930

Sorokin, P. A. — Sociocultural causality, space, time — Durham — 1943
Social philosophies of an age of crisis — London — 1950

Schmitt, K. — Teoria de la Constitucion — Madrid — s/d

Simmel, G. — Sociologia, 2 tomos — Buenos Aires — 1939
The Sociology of Georg Simmel (translated with an introduction by Kurt H. Wolff — New York — 1950

Sauer, W. — Filosofia juridica y social — Barcelona — 1933

Schlesinger, R. — Marx, his time and ours — London — 1950

Sampay, A. E. — La crisis del Estado de Derecho liberal-burguês — Buenos Aires — 1942
Ontologia del Estado, in Ortodoxia — Buenos Aires — 1944

Stern, A. — La philosophie des valeurs — Paris — 1936
Soler, S. — Los valores juridicos — in Rev. juridica de Cordoba — Buenos Aires — 1948

Senne, R. le — Le problème en Axiologie — in Publications de l'Institut International de Philosophie — Paris — 1949

Schutz, A. — Phenomenology of Social Sciences — in Philosophical essays in memory of E. Husserl — Harvard — 1940

Spengler, O. — La decadencia de Occidente, 4 tomos — Madrid — 1934

Treves, R. — Sociologia y Filosofia social — Buenos Aires — 1941

Timacheff — Introduction à la Sociologie juridique — Paris — 1939

Thorndike, J. — Geopolitica — in Boletim geografico n. 6 — 1943

Tarski, A. — Introduction to Logic — New York — 1949

Vidal, E. — La filosofia giuridica di Giorgio del Vecchio — Milano — 1951

Vaihinger, H. — The Philosophy of "as if" — London — 1949

Vierkandt, A. — Filosofia de la Sociedad y de la Historia — Buenos Aires — 1934

Villeneuve, M. de la B. — Traité générale de l'État — Paris — 1929

Vilanova, L. — Sôbre o conceito do direito — Recife — 1947

Willoughby, W. W. — The fundamental concepts of Public Law — New York — 1931

Weil, E. — Hegel et l'État — Paris — 1950

Wolff, K. H. — The Sociology of Georg Simmel — New York — 1950

Windelband, W. — Historia de la Filosofia, 5 tomos — Mexico — 1941

Weber, M. — Economia y Sociedad, 4 tomos — Mexico — 1944

Weber, A. — Historia de la Cultura — Mexico — 1941

Wiese, L. von — Sociologia, historia y principales problemas — Barcelona — 1932

Welch, E. P. — The philosophy of Edmund Husserl — New York — 1941

Ward, L. R. — Philosophy of value — New York — 1930